U0598253

杭州市哲學社會科學重大課題　杭州學人文庫

編輯指導委員會

主　任: 卓　超

委　員: (以姓氏筆畫爲序)

尹曉寧　朱學路　孫　璐　孫立波　肖劍忠

張旭東　張祝平　陳　星　周　膺　周小忠

周旭霞　袁亞春　梁　坤　樓含松

中古注釋詞語考釋

趙文源 / 著

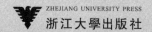
Zhejiang University Press
浙江大學出版社

出版説明

　　杭州市哲學社會科學重大課題杭州學人文庫、杭州研究文庫、創意城市文庫收録最新杭州市哲學社會科學標誌性學術成果。其中，杭州學人文庫爲杭州籍學者的研究成果，杭州研究文庫爲杭州研究專題成果，創意城市文庫爲創意城市研究專題成果。

　　文庫論題選擇體現歷史性、現實性和預期性。注重各類歷史問題研究，提煉文化精髓，提昇人文精神。重視實際研究，更强調實踐問題的學理性闡釋。堅持面向世界、面向未來，融通各種學術資源，體現前瞻性和可承續性，以人文關懷和生態和諧爲基本價值目標。

　　文庫體現原創性、時代性和系統性。關注集成創新，更重視原始創新。不限學科，不限方向，不限方法，突出問題意識。强調獨立性、獨特性和個性化，强調有效價值和新穎程度，强調觀點、話語和理念更新，强調察今觀古、見微知著，鼓勵引入前沿學科、新興學科和交叉學科，鼓勵學術質疑和學術批判，在突破傳統領域和既有思維方面有所作爲。3個系列各成系統，展示杭州學術成就的多面向。

　　文庫項目每年向社會公開徵集，通過專家評審機制嚴格遴選。選入項目爲文庫專屬，獨列於其他系統之外。

目 録

導　論

中古漢語研究興起於二十世紀後期。隨著諸多語料如史乘、詩歌、筆記、小説、醫書、家書、雜帖、碑志以及佛典道藏等不斷進入這一研究領域，很多可觀成果業已面世。就中古漢語詞語研究的現狀來看，還有不少有價值的語料並没有得到應有的關注，中古注釋文獻就是這樣一塊值得進一步發掘的有用材料。

一、中古注釋詞語的界定

（一）關於中古漢語的界定

研究中古注釋詞語，首先要面對的問題就是中古漢語的斷代問題，即什麽是中古漢語。

在目前世界上正在使用的語言當中，漢語是歷史最爲悠久的語言。漢語有幾萬年的歷史，由文字保存下來的語言材料（殷商時期的甲骨文）算起，也有三四千年的歷史。漢語經過千年萬年的漫長歷程，達到了無比豐富的境地。爲了描述漢語的時代特徵，把握漢語的演變脈絡，分期斷代是漢語史研究的首要問題。學界對此意見紛紜。周俊勳《中古漢語詞彙研究綱要》在羅列比較了國內外十餘種有關中古漢語分期的主要觀點後，認爲："從各家的劃界看，中古漢語的分期還未完全達成共識。以魏晋南北朝爲中心是没有異議的，但關鍵問題是怎樣處理上下限的劃分。上起東漢異議較少，下與近代漢語的交接點分歧較大。這種分歧實際上反映了中古漢語劃界的尷尬。既反映出各家對中古漢語分期標準的認同差異，同時也説明目前對中古漢語内部特點的研究不够。"[1]

二十世紀九十年代初，王雲路、方一新曾把漢語史上的中古界定爲東漢至隋，西漢、初唐和中唐爲前後兩個過渡期。王雲路《中古漢語詞彙史》對此觀點稍作修改，認爲："參考前輩時賢的意見，我們認爲'中古漢語'不妨暫定爲東漢魏晉南北朝隋，秦和西漢可以看作是從上古漢語到中古漢語的過渡時期，初唐、中唐可以看作是從中古漢語到近代漢語的過渡時期。'中古漢語'實際上是先秦文言文向唐宋白話文過渡階段的語言，但又與前後兩個時期的語言有明顯區别，時間上也有東漢魏晉南北朝隋這樣長的歷史跨度，將其獨立出來，對深入研究漢語史是大有好處的。"[2]

本書姑且將漢語史劃分爲以下五個時期：

1. **上古期**　公元前 221 年以前的歷史時期，即先秦時期。

2. **中古期**　公元前 221 年到公元七世紀初，即秦、漢至隋時期（公元前 221 年—公元 618 年）。

3. **近古期**　公元七世紀初到公元十二世紀左右，即唐、五代及宋時期（公元 618 年—公元 1206 年[3]）。

4. **近代期**　公元十三世紀到公元二十世紀初，即元、明、清時期（公元 1206 年—公元 1911 年）。

5. **現代期**　中華民國成立之後，主要是五四運動至今。

漢語史分期圖

上古期	中古期	近古期	近代期	現代期
先秦	秦、漢至隋	唐、五代及宋	元、明、清	五四運動至今
公元前221年	公元618年	公元1206年	公元1911年	

之所以將"中古期"界定爲自秦漢至隋（公元前 221 年—公元 618 年）這樣一個時間跨度爲八百餘年的歷史時期，是考慮到西漢是古人注書的創始時期，而秦代又短促（僅存 15 年），研究注釋詞語不妨以秦漢爲起點，以便行文敷陳。下文將要介紹從河上公（秦漢時人）到陸德明（陸是唐人，但其《經典釋文》完成於隋代）四十六位注家，這些人物的活動期正好是自秦漢至隋這樣一個"中古期"。

〔1〕 周俊勳：《中古漢語詞彙研究綱要》，第 4 頁。

〔2〕 王雲路：《中古漢語詞彙史》，第 2 頁。

〔3〕 南宋滅亡於公元 1279 年，這裏以元代建立的年代（公元 1206 年）爲限。

（二）漢語史研究中中古注釋詞語的定義

徐望駕在回顧近四十年來中古注釋語料詞彙研究的進展時，劃定了中古注釋文獻的具體范圍：

> 初步統計，包括訓詁專著和古注古疏在内，此期（东汉—隋）注釋文獻完整（個別較完整）保存至今的有43種（部）。其中，東漢的注釋文字約53萬字（與同期漢譯佛典文獻字數相當），魏晋六朝約80萬字。它們無疑也是漢語史研究的寶貴語料。
> 具體細目如下：
> 東漢15種（前2種放寬至西漢）：揚雄《方言》、《小爾雅》、許慎《説文解字》、劉熙《釋名》、鄭玄箋注4種（《毛詩箋》、"三禮"注）、何休《春秋公羊傳解詁》、趙岐《孟子章句》、王逸《楚辭章句》、高誘《戰國策注》、《吕氏春秋注》和《淮南子注》（與許慎合注）、趙君卿注《古周髀算經》。
> 魏晋19種：吴·吕廣等《難經集注》，韋昭《國語注》、陸璣《毛詩草木鳥獸蟲魚疏》、陸績《京氏易傳》、魏·張揖《廣雅》、何晏《論語集解》、王弼、韓康伯《周易注》、曹操《孫子略解》、王肅注《孔子家語》、晋·杜預《春秋左傳集解》、范寧《春秋谷梁傳集解》、郭璞《爾雅注》、《方言注》、《山海經注》、《穆天子傳注》、郭象《莊子注》、張湛《列子注》、崔豹《古今注》、晋·劉徽注《九章算經》。
> 兩朝9種：宋·裴駰《史記集解》、裴松之《三國志注》、梁·劉昭《續漢書注》、皇侃《論語集解義疏》、陶弘景《鬼谷子注》、劉孝標《世説新語注》、陳·顧野王《玉篇》、北魏·酈道元《水經注》、劉昞注《人物志》。[1]

徐文在一片寂寥之中，爲中古注釋語料研究鼓與呼，引起學界對這一領域的重視，是有功於學術和值得學習的。在贊嘆之餘，筆者補充兩點意見：

第一，"中古注釋文獻"這個概念應有廣義和狹義之分。廣義的"中古注釋文獻"包括中古時期的注疏著作和字書兩類文獻；而狹義的"中古注釋文獻"

〔1〕　徐望駕：《1980年代以來中古注釋語料詞彙研究的回顧與展望》《合肥師範學院學報》2015年第2期）。

則單指中古注疏著作。徐文所説的是廣義的"中古注釋文獻",包括"訓詁專著"和"古注古疏"兩部分。從他隨後開列四十三種(部)具體書目來看,所謂"訓詁專著"應該包括:

東漢四種:揚雄《方言》、《小爾雅》、許慎《説文解字》、劉熙《釋名》。

魏晋二種:張揖《廣雅》、崔豹《古今注》。

兩朝一種:顧野王《玉篇》。

這七種"訓詁專著"其實就是字書(古代字典詞典的統稱)。揚雄《方言》是中國第一部方言詞典;《小爾雅》和張揖《廣雅》都是模仿《爾雅》(中國第一部訓詁詞典)體例的訓詁詞典;許慎《説文解字》是中國第一部字典;劉熙《釋名》是中國第一部聲訓詞典;顧野王《玉篇》是中國現存的第一部楷書字典。[1]而崔豹《古今注》可以算作一部具有考據性質的小型百科詞典。這七種字書與其他三十六種"古注古疏"雖然在寫作宗旨上是一致的——都是爲了給古書中的字句做解釋,但是在形式上兩者存在着明顯的差異:字書的詞目(往往是單字)是按照音(聲韻)、形(部首)、義(義類)的某種規律排列;而"古注古疏"則是"就經爲注"——注文附在所注古書原文之后,先訓詁其中的字義詞義,再串講句意。從實際操作的角度講,其實没有必要把注疏著作和字書混爲一談。

第二,徐文所列四十三種(部)具體書目所列古書排列無序,年代劃分混亂,一些有影響的注疏作品被遺漏在外。書目的某些表述也不正確,如:"吴·吕廣等《難經集注》",《難經集注》是由明代王九思等輯三國·吴·吕廣、唐·楊玄操、宋·丁德用、宋·虞庶和宋·楊康侯等五家注而成。正確的表述應該是:吴·吕廣《難經》注。再比如:"陸績《京氏易傳》",正確的表述應該是:陸績《京氏易傳》注。詳見下一節"中古四十六注家"。

* * *

"注釋"指解釋古籍字句的文字,簡稱爲"注"。"注"爲形聲兼會意字,本義爲集中將液體灌入、流入,引申爲注釋。明代始俗用"註"來表示"注",以突出以語言文字解釋之意。在"注釋"這個義項上,"注"和"註"是古今字。《説文·水部》:"注,灌也。从水、主聲。"清·段玉裁注:"《大雅》曰:'挹彼注茲。'引伸爲傳注,爲六書轉注。注之云者,引之有所適也。故釋經以明其義

---

[1] 參閲:張明華的《中國字典詞典史話》、劉葉秋的《中國字典史略》。

曰注，交互之而其義相輸曰轉注。釋故、釋言、釋訓皆轉注也。有假注爲‘味’者，如‘注星’即‘味星’是也。之成切，古音如晝，在四部。○按漢、唐、宋人經注之字無有作註者，明人始改注爲註，大非古義也。古惟註記字从言，如《左傳叙》‘諸所記註’，韓愈文‘市井貨錢註記’之類。《通俗文》云：‘記物曰註。’《廣雅》：‘註，識也。’古起居註用此字。與注釋字別。”〔1〕最早把解釋古籍字句的文字稱爲“注”的，是東漢・鄭玄。《左傳・隱公元年》：“杜氏”，唐・孔穎達疏：“毛君、孔安國、馬融、王肅之徒，其所注書皆稱爲傳，鄭玄則謂之爲注。”〔2〕“釋”是會意兼形聲字，本義爲解説，分辨。《説文・采部》：“釋，解也。从采，采，取其分別物也。”“注”“釋”同義並列。南朝・梁・劉勰《文心雕龍・論説》：“若夫注釋爲詞，解散論體，雜文雖異，總會是同。”〔3〕

　　注釋的歷史可以追溯到先秦時代，但古人較大規模地、系統地注書，則肇始於西漢。方一新《訓詁學概論》：“撰於西漢的《毛詩故訓傳》是現存最早的古書注解著作。到了東漢，古書注解事業得到了較大的發展，涌現出了一批注釋巨匠，其中以善於融合經學的今、古文兩派之長的鄭玄爲代表，使這一時期的古書注解工作達到了很高的水平。魏晉南北朝隋是古書注解的發展時期，在這個階段，受玄學與佛學的影響，注解古書的方式有了變化，出現了以闡述義理爲主和通釋音義的注解體著作；注解的範圍也擴大到群書典籍。”〔4〕

　　注釋的內容是訓詁古字古義，兼及串講句意，一般注文與所注的古書原文有着比較緊密的對應關係。常見的形式有傳、注、故、訓、箋、疏、章句、解詁等。

　　本書所謂的“中古注釋詞語”是指中古注家們在注釋中所使用的詞語，包括釋詞用語和串講語中的詞語。

（三）中古四十六注家

　　中古注家雖然名家輩出，但是傳世的完整注釋作品並不多。下面按生年排序簡要介紹有完整（或較完整的）注釋作品傳世的中古注家的生平事迹、注釋作品内容及版本等相關情況。這四十六位中古注家是：河上公、毛亨（大毛公）、毛萇（小毛公）、孔安國、嚴君平、許慎（約 58—約 147）、王逸、張道陵

---

〔1〕　段玉裁：《説文解字注》，第 965 頁。
〔2〕　《春秋左傳正義》，第 1712 頁。
〔3〕　楊明照：《增訂文心雕龍校注》，第 247 頁。
〔4〕　方一新：《訓詁學概論》，第 52 頁。

（？—156）、趙岐（約 108—201）、鄭玄（127—200）、何休（129—182）、曹操
（155—220）、高誘、陸績（188—219）、何晏（約 190—249）、王肅（195—
256）、韋昭（204—273）、杜預（222—284）、王弼（226—249）、呂廣、張華
（232—300）、劉徽、孔晁、陸璣、趙爽、郭象（約 252—312）、郭璞（276—
324）、韓伯（332—380）、范甯（339—401）、張湛、劉昞（約 365—440）、裴松
之（372—451）、僧肇（384—414，一説 374—414）、范望、裴駰、陶弘景
（456—536）、劉峻（463—522）、酈道元（？—527）、皇侃（488—545）、孟氏、
劉昭、楊衒之、賈思勰、甄鸞（536—578）、智顗（538—597）、陸德明（約
550—約 630）等。

1. 河上公

亦稱“河上丈人”，相傳爲秦漢時黃老學的一位祖
師。姓名不詳。所傳《老子注》，不見於《漢書·藝文
志》。關於河上公其人，歷來爭論頗多。據此書序稱：
“河上公者，漢文帝時人，結草庵於河曲，乃以爲號。
所注《老子》授文帝，因衝空上天。”晉·葛洪《神仙
傳·河上公》也説河上公以素書《老子道德章句》二卷
授漢文帝。由此看來，河上公當爲漢文帝（公元前 180
年—公元前 157 年在位）時人。西漢·司馬遷《史記·
樂毅列傳論》：“樂臣公學黃帝、老子，其本師號曰河上
丈人，不知其所出。河上丈人教安期生，安期生教毛翕公，毛翕公教樂瑕公，
樂瑕公教樂臣公，樂臣公教蓋公。蓋公教於齊高密、膠西，爲曹相國師。”則河
上丈人當在周朝末期，漢文帝是不可能親見的。

河上公《老子章句》分八十一章，上篇道經三十七章，下篇德經四十四章，
河上本復於每章章次之首冠以“章題”二字。河上公對《老子》作宗教性理解
和闡發，著重宣揚“自然長生之道”。關於這部書的成書年代，王卡認爲：“《河
上公章句》應成於西漢之後，魏晉之前，大約在東漢中後期。王明先生《老子
河上公章句考》推測《章句》約爲後漢桓帝或靈帝時黃老學者僞托戰國時河上
丈人所作，其説大體可信。這樣説也不否認現存《河上章句》傳本中有魏晉以
後所增益的文字。”點校本有王卡點校的《老子道德經河上公章句》（中華書局
1993 年版）。

2. 毛亨（大毛公）

由於史料匱乏，生卒不詳。

毛亨，一説西漢魯人，一説河間人。西漢初期開門授徒。景帝（劉啟）時，

爲河間獻王博士。據説其學出自子夏，由荀況傳亨。其所著《詩故訓傳》傳之趙人毛萇，爲"毛詩學"的開創者。三國·吳·陸璣《毛詩草木鳥獸蟲魚疏》："孔子删《詩》，授卜商，商爲之《序》，以授魯人曾申，申授魏人李克，克授魯人孟仲子，仲子授根牟子，根牟子授趙人孫卿，孫卿授魯國毛亨。毛亨作《詁訓傳》，以授趙國毛萇。"三國吳人徐整亦云："毛公爲《故訓傳》於家，以授趙人小毛公。"世稱毛亨爲"大毛公"，以區別於其學生毛萇。事迹見《漢書》卷八十八《儒林傳》、卷三十《藝文志》、《隋書·經籍志》、近人吳承仕《經典釋文序録疏證·注解傳述人》。

先儒毛子 名萇字長 公北直河間府人

　　《毛詩故訓傳》三十卷，簡稱《毛傳》。自漢迄唐，關於其作者及傳授淵源，爭訟不休。一般據鄭玄《詩譜》、陸璣《毛詩草木鳥獸蟲魚疏》，定爲毛亨所作以授毛萇。《毛傳》大抵本先秦學者意見，保存古義，事實多聯係《左傳》，訓詁多同於《爾雅》，爲研究《詩經》的重要文獻。今通行的《十三經注疏》（中華書局 1980 年版）中的《毛詩正義》即采用《毛傳》。點校本有龔抗雲等整理的《毛詩正義》（北京大學出版社 2000 年版）、朱杰人等整理的《毛詩注疏》（上海古籍出版社 2013 年版）。

　　3. 毛萇（小毛公）

　　西漢趙人。毛亨弟子。詳見上文。

　　4. 孔安國

　　字子國，西漢魯人。孔丘十二世孫。受《詩》於申公，受《尚書》於伏生。治《尚書》，漢武帝（劉徹，公元前 141 年—公元前 87 年在位）時爲博士，官至諫議大夫、臨淮太守。相傳得孔子舊宅壁中古文《尚書》和《論語》、《孝經》等儒家經典，以今文辨讀，承詔作《書傳》，開創"古文尚書學派"。事迹見《史記》卷四十七、《漢書》卷八十八。

　　孔安國所著《尚書傳》《尚書音》《古文孝經傳》《論語訓解》等，多不傳。今傳《尚書孔氏傳》，宋人即已懷疑，經明清學者考訂，定爲後人僞托，非孔安國所撰。但《孔傳》集中了西漢到魏、晋數百年來的研究成果，是中古時期今、古文經師和學者對《尚書》的系統注解。今通行的《十三經注疏》（中華書局 1980 年版）中的《尚書正義》即采用《孔傳》。
點校本有廖名春等整理的《尚書正義》（北京大學出版社 2000 年版）、黄懷信整
理的《尚書正義》（上海古籍出版社 2008 年版）。

5. 嚴君平

名遵。西漢末期隱士，蜀郡（治今四川成都）人，原
姓莊。班固作《漢書》，避明帝劉莊諱，更“莊”爲
“嚴”，稱嚴君平。漢成帝（公元前 33 年—公元前 7 年在
位）時，賣卜於成都市，日得百錢够自養即閉門下簾講授
《老子》。嚴君平博覽群書，廣學多識，一生不願做官，爲
揚雄所敬重。事迹見《漢書》卷七十二《王貢兩龔鮑傳》。
　　嚴君平所撰《老子指歸》（《隋書·經籍志》）是最早
的《老子》章句。《老子指歸》原本共十三卷，七十二篇，另附一篇序文《說二
經目》。前七卷注《老子》德經，共四十篇；後六卷注《老子》道經，共三十二
篇。今本只存前七卷，後六卷宋後散佚。《隋志》、兩《唐志》、《宋志》、唐陸德
明《經典釋文》等都録有《指歸》。魏晉以來，歷代都有人論及和引證此書。但
從明代開始，有人懷疑當時所存的《指歸》是明人偽作。之後，伴隨清代的疑
古之風，又生出各種疑議。張岱年說：“《四庫全書總目》懷疑此書是偽作，然
就書中内容來看，指斥秦楚，頌揚神漢，表現了一定的時代特點；書中解說
《老子》又多引《周易》語句，與嚴君平‘以卜筮爲業’的情況亦相符合。從這
些内證看，肯定此書是嚴君平著作，確是有比較充分的理由的。”目前該書的整
理本有王德有點校的《老子指歸》（中華書局 1994 年版）、樊波成校箋的《老子
指歸校箋》（上海古籍出版社 2013 年版）。

6. 許慎（約 58—約 147）

字叔重，東漢汝南召陵人。初爲郡功曹，後舉孝廉，
歷任太尉府南閣祭酒、洨長等職。世稱許祭酒。於安帝
永初四年（公元 110 年）與劉珍、馬融等於東觀校書。
於安帝建光元年（公元 121 年）完成《說文解字》。許慎
還著有《五經異義》，已散佚不存。事迹見《後漢書》卷
七十九下、《說文解字》卷十五下自序及許冲《上〈說
文〉表》。

　　許慎所注《淮南子》，今已不傳，清·孫馮翼徵引各家注本輯《許慎淮南子
注》一卷。現在流行的本子有劉文典撰《淮南鴻烈集解》（中華書局 1990 年版）、
何寧撰《淮南子集釋》（中華書局 1998 年版）。

7. 王逸

字叔師，東漢南郡宜城人，安帝（劉祜）元初中（公元 119—120 年之間）舉上計吏，留爲校書郎。順帝（劉保）時，官至侍中。事迹見《後漢書》卷八十上。

王逸所著《楚辭章句》當完成於公元 120 年前後。此書爲現存最古之完整《楚辭》注本。《楚辭章句》第十七篇《九思》爲王逸所作。但關於本篇序及注的作者問題，頗有爭議。一是認爲王逸自作自注。二是認爲王逸子王延壽作，宋·洪興祖《補注》認爲："逸不應自爲注解，恐其子延壽之徒爲之爾。"三是認爲魏晋間某氏作。王逸長於訓詁名物，熟悉楚地方言，《楚辭章句》中多采前人的成說而能有所辨正，抒發新見。每篇前綴有叙文，或加後序，撮其要旨，偶存佚事。但釋義發微亦有迂曲之漢儒通病。現在流行的本子有宋·洪興祖著、白化文等點校《楚辭補注》（中華書局 1983 年版）。

8. 張道陵（？—156）

原名張陵，字輔漢。東漢沛國豐（今江蘇豐縣）人。五斗米道創立者。曾入太學，通達五經。東漢明帝時曾爲巴郡江州（今重慶市）令。後以儒學無益於年命，乃弃儒學道，隱退北邙山（今河南洛陽北）。朝廷征爲博士，稱疾不應。和帝即位征爲太傅，封冀縣侯，三詔不就。東漢順帝時於蜀之鶴鳴山（一名鵠鳴山，今四川大邑縣境内）修道。自稱太上老君"授以三天正法，命爲天師"，"爲三天法師正一真人"。造作道書二十四篇，以符水咒法爲人治病，創立五斗米道。尊老子爲教主，奉《老子五千文》爲基本經典，並傳自作《老子想爾注》。其徒尊稱之爲"天師"。後裔襲承道法，居江西龍虎山，世稱"張天師"。事迹見晋·葛洪《神仙傳》卷四。

《老子想爾注》爲注釋《道德經》之作，全稱《老君道德經想爾訓》。據唐玄宗御制《道德真經疏外傳》、杜光庭《道德真經廣聖義》及宋代道書記載，爲張道陵所作。全二卷。佚失已久。清代於敦煌莫高窟發現六朝寫本《老子道經想爾注》殘卷，1905 年被竊，現藏大英博物館，爲研究早期道教的重要資料。今人饒宗頤著有《老子想爾注校證》（上海古籍出版社 1991 年版），依《老君道德經河上公章句》之次第，將敦煌殘卷連寫之經文與注，按章分别錄出。

9. 趙岐（約 108—201）

字邠卿。初名嘉，字台卿。東漢京兆長陵人。曾官功曹，因得罪權貴，逃難四方，隱姓埋名，賣餅於北海。中平元年（公元 184 年）征拜議郎，大將軍何進舉爲敦煌太守，後遷太僕。曹操當政時爲司空，終太常。建安六年卒，年九十餘。著有《孟子章指》《三輔決録》等書，均不傳，清馬國翰《玉函山房輯佚書》有輯録。事迹見《後漢書》卷六十四。

趙岐著《孟子章句》十四卷，注釋精審翔實，多有發明，爲後代注家所本。趙氏注是現存《孟子》的最早注本。今通行的《十三經注疏》（中華書局 1980 年版）中《孟子注疏》即用其注。其疏則舊本題宋孫奭（962—1033）撰。朱熹認爲疏乃邵武士人假托。《四庫全書總目提要》作了進一步考訂，認爲"其不出於奭手，確然可信"。該書的點校本有廖名春等整理的《孟子注疏》（北京大學出版社 2000 年版）。清·焦循的《孟子正義》仍用趙岐注，其疏則集清代學者考訂訓釋之大成，且突破唐、宋舊疏"疏不破注"的成法，對趙注多有駁正。該書的點校本有沈文倬點校的《孟子正義》（中華書局 1987 年版）。

10. 鄭玄（127—200）

字康成，東漢北海高密人。少爲鄉嗇夫，但不樂爲吏，入洛陽太學。後去扶風師事馬融，三年學成而歸。馬融感慨道："鄭生今去，吾道東矣！"後游學十載，始歸鄉里，客耕東萊，聚徒講學，弟子多至千百人。因黨錮事被禁，隱修經業，潛心著述。黨錮禁解，何休、袁紹等慕其名，屢請爲官皆不就。建安初征拜大司農，世稱鄭大司農，後來經學家爲別於鄭衆，又稱後鄭。鄭氏治學雜糅今古文家法，遍注群經，爲漢代經學的集大成者，世稱"經神"。鄭氏所注之書有《周易》、《毛詩》、"三禮"、《論語》、《孝經》。又注《尚書大傳》《周易乾鑿度》《中侯》《乾象曆》等。此外又著有《天文七政論》《魯禮禘祫義》《六藝論》《毛詩譜》《駁許慎五經異義》《答臨孝存周禮難》等。還有其答諸弟子問五經語的《鄭志》八篇，共百萬餘言。但鄭玄的論著多散佚。清·袁鈞的《鄭氏佚書》、馬國翰的《玉函山房輯佚書》輯有鄭玄佚著多種，略可見其遺説。事迹見《漢書》卷三十五。

鄭玄的注釋作品除唐代撰《五經正義》采用的《毛詩》箋和"三禮"注外，其他均已散佚。今通行的《十三經注疏》（中華書局 1980 年版）中《毛詩》和"三禮"即采用鄭氏的箋注。鄭氏《毛詩》箋的點校本有龔抗雲等整理的《毛詩正義》（北京大學出版社 2000 年版）、朱傑人等整理的《毛詩注疏》（上海古籍出版社 2013 年版）。鄭氏《周禮》注的點校本有趙伯雄整理的《周禮注疏》（北京大學出版社 2000 年版）、彭林整理的《周禮注疏》（上海古籍出版社 2010 年版）。鄭氏《儀禮》注的點校本有彭林整理的《儀禮注疏》（北京大學出版社 2000 年版）、王輝整理的《儀禮注疏》（上海古籍出版社 2008 年版）。鄭氏《禮記》注的點校本有龔抗雲整理的《禮記正義》（北京大學出版社 2000 年版）、呂友仁整理的《禮記正義》（上海古籍出版社 2008 年版）。鄭氏《孝經》注的整理本有清・皮錫瑞撰、吳仰湘點校的《孝經鄭注疏》（中華書局 2016 年版）。唐文編纂的《鄭玄辭典》（語文出版社 2003 年版）取材於鄭玄所注的全部經書及其他著述，可以從中窺探鄭氏訓詁學成就的全貌。

11. 何休（129—182）

字邵公，東漢任城樊人。少以列卿子詔拜郎中，旋以病辭官。太傅陳蕃征其參與政事，蕃敗，罷黨錮。黨禁解，辟司徒，拜議郎，遷諫議大夫。精研今文諸經。歷十七年撰成《春秋公羊傳解詁》十二卷。又注《孝經》、《論語》等。另作《春秋漢議》《公羊墨守》《左氏膏肓》《穀梁廢疾》等。世稱何休爲"學海"。何休的著作大都散佚，清・馬國翰《玉函山房輯佚書》、王謨《漢魏遺書抄》均有輯錄。事迹見《後漢書》卷七十九下。

何休的著作除《春秋公羊傳解詁》今有傳本外，餘皆不傳。今通行的《十三經注疏》（中華書局 1980 年版）中《春秋公羊傳注疏》即用其注。點校本有浦衛忠整理的《春秋公羊傳注疏》（北京大學出版社 2000 年版）、刁小龍整理的《春秋公羊傳注疏》（上海古籍出版社 2014 年版）。

12. 曹操（155—220）

字孟德，小字阿瞞，漢魏之際沛國譙縣人。官至丞相，封爲魏王。其子曹丕稱帝後，追尊爲武帝。曹操好兵法，善韜略。集錄諸家兵法爲《兵書接要》，注釋《孫子》，自作兵書十萬餘言。著有《曹操集》。事迹見《三國志》卷一。

曹操著《孫子略解》（即《孫子注》）是現存《孫子兵法》的最早注本，也是傳世《孫子兵法》的最早定本，頗受後世推重。南宋刻《十一家注孫子》輯歷代注釋，亦以曹注居首。現在流行的本子有楊丙安校理的《十一家注孫子校理》（中華書局 1999 年增訂本）。

13. 高誘

東漢涿郡人。少受學於盧植。建安十年（205）任司空掾，旋任東郡濮陽令，十七年（公元212年）遷監河東。注《吕氏春秋》、《淮南子》（高注今與許慎注相雜）、《戰國策》。另有《孟子章句》《孝經解》，均不傳。清·馬國翰《玉函山房輯佚書》輯存《孟子章句》一卷。事迹見《吕氏春秋》高誘序。

高誘注《吕氏春秋》存。點校本有陳奇猷校注的《吕氏春秋新校釋》（上海古籍出版社2002年版）。高誘《淮南子注》，今與許慎注相雜。點校本有劉文典撰《淮南鴻烈集解》（中華書局1990年版）、何寧撰《淮南子集釋》（中華書局1998年版）。高誘注《戰國策》，隋代已殘缺不全，今僅存十篇。現在流行的本子有諸祖耿編撰的《戰國策集注匯考》（鳳凰出版社2008年增補本）。

14. 陸績（188—219）

字公紀。三國吴吴郡（今江蘇蘇州）人。六歲時，見袁術於九江（今江西九江），懷橘遺母，時稱其孝。及長，博學多識，星曆算數，無不該覽。孫權辟爲奏曹掾。好直言。出爲郁林（今廣西玉林）太守，加偏將軍。雖在軍中，不廢著述。嘗作《渾天圖》，注《京氏易傳》，釋《太玄》。事迹見《三國志》卷五十六《陸績傳》並裴松之注。

目前可見的陸績注《京氏易傳》的排印本有《京氏易傳》（中華書局1991年版）。陸績注《太玄》殘存於范望《太玄解贊》。目前可見的影印本有《太玄經》（上海古籍出版社1990年影印明萬玉堂翻宋本）。宋·司馬光《太玄集注》也保留了部分陸注。該書的點校本有劉韶軍點校的《太玄集注》（中華書局1998年版）。

15. 何晏（約190—249）

字平叔。三國魏南陽宛縣人。漢大將軍何進之孫。幼隨母爲曹操收養。性驕矜，爲曹丕、曹叡所惡，不得任用。至正始（公元240—248年）初，曹爽執政，何晏黨附爽，因而累官侍中、吏部尚書，典選舉，爵列侯，仗勢專政，後爲司馬懿所殺。與夏侯玄、王弼等倡導玄學，競事清談，開一時風氣。生平著述有《道德論》《無名論》《無爲論》等，多不傳。清·嚴可均輯《道德論》佚文入《全上古三代秦漢三國六朝文》。另有《周易解》，已佚，清·馬國翰《玉函山房輯佚書》有輯録。事迹見《三國志》卷九。

《論語集解》二十卷，由何晏總領其事，與孫邕、鄭冲、曹羲、荀顗五人共撰。全書雜采衆説，並下己意，所采注家有孔安國、馬融、鄭玄、王肅等。南朝·梁·皇侃、北宋·邢昺、清·劉寶楠等都曾爲之作疏。今通行的《十三經注疏》（中華書局1980年版）中的《論語注疏》即用其注。點校本有朱漢民整理的《論語注疏》（北京大學出版社 2000 年版）。

16．王肅（195—256）

字子雍。三國魏東海郯人，王朗子。司馬昭妻父。魏文帝時任散騎黃門侍郎，累遷侍中、太常、中領軍，加散騎常侍。善賈逵、馬融之學，造《聖證論》，攻擊鄭玄。王學幾乎奪鄭學之席。綜合諸家之說，遍注群經，不分今古文。所注《尚書》、《詩》、《論語》、“三禮”、《左傳》，魏時皆列於官學。惜各書均已失傳，清·馬國翰《玉函山房輯佚書》、黃奭《漢學堂叢書》多有輯錄。事迹見《三國志》卷十三附《王朗傳》。

自宋、明以來，學者多把《孔子家語》定爲僞書，認爲該書是王肅僞撰且自爲之注。點校本有張縣周整理的《孔子家語》（中州古籍出版社 1991 年版，據 1933 年上海新文化書社本影印）。

17．韋昭（204—273）

字弘嗣。名因避晋諱改曜。三國吳吳郡雲陽人。好學，善屬文。從丞相掾，除西安令，還爲尚書郎，遷太子中庶子。孫亮即位，爲太史令，與華覈等撰《吳書》。孫休即位，爲中書郎、博士祭酒，承旨校定衆書。孫皓立，封高陵亭侯，爲侍中，常領左國史。後以持正忤皓，下獄死。韋昭注解經義，作《孝經解贊》《毛詩雜答問》《論語注》。爲補劉熙《釋名》作《官職訓》，並著《辨釋名》一卷，以正劉氏之誤。另有《漢書音義》七卷，均不傳。事迹見《三國志》卷六十五。

韋昭所著《國語解》，兼采鄭衆、賈逵、虞翻、唐固四家之說。但鄭、賈二家寥寥數條，於虞、唐二家，亦多駁正，故實爲昭自作。點校本有上海師範大學古籍整理研究所校點的《國語》（上海古籍出版社 1998 年版）。

18．杜預（222—284）

字元凱。西晋京兆杜陵人。司馬懿之婿。起家拜尚書郎，晋泰始中任河南尹、秦州刺史。咸寧四年（278），繼羊祜任鎮南大將軍、都督荆州諸軍事。太康元年（公元 280 年）統兵攻取江陵、招降江南諸郡，封當陽縣侯。卒贈征南大將軍，謚成。杜預博學多能，長於史學，自稱有“左傳癖”。所著《律本》二十一卷、《雜律》七卷，均佚。事迹見《三國志》卷十六附《杜畿傳》、《晋書》卷三十四。

杜預著《春秋左氏經傳集解》，始合經傳爲一。參考各家譜第，著爲《釋例》，又作《盟會圖》，對先秦歷史和禮儀制度均有所闡明。今通行的《十三經注疏》（中華書局 1980 年版）中《春秋左傳正義》即用其注。點校本有浦衛忠等整理的《春秋左傳正義》（北京大學出版社 2000 年版）。

19. 王弼（226—249）

字輔嗣。三國魏山陽高平人。正始（公元 240—248 年）初，何晏薦弼補臺郎。王弼爲人高傲，"頗以所長笑人，故時爲士君子所疾"。弼於"事功亦雅非所長"，嘉平元年（公元 249 年）因事免官，其秋遇癘疾亡，年僅廿四歲。王弼好論儒道，競事清談，與何晏、夏侯玄等同是魏晉玄學開創階段——正始之音的代表人物，史稱正始名士。其主要著作有《周易注》《周易略例》《老子注》《老子指略》以及《論語釋疑》等。事迹見《三國志》卷二十八附《鍾會傳》並裴松之注。

王弼《周易注》自唐修《五經正義》定爲官方注釋。今通行的《十三經注疏》（中華書局 1980 年版）中《周易正義》即用其注。點校本有盧光明等整理的《周易正義》（北京大學出版社 2000 年版）。王弼所作《老子道德經注》是魏晉時期衆多《老子》注釋中流傳至今保存最爲完整的注本。唐代陸德明《老子道德經音義》：自河上公《老子章句》以後，"談論者莫不宗尚玄言，唯王輔嗣妙得虛無之旨"。整理本有樓宇烈校釋的《老子道德經注校釋》（中華書局 2016 年版）。

20. 吕廣

三國時醫家。隋時爲避楊廣諱改稱吕博或吕博望。吳赤烏二年（239）爲太醫令。擅長針灸。曾注《難經》，又撰《玉匱針經》（一作《金縢玉匱針經》）及《募腧經》，均亡佚。事迹見《太平御覽》卷七百二十四《玉匱針經序》。

吕廣注解《難經》，實開醫經有注之先河。《難經》（一名《黃帝八十一難經》）是早期中醫理論著作。《隋書·經籍志》著爲二卷，後世或分爲三卷、五卷不等。隋以前托名黃帝撰，唐以後則多題爲扁鵲（秦越人）撰，實際上作者不明。有的認爲該書是六朝人的僞托，也有的認爲是先秦名醫所作，未必出於一人之手，可說是衆説紛紜，莫衷一是了。吕廣《難經》注雖已亡佚，但明代王九思《難經集注》彙集諸家注解，保存了一百六十七條吕注。目前可見的排印本有《難經集注》（商務印書館 1955 年版）。

21. 張華（232—300）

字茂先。西晉范陽方城（今河北固安）人。少孤貧，曾以牧羊爲生。他"學業優博，辭藻温麗，朗瞻多通，圖緯方伎之書，莫不詳覽"（《晉書·張華傳》）。魏末，被薦爲太常博士。晉武帝時，因力主伐吳有功，歷任要職。惠帝時，被趙王司馬倫和孫秀殺害。張華性好人物，誘進不倦，卒之日，家無餘財，惟文史充棟。張華博學多聞，曾編撰《博物志》十卷，分類記載異境奇物、古代瑣聞雜事及神仙方術等，其中保存了不少古代神話材料。《隋書·經籍志》錄《張華集》十卷，已佚。明張溥《漢魏六朝百三家集》輯存《張茂先集》。事迹見《晉書》卷三十六《張華傳》。

《神異經》是一部中古志怪小説集。《隋書·經籍志》著錄：漢東方朔撰，晋·張華注。但劉向撰《七略》未收錄該書。《晋書·張華傳》也沒有他爲此書作注的記載，所以《神異經》及其張華注都是不可靠的。《四庫全書總目提要》認爲此書"詞華縟麗，格近齊、梁，當由六朝文士影撰而成"。這個意見很有代表性，得到了多數人的認同。《神異經》其書其注雖屬僞書，但仍然屬於中古的注釋文獻。該書的整理本有王國良的《神異經研究》（文史哲出版社 1985 年版）。

22. 劉徽

魏晋間傑出數學家。籍貫及生卒年月不詳。事迹見《四庫全書總目》卷一〇七。

劉徽於魏景元四年（263）注《九章算術》，並撰《重差》作爲《九章算術》注第十卷。唐初以後，《重差》以《海島算經》爲名單行。目前可見的點校本有錢寶琮校點的《算經十書》（中華書局 1963 年版）。單行的整理本有郭書春匯校的《九章筭術新校》（中國科學技術大學出版社 2014 年版）。

23. 孔晁

正史無傳，生平事迹不詳。《晉書·傅玄傳》載孔晁於泰始二年（266）被有司奏以輕慢之罪，幸被晉武帝宥免。《隋書·經籍志》記晉五經博士孔晁注《春秋外傳國語》二十卷，又和鄭玄、王肅撰《尚書義問》三卷。《舊唐書·經籍志》《新唐書·藝文志》《宋史·藝文志》等記孔晁爲《逸周書》作注。

《逸周書》本名《周書》，隋唐以後亦稱《汲塚周書》。今本全書十卷，正文七十篇，其中十一篇有目無文，四十二篇有孔晁注。自孔晁給《逸周書》作注後，千餘年無人爲之補注、訓釋。現在流行的本子有黄懷信等撰的《逸周書彙校集注》（上海古籍出版社 2007 年修訂本）。

24. 陸璣

璣或作機。字元恪。三國吳吳郡人。仕吳爲太子中庶子，烏程令。事迹見陸德明《經典釋文·叙錄》。

陸璣著《毛詩草木鳥獸蟲魚疏》，開創了以考據名物治《詩》的風氣。原本久佚，今本二卷，是後人從陸德明《經典釋文》、孔穎達《毛詩正義》、邢昺

《爾雅疏》等書中輯出。現在流行的本子有羅振玉撰的《毛詩草木鳥獸蟲魚疏新校正》（西泠印社出版社 2005 年版）。

25. 趙爽

三國時吳國人，字君卿。生平籍貫均無考。精算學，曾注《周髀算經》。唐·李籍《周髀算經音義》："君卿，趙爽字也。"趙君卿在序及注文中自稱"爽"。序中自述"負薪餘日，聊觀《周髀》"，可知他是一位布衣天文數學家。《隋書·經籍志》《新唐書·藝文志》都有趙嬰注《周髀》，估計嬰是趙爽的別名。鮑澣之認爲趙爽爲魏晉間人。明刻本題"漢趙君卿注"。錢寶琮根據趙爽注兩次引用《乾象曆》，而東漢末劉洪所撰《乾象曆》只在三國時期的吳國頒行過，認爲趙爽是吳人，作注年代在吳國頒行《乾象曆》的公元 222 年之後。事迹見《疇人傳》卷四。

《周髀算經》中國流傳至今的一部最早的數學著作，同時也是一部天文學著作。趙爽在《周髀算經》首章的注中附錄"勾股圓方圖"說一篇，在這短短五百餘字中，勾股定理，關於勾、股、弦的幾個關係式，以及二次方程解法均得到了幾何證明。他的"勾股圓方圖"集兩漢以來中國勾股知識之大成，與劉徽《九章算術》勾股章注基本一致。唐代曾在國子監中設立算學館，以李淳風等注釋的《周髀算經》《九章算術》等十部算經作爲教本，編成《算經十書》。目前的可見的點校本有錢寶琮校點的《算經十書》（中華書局 1963 年版）。

26. 郭象（約 252—312）

字子玄，西晉河南人。有才理，好老莊，能清言。早年閑居在家，後應召任司徒掾，遷黃門侍郎。又爲東海王司馬越引爲太傅主簿，深得賞識重用，"任職當權，熏灼内外"，亦爲時論所輕。事迹見《晉書》卷五十。

自南北朝開始，就有郭象竊向秀《莊子注》爲己注之説，恐未必信。郭象注自有獨到之處，是對向注的"述而廣之"。現在流行的本子有曹礎基等點校的《南華真經注疏》（中華書局 1998 年版）。

27. 郭璞（276—324）

字景純。東晉初河東聞喜人。西晉末避亂過江，爲宣城太守殷祐參軍，爲王導所重。晉元帝拜著作佐郎，與王隱共撰《晉史》，遷尚書郎。後爲王敦記室參軍。以卜筮不吉諫阻王敦圖逆，被害。後追贈弘農太守。郭璞博學，好古文奇字，精天文、曆算、卜筮，擅長詩賦。詩文本有數萬言，多數散佚。明·張溥輯有《郭弘農集》二卷，收入《漢魏六朝百三家集》。事迹見《晉書》卷七十二。

郭璞注《爾雅》，又別爲《音義》《圖譜》。郭璞注意疏通古訓，旁采方言，

開創以俗語釋雅言，以今語釋古語的方法。今通行的
《十三經注疏》（中華書局 1980 年版）中《爾雅注疏》即
用其注。點校本有李傳書整理的《爾雅注疏》（北京大學
出版社 2000 年版）、王世偉整理的《爾雅注疏》（上海古
籍出版社 2010 年版）。郭璞是第一個注《方言》的學者。
整理本有華學誠匯證的《揚雄方言校釋匯證》（中華書局
2006 年版）。郭氏《山海經》注的整理本有袁珂校注的
《山海經校注》（上海古籍出版社 1980 年版）及《山海經
校注》（北京聯合出版公司 2014 年最終修訂版）。郭氏
《穆天子傳》注的校本有洪熙煊校的《穆天子傳》（商務
印書館 1937 年版）。

28. 韓伯（332—380）

字康伯。東晋潁川長社人。爲人清和有思理，留心文藝。仕至吏部尚書、
領軍將軍，改授太常，未拜而卒，時年四十九，即贈太常。事迹見《晋書》卷
七十五。

王弼注《周易》，未及《繫辭》《説卦》《序卦》《雜卦》等傳，韓康伯補之。
唐·孔穎達將此王、韓二注合一，俱載《周易正義》中。點校本有盧光明等整
理的《周易正義》（北京大學出版社 2000 年版）。

29. 范甯（339—401）

字武子。東晋南陽順陽人。起家餘杭令。興學重教。遷臨淮太守，封陽遂
鄉侯。甥王國寶諜事會稽王司馬道子，甯被讒，出爲豫章太守，大設庠序，改
革舊制，學生至千餘人。爲江州刺史王凝之劾免，猶勤學不輟。崇儒學，抑浮
虛，抨擊清談，反對王弼、何晏之玄學。除《春秋穀梁傳集解》十二卷外，另
著有《論語注》（南朝·梁·皇侃《論語義疏叙》稱之爲晋代《論語》注疏“十
三家”之一。）、《穀羊傳例》、《尚書舜典注》、《禮雜問》等書，均不傳，清·馬
國翰《玉函山房輯佚書》有輯録。事迹見《晋書》卷七十五附《范汪傳》。

范甯著《春秋穀梁傳集解》，搜輯諸家訓釋，標榜兼采衆説、擇善而從。
唐·楊士勛爲之作疏，成《春秋穀梁傳注疏》。今通行的《十三經注疏》（中華
書局 1980 年版）收有該書。整理本有夏先培整理的《春秋穀梁傳注疏》（北京大
学出版社 2000 年版）。

30. 張湛

字處度。東晋高平人。生卒年代不可考，其主要生活年代在晋孝武帝（公
元 373—396 年）前後。任中書侍郎、光禄勳。崇老莊，解玄理。精通養生。著

有《養生要集》十卷、《延年秘録》十二卷等，均佚。（事迹散見於《世説新語·任誕》、《晋書·范甯傳》及《宋書·王歆之傳》。

張湛避永嘉之亂於江南，爲《列子》作注。張注引用典籍豐富，考釋文字詳實，不時闡發個人思想。現在流行的本子有楊伯峻撰《列子集釋》（中華書局2016年版）。

31. 劉昞（約365—440）

字延明，號玄處先生。北魏敦煌人。少就博士郭瑀學。後隱居酒泉，不應州郡之命，弟子受業者五百餘人。西凉李暠時，爲儒林祭酒、從事中郎。遷撫夷護軍。暠謂與昞相值，爲諸葛亮之會劉備。北凉沮渠蒙遜平酒泉，拜爲秘書郎。沮渠牧犍尊之爲國師。魏太武帝拓跋燾平凉州（公元439年），拜樂平王從事中郎。歲餘返敦煌，道卒，年七十餘。劉昞以三史文繁，著《略記》百三十篇、八十四卷，《凉書》十卷，《敦煌實録》二十卷，《方言》三卷，《靖恭堂銘》一卷，注《周易》《韓子》《人物志》《黄石公三略》。其中《略記》《凉書》《方言》《靖恭堂銘》早已散佚。《敦煌實録》也散佚，清人章宗源《隋書經籍志考證》輯得十四條，張澍《續敦煌實録》輯得十七條。事迹見《魏書》卷五十二、《北史》卷三十四。

劉昞的《人物志》注被完整保留下來。《四庫全書總目提要》稱："昞注不涉訓詁，惟疏通大意，而文詞簡古，猶有魏晋之遺。"現在流行的本子有李崇智校箋的《人物志校箋》（巴蜀書社2001年版）。

32. 裴松之（372—451）

字世期。南朝宋河東聞喜人。劉宋初官中書侍郎，奉詔作《三國志注》，元嘉六年（429）奏上。著有《集注喪服經傳》，不傳，清·馬國翰《玉函山房輯佚書》有輯録。事迹見《宋書》卷六十四、《南史》卷三十三《裴松之傳》。

裴氏《三國志注》搜羅廣博，引書達一百四十餘種，且首尾完整，不加剪裁割裂，保存大量史料，注文與正文字數相當，開創了注書的新例。現在流行的整理本是《三國志》（中華書局1959年版）。

33. 僧肇（384—414，一説374—414）

俗姓張。東晋京兆人。家貧曾以傭書爲業，遂得博覽經史。初好老莊，及讀《維摩經》而感悟，遂出家。聞鳩摩羅什羈留凉土，前往受業，羅什歎爲奇才。及至姚秦破凉，乃隨侍羅什入長安。禀姚興之命，與僧睿等於逍遥園詳定經論，解悟彌深，被稱爲解空第一。弘始六年（404），羅什譯出《大品般若經》，僧肇將其參加翻譯聽講之心得體會，寫成《般若無知論》，深得羅什及慧遠贊賞。至南朝梁、陳之際，後人將僧肇之佛學文章合編成一書，名曰《肇論》，計有《宗本義》，《物不遷論》第一，《不真空論》第二，《般若無知論》第三（附劉遺民之往返論學書劄各一通），《涅槃無名論》第四。著作尚有《丈六即真論》（已佚）、《注維摩詰經》十卷等。事迹見《梁高僧傳》卷六、《出三藏記集》卷八和卷九、《肇論》疏卷上、《魏書·釋老志》第二十。

　　僧肇《注維摩詰經》係中國佛教思想史上極具影響之作。全稱《維摩詰所説經注》，又作《注維摩》《注維摩》《注維摩經》《净名集解》。鳩摩羅什譯出《維摩詰經》之後，僧肇遂據其師説與道生、道融之説而發抒己見，依經文先後加注，闡釋《維摩詰經》旨意，而爲我國注釋《維摩詰經》之始。《維摩詰所説經注》收於《中華大藏經》（漢文部分）第九八册（中華書局 1996 年版）。

　　34. 范望

　　字叔明。晋人。除了《太玄經》注的卷端標題"晋范望，字叔明《解贊》"這八個字外，其人其事已經無從考察。

　　范望著《太玄解贊》十卷。注漢·揚雄《太玄》者，以東漢·宋衷、三國·吴·陸績最著。范望在兩家舊注的基礎上爲《太玄》七百二十九贊贊辭作注，將首、測兩篇散入八十一首與七百二十九贊之下，其餘諸篇的注解，則保存宋、陸舊注。范望《太玄解贊》是今存最早的《太玄》注本。目前可見的影印本有《太玄經》（上海古籍出版社 1990 年影印明萬玉堂翻宋本）。宋·司馬光《太玄集注》保留了范望注。該書的點校本有劉韶軍點校的《太玄集注》（中華書局 1998 年版）。

　　35. 裴駰

　　字龍駒。南朝宋河東聞喜（今山西聞喜）人。生卒年不詳。裴松之之子。官至南中郎參軍。家傳史學，采經傳百家之説注司馬遷《史記》，合爲《史記集解》。事迹見《宋書》卷六十四，《南史》卷三十三《裴松之傳》附。

　　從東漢起就有人爲《史記》作注，裴駰以徐廣《史記音義》爲基礎，吸收儒家經傳和諸子百家之説，又攝取前人成果，撰成《史記集解》八十卷，爲現存最早而又完整的舊注。至北宋時，開始出現將裴書與唐·司馬貞《史記索隱》、唐·張守節《史記正義》合成一編的"三家注"本，成爲《史記》最爲通行的本子。中華書局二十四史標點本（1959 年版），以最完善的清代張文虎刊本爲底本，對《史記》原文連同三家注一同標點，並作了校勘。現在流行的本子是"點校本二十四史修訂本"系列之一的《史記》（中華書局 2013 年版）。

36. 陶弘景（456—536）

字通明，自號華陽隱居。南朝齊、梁時丹陽秣陵人。士族出身，幼年家貧，讀書萬餘卷，一事不知，深以爲恥。劉宋末，宰相蕭道成引爲諸王侍讀、奉朝請。齊永明十年（492），辭官歸隱於句容之句曲山（今茅山），專事著述，修道煉丹，並遍游名山，尋訪仙藥。梁武帝蕭衍禮聘不出，但參與朝中大事咨詢，人稱"山中宰相"。死後諡貞白先生。陶弘景一生博學能文，著述宏富，總計約八十餘種，有《學苑》《孝經論語集注》《三禮序》《尚書注》《毛詩序》《老子内外集注》《抱朴子注》等書。另有醫學、藥物學著述《效驗方》、《補闕肘後百一方》（又稱《肘後百一方》）、《養性延命錄》等書多種，均不傳。事迹見《梁書》卷五十一、《南史》卷七十六。

陶弘景《鬼谷子》注，現在通行的本子是許富宏撰的《鬼谷子集校集注》（中華書局 2008 年版）。陶弘景纂集、叙次，並注釋過《真誥》，其整理本有吉川忠夫等編的《真誥校注》（朱越利譯，中國社會科學出版社 2006 年版）。陶弘景又整理並注釋南朝・梁・周子良遺著，成《周氏冥通記》。該書收於《中華道藏》第四六册（華夏出版社 2004 年版）。陶弘景著《本草經集注》原書已佚，現存有敦煌卷子殘本。整理本有馬繼興主編的《神農本草經輯注》（人民衛生出版社 2013 年版）。

37. 劉峻（463—522）

字孝標，本名法武。南朝梁平原人。幼喪父，家貧。齊武帝永明中，還江南，博覽群書，篤志好學，時稱"書淫"。梁武帝天監（502—519）初，召入西省，典校秘書。尋坐事免官。後安成王蕭秀引爲户曹參軍，使撰《類苑》，未成，以疾去。晚年講學東陽紫巖山，從學者甚衆。武帝引見，應對失旨，不見用，著《辨命論》寄懷。死後門人諡曰玄静先生。《隋書・經籍志》錄《劉峻集》六卷，已亡佚。明人輯有《劉户曹集》。事迹見《南史》卷四十九附《劉懷珍傳》、《梁書》卷五十。

劉孝標廣征博引，注《世説新語》。引書達四百餘種，爲世所重。整理本有徐震堮著的《世説新語校箋》（中華書局 1984 年版）、楊勇校箋的《世説新語校箋》（中華書局 2006 年版）、余嘉錫箋疏的《世説新語箋疏》（中華書局 2007 年版)、龔斌校釋的《世説新語校釋》(上海古籍出版社 2011 年版)。

38. 酈道元 (? —527)

字善長。北魏范陽人。孝文帝太和中,爲治書
侍御史。宣武帝時爲東荆州刺史,爲政嚴酷,以刻
峻免官。久之,起爲河南尹,除安南將軍、御史中
尉。收汝南王悦嬖寵丘念。悦啓胡太后,敕赦念,
道元竟誅丘念並劾悦。適逢雍州刺史蕭寶夤反狀已
露,悦等合謀嫁禍道元,勸朝廷委派道元爲關右大
使以監之。寶夤果殺之於赴任途中。道元好學,博
覽奇書,有《水經注》,爲古代地理名著,文辭亦甚
清麗優美。事迹見《魏書》卷八十九、《北史》卷二十七。

　　酈道元擴充舊題漢·桑欽所撰《水經》而成《水經注》。酈注引書三百七十
餘種,約三十萬字,比經文增多二十倍,集六世紀以前中國地理學著作之大成,
實際上已另成專著。《水經注》原四十卷,北宋初已亡佚五卷,後人分割三十五
卷以足四十卷之數。且舊本《水經注》經文與注文混淆不分,字句脱誤甚多。
清代學者全祖望、趙一清、戴震分別進行了區分經注的整理校訂工作。清·楊
守敬纂疏、熊會貞參疏的《水經注疏》則是以往研究之集大成之作。整理本有
段熙仲點校、陳橋驛復校的《水經注疏》(江蘇古籍出版社 1989 年版)。通行的
本子有陳橋驛校證的《水經注校證》(中華書局 2007 年版)。

39. 皇侃 (488—545)

皇侃一作皇偘。南朝梁吳郡人。少好學,精通儒業,尤明"三禮"、《孝經》
《論語》。初爲國子助教,講説《禮記》,武帝 (蕭衍) 拜爲員外散騎侍郎。皇氏
一生著述頗豐,有《禮記講疏》五十卷、《孝經講疏》三卷,均已亡佚。清·
馬國翰《玉函山房輯佚書》輯存《禮記皇氏義疏》四卷、《孝經皇氏義疏》一
卷。事迹見《梁書》卷四十八、《南史》卷七十一。

皇侃所著《論語集解義疏》十卷,博極群言,能補何晏《集解》所未備,
爲時所重。清·皮錫瑞稱:"如皇侃之《論語義疏》,名物制度,略而弗講,多
以老、莊之旨,發爲駢儷之文,與漢人説經相去懸絶。此南朝經疏之僅存於今
者,即此可見一時風尚。"該書在南宋時散佚。清代乾隆年間由日本傳回中國。
《叢書集成初編》收有皇侃的《論語集解義疏》(商務印書館 1937 年版)。皇氏
《禮記義疏》略見於唐·孔穎達《禮記正義》。

40. 孟氏

孟氏其人其事均已無法考證。《隋書·經籍志》:"梁有《孫子兵法》二卷,

孟氏解詁。"《新唐書》及《舊唐書》則題爲《孟氏解孫子》（二卷）和《孫子兵法孟氏注》（二卷）。孫星衍校《孫子十家注》也説孟氏是南朝梁人。晁公武《郡齋讀書志》認爲孟氏是唐人，當是誤斷。

孟氏的《孫子》注非常簡略，影响也不大。現在流行的本子有楊丙安校理的《十一家注孫子校理》（中華書局 1999 年增訂本）。

41. 劉昭

字宣卿。南朝梁平原高唐人。七歲通《老》《莊》義。及長，勤學善屬文，爲外兄江淹稱賞。梁武帝天監初，起家奉朝請，累遷征北行參軍，歷臨川王記室。卒於剡令。有《後漢書注》、《幼童傳》等。事迹見《梁書》卷四十九、《南史》卷七十二。

劉昭聚集各家後漢史書同異以注范曄《後漢書》，抽出晋·司馬彪《續漢書》八志加以注釋，補入范史，合爲一百二十卷，即今本《後漢書》。此爲《後漢書》最早之注。《南史·劉昭傳》謂劉昭此書"世稱博悉"，而唐·劉知幾《史通》則評其爲"無識"。唐·李賢等人之注行世後，劉昭范書注不顯，遂至散佚。北宋初，唐·李賢注《後漢書》與劉昭注《續漢志》分別單行。宋真宗乾興元年（1022），孫奭建議把劉昭所注《續漢志》並入范書合刻傳世，《後漢書》才具有今本的樣子。現在流行的整理本有《後漢書》（中華書局 1965 年版）。

42. 楊衒之

楊或作陽、羊。北魏末北平人。生卒年不詳，事迹可考者甚少。孝莊帝永安中，爲奉朝請，歷官期城太守、撫軍府司馬、秘書監。曾上書批評佛教。東魏孝静帝武定五年（547），因行役重至北魏舊京洛陽，值喪亂之後，見昔日寺觀廟塔皆成丘墟，因撮拾舊聞，追叙故迹，作《洛陽伽藍記》。事迹見《洛陽伽藍記》原序、《廣弘明集》卷六。

據唐·劉知幾《史通·補注》稱，《洛陽伽藍記》原書本有正文、子注之分，開創了史家自注的體例。但明清以來重要刻本都把正文、子注連寫，今人周祖謨在前人研究的基礎上，把正文、子注分開，作《洛陽伽藍記校釋》（中華書局 2010 年第 2 版）。其他整理本還有范祥雍校注的《洛陽伽藍記校注》（上海古籍出版社 1978 年新一版）。

43. 賈思勰

北魏齊郡益都人。撰有農書《齊民要術》。思勰事迹無考，各本皆題高陽太守。《齊民要術》十卷九十二篇，又有《自序》和後人插入之《雜説》各一篇。一般認爲是書成於公元六世紀三十年代到四十年代之間。全書援引古籍近二百種，且所引《氾勝之書》《四民月令》等漢晋農書均已失傳。

《齊民要術》中有不少小字注文，基本是賈氏自注，但引《漢書》竟出現了唐代顏師古的注文，自然是後人攙入。因爲最初的注文以單行小字接寫在正文下面，所以傳抄者很容易將單行小字誤寫爲大字，使注文變成正文。在今本《齊民要術》中，這種原應是注文而後來以正文的形式出現的情況恐怕還有不少。整理本有繆啓愉校釋的《齊民要術校釋》（中國農業出版社 1998 年第 2 版）。

44. 甄鸞（536—578）

字叔遵，北周中山無極人。歷官司隸校尉、漢中郡守。精通天文數算，北周武帝時，造《天和》曆法，於天和元年（566）頒行。曾注《周髀算經》《數術記遺》等。另撰《五經算術》《七曜曆算》等。事迹見《直齋書録解題》卷一二。

傳本《周髀算經》有趙君卿注、甄鸞重述。《周髀算經》中有許多數字計算，甄鸞均詳細地叙述了演算程序和逐步所得的數字。没有數字計算的文句，他就不加注。但甄鸞的重述水平不高且錯誤較多。因其對有關句股形的基本原理有很多誤解，連核算的工作都没有做好。目前的可見的點校本有錢寶琮校點的《算經十書》（中華書局 1963 年版）。

45. 智顗（538—597）

陳、隋時僧人，中國佛教天台宗的實際開創者。字德安，俗姓陳。祖籍潁川（今河南許昌），生於荆州華容（今湖北監利西北）。自幼信佛，十七歲時值梁末兵亂，顛沛流離。十八歲投湘州（今湖南長沙）果願寺出家，二十歲受具足戒。二十三歲時往光州（今河南光山）大蘇山，依慧思禪師受業。三十歲辭師往金陵（今南京），居九宫寺，創弘禪法。三十八歲時，入天台山。四十八

歲時，奉陳後主命回建康，在太極殿講《大智度論》和《仁王般若經》，次年太子從他受戒。陳後主禎明元年（587），於光宅寺講《妙法蓮華經》，弟子灌頂隨聞隨記，録成《法華文句》。陳亡後，移住廬山。隋文帝開皇十一年（591），應晉王楊廣之請到揚州爲之授菩薩戒，由此獲智者大師的稱號。次年回到故里荆州，於當陽玉泉山造玉泉寺，講《法華經玄義》和《摩訶止觀》，由弟子灌頂筆録成書。開皇十五年（595），從楊廣請再至揚州，撰《净名經疏》，9 月歸天台山，重整山寺。開皇十七年（597），晋王楊廣遣使入山迎請，智顗勉强出山，

在途中入寂，世壽六十歲，僧臘四十。智顗生平造寺 36 所（一説 35 所），度僧 4000 人（一説 14000 人）。楊廣依照其遺願在天台山建天台寺，後於大業元年（605）改名爲國清寺。事迹見《續高僧傳》卷十和《佛祖統記》卷六《智顗傳》、灌頂《智者大師別傳》、柳顧言《天台國清寺智者禪師碑文》以及《國清百録》。

　　智顗著述宏富（小部分由他親自撰寫，大部分是由弟子灌頂隨聽隨録整理而成）。其中講解注釋佛經的著作主要有：《妙法蓮華經文句》（對《法華經》所作的文句解釋），收於《中華大藏經》（漢文部分）第九四册（中華書局 1996 年版）。《觀音義疏》（對《觀音經》所作的文句解釋；《觀音經》，即《法華經》第二十五品《觀世音菩薩普門品》的別稱），收於《中華大藏經》（漢文部分）第九六册（中華書局 1996 年版）。《金光明經文句》（對北涼·曇無讖所譯之《金光明經》所作的文句解釋），收於《中華大藏經》（漢文部分）第九六册（中華書局 1996 年版）。《維摩經疏》（一名《凈名經疏》，又名《維摩經文疏》，是對羅什所譯《維摩詰所説經》三卷十四品經文的注釋。此書後被唐·湛然簡約，成《維摩經略疏》十卷），收於《中華大藏經》（漢文部分）第九八册（中華書局 1996 年版）。另有《觀無量壽佛經疏》等，疑爲後人僞托。

　　46. 陸德明（約 550—約 630）

名元朗，字德明，以字行。蘇州吳（今江蘇蘇州）人。生於梁末陳初，卒於唐貞觀初年。善言玄理，通曉經學。陳後主時任左常侍，隋煬帝時爲國子助教，入唐，爲秦王府文學館學士，拜國子博士，封吳縣男。著《經典釋文》。事迹見《元和姓纂》卷一〇。

　　陸德明編寫的《經典釋文》（三十卷）是承前啓後的注釋巨著。該書是中古時期先秦經典注釋文獻的集大成者，同時又開啓了唐人義疏的先河。據陸德明自序，該書始編於南朝陳後主至德元年（583），完成於隋滅陳之前。中古注家既衆，互有不同。儒家所尊崇的五經以及《孝經》《論語》之類，經師所作的音訓最多，分歧也最嚴重。再加之魏晉以來篆隸之變、方音之異、異體字層出，及古籍輾轉傳寫而致訛謬等，閱讀者常嘆古書難看，迫切需要一部明字義、查字音、辨字形的字書。陸德明適應這一要求，集漢魏六朝音切二百三十餘家，又采諸儒訓詁，辨正異同，考鏡源流，撰成《經典釋文》。卷首叙述諸書的傳受和注家極爲詳備，是研究中古注釋的重要歷史參考資料。《經典釋文》依次注釋了《周易》《尚書》《詩經》《周禮》《儀禮》《禮記》《左傳》《公羊傳》《穀梁傳》《孝經》《論語》《老子》《莊子》

《爾雅》經文和注解裏難字的音義（因唐代《孟子》尚未升格爲經書，故未收入）。目前常見的本子是北京圖書館藏宋刻宋元遞修本《經典釋文》（上海古籍出版社 1985 年版）。近人黄焯《經典釋文匯校》（中華書局 1983 年版）以《通志堂經解》本爲底本，既集録清人的校證，又與唐寫本和南宋刻本比勘，極爲詳備，爲讀《經典釋文》提供了便利。

下面總結一下"中古四十六注家"現存的注疏作品，作爲中古注釋文獻（不包括中古字書）的簡要書目。

河上公：《老子章句》（僞書）。

毛亨（大毛公）、毛萇（小毛公）：《毛詩故訓傳》。

孔安國：《尚書孔氏傳》（僞書）。

嚴君平：《老子指歸》。

許慎（約 58—約 147）：《淮南子》注（輯本）。

王逸：《楚辭章句》。

張道陵（? —156）：《老子道經想爾注》（敦煌六朝寫本殘卷）。

趙岐（約 108—201）：《孟子章句》。

鄭玄（127—200）：《毛詩箋》、"三禮"（《周禮》《儀禮》《禮記》）注、《孝經》注（輯本）。

何休（129—182）：《春秋公羊傳解詁》。

曹操（155—220）：《孫子略解》。

高誘：《吕氏春秋》注、《淮南子注》注（今與許慎注相雜）、《戰國策》注。

陸績（188—219）：《京氏易傳》注、《太玄》注（殘存於范望《太玄解贊》）。

何晏（約 190—249）：《論語集解》。

王肅（195—256）：《孔子家語》注。

韋昭（204—273）：《國語解》。

杜預（222—284）：《春秋左氏經傳集解》。

王弼（226—249）：《周易》注、《老子》注。

吕廣：《難經》注。

張華（232—300）：《神異經》注（僞書）。

劉徽：《九章算術》注。

孔晁：《逸周書》注。

陸璣：《毛詩草木鳥獸蟲魚疏》（輯本）。

趙爽：《周髀算經》注。

郭象（約 252—312）：《莊子》注。

郭璞（276—324）：《爾雅》注、《方言》注、《山海經》注、《穆天子傳》注。

韓伯（332—380）：《周易》注（補王弼《周易注》之缺）。

范甯（339—401）：《春秋穀梁傳集解》。

張湛：《列子》注。

劉昞（約 365—440）：《人物志》注。

裴松之（372—451）：《三國志注》。

僧肇（384—414，一説 374—414）：《注維摩詰經》。

范望：《太玄解賛》。

裴駰：《史記集解》。

陶弘景（456—536）：《鬼谷子》注、《真誥》注、《周氏冥通記》（南朝·梁·周子良遺著）注、《本草經集注》（敦煌卷子殘本）。

劉峻（463—522）：《世説新語》注。

酈道元（？—527）：《水經注》。

皇侃（488—545）：《論語集解義疏》。

孟氏：《孫子》注。

劉昭：《續漢志》（晋司馬彪《續漢書》八志）注。

楊衒之：《洛陽伽藍記》自注。

賈思勰：《齊民要術》自注。

甄鸞（536—578）：《周髀算經》重述。

智顗（538—597）：《妙法蓮華經文句》、《觀音義疏》、《金光明經文句》、《維摩經疏》（被唐湛然簡約成《維摩經略疏》）。

陸德明（約 550—約 630）：《經典釋文》。

二、中古注釋詞語研究概況

（一）中古漢語詞彙研究的歷史與現狀

雖然注釋作爲一種語料，在訓詁學中一直受到廣泛重視，但直到近代才有學者嘗試對其進行成規模的系統研究。中古漢語起步較晚，作爲漢語史的一個重要分支興盛於二十世紀，至世紀之交才取得突飛猛進的進展。

近十多年來，學者紛紛把目光投向俗語詞研究，中古漢語研究的隊伍漸漸壯大起來。中古漢語研究方法和研究領域也因此得到不斷拓展，國内外相關研究成果源源不斷地呈現在人們面前。以中古漢語通釋性質的專著爲例，從二十世紀九十年代開始進入繁榮期，蔡鏡浩《魏晋南北朝詞語例釋》（江蘇古籍出版社 1990 年版），王雲路、方一新《中古漢語語詞例釋》（吉林教育出版社 1992 年版），董志翹、蔡鏡浩《中古虛詞語法例釋》（吉林教育出版社 1994 年版）等先後出版。各類學術刊物上登載的與中古漢語研究相關的論文更是恒河沙數。關於中古漢語詞彙研究的歷史與現狀，王雲路《中古漢語詞彙史》第一章及周俊勳《中古漢語詞彙研究綱要》第二章有詳盡的論述，這裏不再贅述。

（二）中古注釋詞語研究的歷史與現狀

相形之下，對中古注釋詞語的研究則顯得遜色不少。這一領域業已出版的專著只有張能甫《鄭玄注釋語言詞彙研究》（巴蜀書社 2000 年版）和徐望駕《〈論語義疏〉語言研究》（中國社會科學出版社 2006 年版）等寥寥幾部。各類刊物上刊載的與中古注釋詞語研究直接相關的單篇學術論文也不多。

但中古注釋的語料價值確實引起了學界的注意，以此爲題的漢語史和古典文獻學專業的博士、碩士學位論文漸成規模。前面提到的張、徐兩部專著就是作者在其博士學位論文的基礎上修訂而成的，且兩書的選題也很有代表性。這些學位論文多以中古某位注釋名家和某部注釋名作爲中心展開研究。

近年來，以某部注釋作品爲中心選題的博士學位論文主要有：王東《〈水經注〉詞彙研究》（四川大學 2003 年博士學位論文），吳欣《高誘〈呂氏春秋注〉詞彙研究》（浙江大學 2008 年博士學位論文），徐曼曼《何休〈春秋公羊傳解詁〉詞彙訓詁研究》（浙江大學 2011 年博士學位論文）等。碩士學位論文主要有：葛文傑《王逸〈楚辭章句〉訓詁研究》（南京師範大學 2005 年碩士學位論文），馬君花《論鄭玄〈禮記注〉在訓詁學史上的成就》（寧夏大學 2005 年碩士學位論文），錢慧真《〈禮記〉鄭玄注釋中的同源詞研究》（山東大學 2006 年碩士學位論文），殷静《〈爾雅〉郭璞注的並列複合詞研究》（蘇州大學 2006 年碩士學位論文），孟曉妍《〈方言〉郭璞注雙音詞研究》（蘇州大學 2006 年碩士學位論文），張清華《郭璞〈爾雅注〉雙音詞研究》（魯東大學 2008 年碩士學位論文），焦美卉《鄭玄〈周禮注〉詞義訓釋研究》（内蒙古師範大學 2010 年碩士學位論文），劉建《〈水經注〉複音形容詞研究》（重慶師範大學 2011 年碩士學位論文），馬瑞《裴松之〈三國志注〉動詞性複音詞研究》（新疆大學 2011 年碩士學位論文）等。

以某注家爲中心選題的博士學位論文主要有：胡曉華《郭璞注釋語言詞彙研究》（浙江大學 2005 年博士學位論文）等。碩士學位論文主要有：范江蘭《鄭玄經注聲訓研究》（湖南師範大學 2009 年碩士學位論文），叢曉静《郭璞訓詁學研究》（山東師範大學 2002 年碩士學位論文）等。

但這些博士、碩士學位論文選題的關注點多集中在中古注釋名家和注釋名作上，中古注釋詞語宏觀研究的領域還有大片空白。

總體來看，對中古注釋詞語的研究還有些薄弱，有待大力推進。

三、中古注釋詞語的特色及其研究價值

作爲具有極高價值的語料，中古注釋詞語以其接近口語的通俗語詞如實反映了當時的語言面貌，對語言研究來説十分難得，對文獻整理、辭書編纂乃至漢語詞彙史的研究都有重要的參考價值。

（一）中古注釋詞語的語言特色

中古注釋詞語研究從一個新的角度和層面來探索中古時期的漢語詞彙狀況，構成漢語史研究的一個重要領域。

中古注釋著作的遣詞造句，異於高文典册的雅言，在很大程度上接近當時口語，甚至俗語。中古注釋語言其實是以當時實際用語爲基礎，經過加工潤色的書面文學語言，所以注釋語言在一定程度上反映了當時的口語。王雲路《百年中古漢語詞彙研究概述》指出："漢魏六朝人的注釋往往是十分珍貴的口語資料，富含大量生動的俚俗語言。因爲作注與著書不同，爲了讓人明白，注釋通常是用當時流行的語詞，淺顯而易懂。"[1]

如"舒手"，伸手。北魏·酈道元《水經注·河水一》引東晋·法顯撰《佛國記》："西北四十步，復有一石窟，阿難坐禪處。夭魔波旬化作雕鷲恐阿難，佛以神力，隔石舒手摩阿難肩，怖即得止。鳥迹、手孔悉存，故曰雕鷲窟也。""舒手"至今仍然是俗語詞，在現代漢語的一些方言，如冀魯官話和膠遼官話中仍有"舒手"的説法，是當地口語中極爲常用的詞。詳見正文"古注釋詞"部分"舒手"條。

（二）中古注釋與辭書編纂

1. 中古注釋爲辭書編纂提供了大量例證

就《漢語大詞典》來看，現有的詞條中有不少是以中古注釋的内容爲首見

---

[1] 王雲路：《詞彙訓詁論稿》，第220頁。

書證，如：

　　“臨車”（古戰車名。可以居高臨下用於攻城，故名。《詩·大雅·皇矣》“與爾臨衝”，<u>毛傳</u>：“臨，臨車也。”王先謙集疏引陳喬樅曰：“《淮南》云：‘隆衝以攻高’，蓋樓車高足以臨敵城而攻之，故亦名‘臨車’。”〔1〕）

　　“利器”（❶鋒利的武器。《書·説命上》“若金，用汝作礪”。<u>孔傳</u>：“鐵須礪以成利器。”……❷精良的工具。《論語·衛靈公》“工欲善其事，必先利其器”，漢·<u>孔安國</u>注：“言工以利器爲用。”……〔2〕）

　　“市儈”（❶即牙儈。舊稱買賣的居間人。《淮南子·氾論訓》“段干木晋國之大駔也”，漢·<u>許慎</u>注：“駔，市儈也。言魏國之大儈也。”……〔3〕）

　　“俊鳥”（鳥的美稱。《楚辭·離騷》“鷲皇爲余先戒兮”，東漢·<u>王逸</u>注：“鷲，俊鳥也。”此稱鷲之俊美。〔4〕）

　　“倪倪”（幼弱。《孟子·孟惠王下》“反其旄倪”，東漢·<u>趙岐</u>注：“旄，老耄也；倪，弱小倪倪者也。”……〔5〕）

　　“一成”（❶古謂方十里之地。《周禮·地官·小司徒》“乃經土地而井牧其四野”，東漢·<u>鄭玄</u>注：“甸方八里，旁加一里，則方十里爲一成。”……〔6〕）

　　“七棄”（七出。《公羊傳·莊公二十七年》“大歸曰來歸”，東漢·<u>何休</u>注：“大歸者廢棄來歸也。婦人有七棄……無子棄，絶世也；淫洗棄，亂類也；不事舅姑棄，悖德也；口舌棄，離親也；盗竊棄，反義也；嫉妒棄，亂家也；惡疾棄，不可奉宗廟也。”〔7〕）

　　“一金”（❶古代錢幣數量名稱。二十兩或一斤爲一金。後亦用以稱銀一兩。《戰國策·齊策一》“公孫閈乃使人操十金而往市卜於市”，東漢·<u>高誘</u>注：“二十兩爲一金。”……〔8〕）

　　“修理”（……❺整頓。《孫子·形篇》：“昔之善戰者，先爲不可

〔1〕 羅竹風主編：《漢語大詞典》第八卷，第729頁。
〔2〕 羅竹風主編：《漢語大詞典》第二卷，第640頁。
〔3〕 羅竹風主編：《漢語大詞典》第三卷，第692頁。
〔4〕 羅竹風主編：《漢語大詞典》第一卷，第1437頁。
〔5〕 羅竹風主編：《漢語大詞典》第一卷，第1508頁。
〔6〕 羅竹風主編：《漢語大詞典》第一卷，第27頁。
〔7〕 羅竹風主編：《漢語大詞典》第一卷，第164頁。
〔8〕 羅竹風主編：《漢語大詞典》第一卷，第48頁。

勝，以待敵之可勝。"三國·魏·曹操注："自修理以待敵之虛懈也。"
……〔1〕)

"義説"（爲古書作注而闡明其義。三國·魏·何晏《〈論語集解〉
序》："近故司空陳群、太常王肅、博士周生烈，皆爲義説。"邢昺疏：
"謂作注而説其義，故云義説。"〔2〕)

2. 以中古注釋語料修正現有辭書的不足

由於各種原因，在中古注釋文獻中的許多詞語没有能夠在《漢語大詞典》
等辭書及相關詞彙學專著的編修過程中得到充分利用。本書正文分"古注釋詞"
"釋義商榷""義項商補"和"提前書證"四個部分對中古注釋詞語進行了考釋
研究。"古注釋詞"部分收詞二十餘條，主要對各書未收的中古注釋詞語進行考
察訓釋。"釋義商榷"部分收詞十餘條，主要就相關中古注釋詞語，與《漢語大
詞典》等辭書及前輩時賢進行商榷。"義項商補"部分收詞十餘條，主要對《漢
語大詞典》等書所收中古注釋詞語的義項進行商補。"提前書證"部分收詞四十
餘條，主要針對《漢語大詞典》、王鍈《〈漢語大詞典〉商補》等書所收中古注
釋詞語的書證進行考察，提出最早的例證。筆者希望這些努力能夠爲《漢語大
詞典》等辭書的編修及相關詞彙學專著的撰著提供些微幫助。

---

〔1〕 羅竹風主編：《漢語大詞典》第一卷，第 1376 頁。
〔2〕 羅竹風主編：《漢語大詞典》第九卷，第 181 頁。

例　言

　　一、本文嘗試分"古注釋詞""釋義商榷""義項商補"和"提前書證"四個部分對中古注釋詞語進行考釋研究。各部分詞條按音序順序排列。

　　二、本文對中古注釋詞語的考察范圍主要包括東漢·鄭玄《毛詩》箋和三禮注、東漢·王逸《楚辭·離騷》注、高誘的《吕氏春秋》注、《淮南子》注，三國·吴·韋昭《國語注》，晋·郭璞《方言注》、《爾雅注》、《山海經注》、《穆天子傳注》、皇侃《論語集解義疏》、王弼《周易》注、郭象《莊子》注、張湛的《列子》注、六朝時期的裴松之《三國志》注，劉孝標《世説新語》注，賈思勰《齊民要術》自注，劉昭《後漢書》注，酈道元《水經注》等。另外還考察了少量中土佛典注釋中的資料。

　　三、書證排列以年代先後爲序。本文所引佛經均據日本《大正新修大藏經》。如後漢·支曜譯《佛説成具光明定意經》："十八者，無自專之心，常以卑順，勅誡其身，令如正法。"（卷 1，15，p. 457，c4-5），括号中 15，457，c4-5 分别表示册數、頁碼及欄次行數。所引譯經的時代均依吕澂《新編漢文大藏經目録》所定。

古注釋詞

愛 信

　　“愛信”，喜愛信任。各書未收。

　　中古注釋中的用例如下：

　　《三國志·魏志·王肅傳》“自魏初徵士燉煌周生烈，明帝時大司農弘農董遇等，亦歷注經傳，頗傳於世”裴松之注引三國·魏·魚豢《魏略》：“是時，漢帝委政太祖，（董）遇旦夕侍講，爲天子所愛信。”[1]

　　《三國志·吳志·吳主傳》“兵皆就路，權與淩統、甘寧等在津北爲魏將張遼所襲，統等以死扞權，權乘駿馬越津橋得去”裴松之注引晉·虞溥《江表傳》：“谷利者，本左右給使也，以謹直爲親近監，性忠果亮烈，言不苟且，權愛信之。”[2]

　　“愛信”多爲寵愛之義。在上者對在下者因喜歡而偏愛信任，如君“愛信”臣，父“愛信”子等。

　　《韓非子·亡徵》：“民信其相，下不能其上，主愛信之而弗能廢者，可亡也。”[3]

　　《史記·韓長孺列傳》：“陰使聶翁壹爲閒，亡入匈奴，謂單于曰：‘吾能斬馬邑令丞吏，以城降，財物可盡得。’單于愛信之，以爲然，許聶翁壹。”[4]

---

〔1〕　陳壽：《三國志》，第 420 頁。

〔2〕　陳壽：《三國志》，第 1120 頁。

〔3〕　王先慎：《韓非子集解》，第 110 頁。

〔4〕　司馬遷：《史記》，第 2861 頁。

《後漢書·呂布傳》："（董）卓以（呂）布爲騎都尉，誓爲父子，甚愛信之。"[1]

《宋書·薦恩傳》："（薦恩）既習戰陣，膽力過人，誠心忠謹，未嘗有過失，甚見愛信。"[2]

但"愛"是對人或物親善愛慕的情緒或深厚眞摯的感情。王鳳陽《古辭辨》："愛指人與人之間的相互喜歡的感情。這種感情表示得很廣泛，它適用於一切人，也因人而異，因而在字典裏有'親也'，'恩也'，'惠也'，'憐也'，'寵也'，'好也'，'樂也'，'吝惜也'，'慕也'等等解釋。"[3] 所以在上者故然可以"愛信"在下者，在下者也同樣可以"愛信"在上者。

《三國志·蜀志·楊戲傳》："普至廷尉，濩至太常，封侯。"裴松之注引晉·陳壽《益部耆舊雜記》："（王）嗣爲人美厚篤至，衆所愛信。嗣子及孫，羌、胡見之如骨肉，或結兄弟，恩至於此。"[4]

王嗣爲人非常朴實厚道，得到了衆人的信任愛戴。這個"愛信"是不論尊卑等級的，在"愛信"的中古用例中僅見此一例。

背　去

"背去"有離開義。各書未收。

《楚辭·招魂》："《涉江》《采菱》，發《揚荷》些。"東漢·王逸注："楚人歌曲也。言己涉渡大江，南入湖池，采取菱芰，發揚荷葉。喻屈原背去朝堂，隱伏草澤，失其所也。"[5]

《楚辭·王褒〈九懷·通路〉》："紉蕙兮永辭，將離兮所思。"東漢·王逸注："結草爲誓，長訣行也。背去九族，遠懷王也。"[6]

"背"有"去"（離開）義。《楚辭·賈誼〈惜誓〉》："水背流而源竭兮，木去根而不長。"東漢·王逸注："言水橫流，背其源泉，則枯竭，木去其根株，則枝葉不長也。以言人背仁義、違忠信，亦將遇害也。"[7]《漢書·高帝紀上》

〔1〕 范曄：《後漢書》，第2444頁。

〔2〕 沈約：《宋書》，第1436頁。

〔3〕 王鳳陽：《古辭辨》，第827頁。

〔4〕 陳壽：《三國志》，第1090頁。

〔5〕 洪興祖：《楚辭補注》，第209頁。

〔6〕 洪興祖：《楚辭補注》，第271頁。

〔7〕 洪興祖：《楚辭補注》，第230頁。

"項羽追北"顏師古注引三國‧吳‧韋昭曰："古背字也。背去而走也。"[1]

"背去"又有背棄義。使之離開,即抛棄。

《楚辭‧離騷》:"固時俗之工巧兮,偭規矩而改錯。"東漢‧王逸注:"偭,背也。圓曰規,方曰矩。改,更也。錯,置也。言今世之工,才知强巧,背去規矩,更造方圓,必失堅固、敗材木也。以言佞臣巧於言語,背違先聖之法,以意妄造,必亂政治、危君國也。"[2]

《楚辭‧東方朔〈七諫‧沈江〉》:"廢制度而不用兮,務行私而去公。"東漢‧王逸注:"言在位之臣,廢先王之制度,務從私邪,背去公正,爭欲求利也。"[3]

變　言

（一）

變言,變通的説法。此爲名詞用法。

《鬼谷子‧内揵》:"言往者,先順辭也;説來者,以變言也。"南朝‧梁‧陶弘景注:"往事已著,故言之貴順辭;來事未形,故説之貴通變也。"[4] 今人許富宏注:"'言往者'四句:按,此爲游説原則之一。在游説中涉及已發生的事件,要用'順辭',即順從君主之意的言辭,如此方能取得君主好感,博得君主任用;在游説中涉及還未發生的事件時,要用'變言',即有變通余地的話,免得將來事件發生後,與自己所言不合,從而失去君主的信任。順辭,順合君主之意的言辭。變言,變換言辭。"

在許富宏的注中,前面説"變言"是"有變通余地的話",後面又説"變言"是"變換言辭"的意思。可見,注者不能確定此句中的"變言"的詞性。"順辭"和"變言"並舉,兩者應該都是名詞。

但《鬼谷子》定本成於西晉,具體成書年代無從考證。

（二）

變言,變通地表達爲……指使用不直接的稱謂。此爲動詞用法。

---

〔1〕 班固:《漢書》,第15頁。
〔2〕 洪興祖:《楚辭補注》,第15頁。
〔3〕 洪興祖:《楚辭補注》,第241頁。
〔4〕 許富宏:《鬼谷子集校集注》,第51—52頁。

在王逸《楚辭》注中，有兩個用例。

《楚辭·離騷》："荃不察余之中情兮，反信讒而齌怒。"東漢·王逸注："荃，香草，以諭君也。人君被服芬香，故以香草爲諭。惡數指斥尊者，故變言荃也。"[1]

《楚辭·湘夫人》："沅有茝兮醴有蘭，思公子兮未敢言。"東漢·王逸注："公子，謂湘夫人也。重以卑説尊，故變言公子也。"[2]

王逸注中的"變言"，其實就是"借喻爲……"之意。

借喻與明喻、暗喻是比喻的三種基本類型。運用借喻時，被喻事物的本體及"如""像"等喻詞都不出現，而直接借用比喻事物的喻體代表被喻事物的本體。在上引兩條王逸《楚辭》注中，王逸認爲屈原爲了表達對尊者的敬意，前者是以一種香草"荃"借喻楚王，後者是以男性稱謂"公子"借喻湘夫人。

《楚辭》中多用借喻這種修辭方式。東漢·王逸《離騷序》："《離騷》之文，依《詩》取興，引類譬諭，故善鳥香草，以配忠貞；惡禽臭物，以比讒佞；靈脩美人，以媲於君；宓妃佚女，以譬賢臣；虬龍鸞鳳，以托君子；飄風雲霓，以爲小人。其詞温而雅，其義皎而朗。凡百君子，莫不慕其清高，嘉其文采，哀其不遇，而愍其志焉。"[3]但詩中出現的喻體究竟代表什麼本休，詩人並不明言，需要讀者結合具體語境體會，這也是《楚辭》歷來被稱認爲難讀的原因之一。

別　日

"別日"，指當天之後的某一日。猶言另日。《漢語大詞典》未收。

"別"有另義。清·劉淇《助字辨略》卷五："別，另也。《史記·高帝紀》：'使沛公項羽別攻城陽。'南唐後主《相見歡》詞：'別有一般滋味在心頭。'"[4]

《列子·湯問》："周穆王西巡狩，越崑崙，不至弇山。反還，未及中國，道有獻工人名偃師，穆王薦之，問曰：'若有何能？'偃師曰：'臣唯命所試。然臣已有所造，願王先觀之。'穆王曰：'日以俱來，吾與若俱觀之。'越日偃師謁見王。"晉·張湛注："日謂別日。"[5]

---

〔1〕　洪興祖：《楚辭補注》，第9頁。

〔2〕　洪興祖：《楚辭補注》，第65—66頁。

〔3〕　洪興祖：《楚辭補注》，第2—3頁。

〔4〕　劉淇：《助字辨略》，第260頁。

〔5〕　楊伯峻：《列子集釋》，第179頁。

從上下文看，《列子》原文中的"越日"正與張湛注"別日"相對應。"越日"，有的版本作"翌日"。《列子》原文中也有"別日"的用例。

《列子·周穆王》："已飲而行，遂宿於崑崙之阿，赤水之陽。別日升於崑崙之丘，以觀黃帝之宮；而封之以詒後世。"[1]

《列子》及張湛注的"別日"其實是指當天之後的第二日。

《世說新語》有兩例"別日"。

南朝·宋·劉義慶《世說新語·容止》："石頭事故，朝廷傾覆。溫忠武與庾文康投陶公求救，陶公云：'蕭祖顧命不見及，且蘇峻作亂，釁由諸庾，誅其兄弟，不足以謝天下。'于時庾在溫船後聞之，憂怖無計。別日，溫勸庾見陶，庾猶豫未能往。"[2]

又《世說新語·任誕》："（羅友）後爲廣州刺史，當之鎮，刺史桓豁語令莫來宿。答曰：'民已有前期。主人貧，或有酒饌之費，見與甚有舊，請別日奉命。'征西密遣人察之。至日，乃往荆州門下書佐家，處之怡然，不異勝達。"[3]

張永言主編《世說新語辭典》：

> 【別日】他日。指後來某日[2]。容23："～溫勸庾見陶。"任41："民已有前期，…請～奉命。"[4]

"別日"當爲另日，指當天之後的某一日。而"他日"是一個更爲模糊的時間表述，無論是在古代漢語，還是在現代漢語中，"他日"既可以指將來的某一天或某一個時期，也可以指過去的某個時候。詳參王海棻《記時詞典》"他日"條。

長 立

"長（cháng）立"，久立、久留。各書未收。

《漢語大詞典》只收有"長（zhǎng）立"。

---

〔1〕 楊伯峻：《列子集釋》，第97頁。
〔2〕 余嘉錫：《世說新語箋疏》，第725頁。
〔3〕 余嘉錫：《世說新語箋疏》，第886頁。
〔4〕 張永言主編：《世說新語辭典》，第23頁。

【長（zhǎng）立】長大自立。宋·葉適《安人張氏墓志銘》：“晝出從先生，夜歸就膏火，親課其勤惰，率雞鳴乃得睡，既長立猶然。”元無名氏《小尉遲》第三摺：“自相別存亡不知，怎想你成人長立。”《初刻拍案驚奇》卷三五：“好教你歡喜，你孩兒賈長壽，如今長立成人了。”（羅竹風主編《漢語大詞典》第十一卷，第 583 頁）

《説文·長部》：“長，久遠也。”清·段玉裁注：“久者，不暫也。遠者，不近也。引伸之爲滋長、長幼之長，今音知丈切。又爲多餘之長，度長之長，皆今音直亮切。”[1]“久遠”分指時間、空間距離大。“長（cháng）立”，長時間的站立。

“長（cháng）立”用例早見於東漢·王逸《楚辭》注。

《楚辭·離騷》：“悔相道之不察兮，延佇乎吾將反。”東漢·王逸注：“延，長也。佇，立貌。《詩》曰：佇立以泣。言己自悔恨，相視事君之道不明審，當若比干伏節死義，故長立而望，將欲還反，終己之志也。”[2]

《楚辭·離騷》：“時曖曖其將罷兮，結幽蘭而延佇。”東漢·王逸注：“曖曖，昏昧貌。罷，極也。言時世昏昧，無有明君，周行罷極，不遇賢士，故結芳草，長立有還意也。”[3]

《楚辭·九歌·大司命》：“結桂枝兮延佇，羗愈思兮愁人。”東漢·王逸注：“延，長也。佇，立也。《詩》曰：佇立以泣。言己乘龍沖天，非心所樂，猶結木爲誓，長立而望，想念楚國，愁且思也。”[4]

關　告

“關告”，稟告，呈報。各書未收。

《周氏冥通記》卷一：“若不爲問，則被人責，若悉爲問，便忤冥旨，是以皆匿隱之。”南朝·梁·陶弘景注：“此《記》中多有真仙諱字，並諸教戒，便同依經誥之例，皆須净案净巾沐浴燒香，乃看之。若欲傳寫，亦應先關告衆真及玄人，不得皆悠悠外書記也。”

---

〔1〕 段玉裁：《説文解字注》，第 791 頁。
〔2〕 洪興祖：《楚辭補注》，第 16 頁。
〔3〕 洪興祖：《楚辭補注》，第 30 頁。
〔4〕 洪興祖：《楚辭補注》，第 70 頁。

"關"有稟告、呈報義。清·王念孫《讀書雜志·荀子五·關內》:"凡通言於上曰關。《周（禮）·（秋）官·條狼氏》:'誓大夫曰"敢不關，鞭五百"。'先鄭司農曰:'不關，謂不關於君也。'《史記·梁孝王世家》曰:"大臣及袁盎等有所關說於景帝。'《佞幸傳》曰:'公卿皆因關說'，（司馬貞）《索隱》曰:'關，通也。謂公卿因之而通其詞說。'"[1]

每行四字，分作四行。

神霄致雨召雷真文

"關告"只見於道教書，爲道教齋醮儀式之專用術語。

《靈寶玉鑒》約出於元明間，述兩宋之際齋醮符咒諸法。《靈寶玉鑒》卷二十二"白簡總呪":"太上開明，元始監真。五老上帝，赤書玉文。拔贖一切，宿對罪根。皆蒙解脱，考對俱停。魂升九天，魄度朱陵。今日大願，萬神咸聽。龍負白簡，關告真靈。乞如所願，風火驛傳。"[2]

元末明初佚名《法海遺珠》卷十"神霄致雨召雷真文":"右真文用青紙，長一尺六寸，朱書，向巽方召雷神。或投龍潭，及關告雷司，無不感應。書一字二字，可治萬病，驅萬邪，出入不畏風濤蛟龍等怪，功成道備，佩之上升神霄玉清之天，爲金闕之侍臣也。如治狂邪怪祟，加欱火符於內，立驗。"[3]

"關告"一般是下屬或晚輩向上級或尊長報告事情，但也有例外。

《雲笈七籤》卷十《老君太上虛無自然本起經》:"夫道當曉知此左右之一，善惡之教。中央之一，正自我身神者，即道子也。左右之一，輔相我爲善惡。左方之一，日日關告我爲善，其功德日日盛強，我便爲正道。右方之一，不能復持邪事反戾我也，不能使我爲惡也。右方之一，日日教告我爲惡事，牽引我惡日日深大，便繫屬邪。右方之一，此爲屬邪，日與惡通。"[4] 前曰"左方之一，日日關告我爲善"；後曰"右方之一，日日教告我爲惡事"。"關告"與"教告"對文同義。不過，此"關告"是教導、教誨義，是上級尊長教訓下屬晚輩。

在中古，與"關告"義近的有"關啓"。但"關啓"並非道教特色語詞，多見於世俗文獻。

〔1〕 王念孫:《讀書雜志》，第692—693頁。

〔2〕 《靈寶玉鑒》，第612頁。

〔3〕 《法海遺珠》，第432頁。

〔4〕 張君房編:《雲笈七籤》，第182頁。

回疑 （迴疑）

“回疑”，遲疑不決。各書未收。

“回疑”最早見於東漢·王逸《楚辭章句》。

《楚辭·九辯》：“然中路而迷惑兮，自壓桉而學誦。”東漢·王逸注：“舉足猶豫，心回疑也。弭情定志，吟詩禮也。”[1]

“回疑”與“猶豫”義近。東漢時期的書證還有一例。

東漢·蔡琰《悲憤詩》：“見此崩五内，恍惚生狂癡。號泣手撫摩，當發復回疑。”[2]

現在一般認爲上引五言《悲憤詩》爲漢魏間女詩人蔡琰（字文姬）所作。蔡文姬曾被南匈奴軍虜去胡地十二年。建安十二年（207），曹操遣使者持金璧贖回文姬。《悲憤詩》描寫了她的這段苦難歷程，當作於207年以後，比王逸的《楚辭》注晚了近百年。

《漢語大詞典》未收“回疑”，但收有“迴疑”。

“迴疑”，遲疑不定。《漢語大詞典》此目書證首引南朝·宋·文學家鮑照（？—466）詩。

> 【迴疑】遲疑不定。南朝·宋·鮑照《答客》詩：“澄神自惆悵，嘿慮久迴疑。”（羅竹風主編《漢語大詞典》第十卷，第777頁）

“回”的本義當爲漩渦。“回”的古文字字形象水中漩渦之螺旋形。《説文·囗部》：“回，轉也。从囗，中象回轉形。＠，古文。”[3]

“迴”是“回”的分化字；“回”是“迴”的本字。現在，“迴”簡化爲“回”，又恢復了它的古本字。“回疑”“迴疑”寫法不同，意思一樣，都是遲疑不定義。而古書中寫作“回疑”的情況較多。《漢語大詞典》應在“回”字頭下補收“回疑”。

---

〔1〕 洪興祖：《楚辭補注》，第191頁。
〔2〕 逯欽立輯校：《先秦漢魏晉南北朝詩》，第200頁。
〔3〕 許慎：《説文解字》，第129頁。

穧取（獲取）

穧取：獲得，取得。多指農作物的收穫。各書未收。

《楚辭·離騷》："冀枝葉之峻茂兮，願竢時乎吾將刈。"東漢·王逸注："刈，穧也。草曰刈，穀曰穧，言己種植衆芳，幸其枝葉茂長，實核成熟，願待天時，吾將穧取收藏，而饟其功也。以言君亦宜畜養衆賢，以時進用，而待仰其治也。"[1]

《説文·丿部》："乂，芟艸也。从丿、从乀相交。刈，乂或從刀。"[2] "乂"象雙刃相交之形。"刈"是"乂"的加旁分化字。"刈"的聲符爲"乂"，義符爲"刀"，所以"刈"的本義是以刀割（禾、草等）。《説文·禾部》："穧，刈穀也。从禾，齊聲。"[3] "穧"的本義爲收割穀物。農人割禾、草等是爲了向自然索取衣食。王注："刈，穧也。草曰刈，穀曰穧。"這是從結果上來取義，不强調獲得前所採用的具體動作了。

中古的用例除王逸注外，罕能再找到其他書證。近古還有一例：

《舊唐書·哥舒翰傳》："先是，吐蕃每至麥熟時，即率部衆至積石軍穧取之，共呼爲'吐蕃麥莊'，前後無敢拒之者。至是，（哥舒）翰使王難得、楊景暉等潛引兵至積石軍，設伏以待之。"[4]

《漢語大詞典》沒收"穧取"，但收有"獲取"。

【獲取】獲得，取得。《解放日報》1982年10月4日："精神上的饑餓感是獲取知識的第一要著。"《文藝報》1983年第1期："努力到新的生活當中，人民群衆當中去獲取新的啓示、衝擊、感受與創作素材，努力去獲取新的體驗，新的評價，否則就會使自己的創作枯竭。"（羅竹風主編《漢語大詞典》第五卷，第110頁）

《漢語大詞典》"獲取"條用現代書證，也太晚。

《漢書·揚雄傳下》引揚雄《長楊賦》："帥軍踤阹，錫戎獲胡。"唐·顏師

---

〔1〕 洪興祖：《楚辭補注》，第11頁。
〔2〕 許慎：《説文解字》，第265頁。
〔3〕 許慎：《説文解字》，第145頁。
〔4〕 劉昫等：《舊唐書》，第3212頁。

古注：“踔，足蹇之也。錫戎獲胡，言以禽獸賦戎狄，令胡人獲取之。”[1]

“獲”的本義爲獵取禽獸。《説文·犬部》：“獲，獵所獲也。从犬，蒦聲。”[2] 揚雄《長楊賦》中的“獲取”既是此義。

由於“獲”與“穫”上古音相同，都是匣母鐸韻，而且都有“取得”的引申義，所以在古書中“獲”“穫”是通假字。1956 年由國務院批准公佈的《簡化字總表》最終把“獲”與“穫”合併簡化作“获”。“获取”在現代漢語中是常用詞，如“获取情報”“获取暴利”等。但在古代文獻中很少見到“獲取”或“穫取”的用例。從上面幾例可見，古人在用字時，還是刻意分別了“獲取”和“穫取”。

建　志

“建志”猶立志。樹立志願；下定決心。各書未收。

《楚辭·離騷》：“老冉冉其將至兮，恐脩名之不立。”東漢·王逸注：“立，成也。言人年命冉冉而行，我之衰老，將以來至，恐脩身建德，而功不成名不立也。《論語》曰：君子疾没世而名不稱焉。屈原建志清白，貪流名於後世也。”[3]

中古中土文獻中還有其他用例。

《後漢書·儒林傳下·服虔》：“服虔字子慎，初名重，又名祇，後改爲虔，河南滎陽人也。少以清苦建志，入太學受業。有雅才，善著文論，作《春秋左氏傳解》，行之至今。”[4]

南朝·梁·陶弘景《真誥·稽神樞第二》：“子建志有年，今因以反子昔旨耳。”[5]

又《真誥·握真輔第二》：“浪心飆外，世路永絕。足樂幽林，外難一塞。建志不倦，精誠無廢。遂遇明師，見受奇術。”[6]

中古佛教譯經中，亦有不少用例。

三國·吴·康僧會譯《六度集經》：“吾建志學道，但爲衆生没在重苦欲以

---

〔1〕 班固：《漢書》，第 3558 頁。
〔2〕 許慎：《説文解字》，第 205 頁。
〔3〕 洪興祖：《楚辭補注》，第 12 頁。
〔4〕 范曄：《後漢書》，第 2583 頁。
〔5〕 〔日〕吉川忠夫等編，朱越利譯：《真誥校注》，第 379 頁。
〔6〕 〔日〕吉川忠夫等編，朱越利譯：《真誥校注》，第 553 頁。

濟之，令得去禍身命永安耳。吾後老死，身會棄捐，不如慈惠濟衆成德。”（卷1，3，p. 2，b16-19）

又《六度集經》：“天帝釋聞王建志崇仁，嘉其若兹，化爲鹿類盈國食穀，諸穀苗稼掃土皆盡，以觀其志。”（卷6，3，p. 33，b15-17）

西晉·竺法護譯《佛説如幻三昧經》：“設使有人來詣我所爲沙門者，夫族姓子若不發心欲得出家，我乃令卿作沙門耳。所以者何？其有建志欲出家者，心無所歸；其無所歸，亦無有來；其無從來，則無往者；住一切法，無所斷絶，則住無本；其住無本，游於法界而不動轉；其於法界無所動者，則不得心；其不得心，不願出家；其不願出家，則不發心爲沙門也。”（卷2，12，p. 145～146，c23-a1）

境　内

《漢語大詞典》、《現代漢語詞典》（第6版）都未收此目。在現代漢語中，“境内”是常用詞，應該考慮收入大中型語文辭書。李行健主編《現代漢語規範詞典》（第2版）收録了該詞。

【境内】jìngnèi［名］國家或區域的邊界以内 ▷ 嚴禁毒品進入～。[1]

此詞古已有之，“境内”指四境之内，邊境以内，境多指國境。下面先列舉在中古注釋文獻中的用例。

《史記·宋微子世家》：“女則從，龜從，筮逆，卿士逆，庶民逆，作内吉，作外凶。”宋·裴駰《集解》引鄭玄曰：“此逆者多，以故舉事於境内則吉，境外則凶。”[2]

《孟子·梁惠王下》：“四境之内不治，則如之何？”東漢·趙歧注：“境内之事，王所當理，不勝其任，當如之何。孟子以此動王心，令戒懼也。”[3]

《國語·楚語上》：“且夫私欲弘侈，則德義鮮少；德義不行，則邇者騷離而

〔1〕李行健主編：《現代漢語規範詞典》，第706頁。
〔2〕司馬遷：《史記》，第1617—1618頁。
〔3〕《孟子注疏》，第2679頁。

遠者距違。"三國·吴·韋昭注："騷，愁也。離，叛也。邇，境内。遠，鄰國。"[1]

《國語·越語上》："句踐之地，南至於句無，北至於禦兒，東至於鄞，西至於姑蔑，廣運百里。"三國·吴·韋昭注："言取境内近者百里之中。東西爲廣，南北爲運。"[2]

中古之前的先秦時代就有"境内"用例。

《管子·兵法》："今代之用兵者不然，不知兵權者也。故舉兵之日，而境内貧，戰不必勝，勝則多死，得地而國敗。此四者，用兵之禍者也。"[3]

《商君書·農戰》："今境内之民及處官爵者，見朝廷之可以巧言辯説取官爵也，故官爵不可得而常也。"[4]

《荀子·君道》："牆之外，目不見也；里之前，耳不聞也；而人主之守司，遠者天下，近者境内，不可不略知也。天下之變，境内之事，有弛易齵差者矣，而人主無由知之，則是拘脅蔽塞之端也。"[5]

另外，在先秦時代，"境内"的词義還由四境之内引申爲境内之事，指國事、政事。下列兩例。

《莊子·秋水》："莊子釣於濮水，楚王使大夫二人往先焉，曰：'願以境内累矣！'"清·王先謙集解："欲以國事相累。"[6]

《韓非子·外儲説左下》："鉅者，齊之居士；屠者，魏之居士。齊、魏之君不明，不能親照境内，而聽左右之言，故二子費金璧而求入仕也。"[7]

境　外

"境外"是現代漢語中的常用词。《漢語大詞典》、《現代漢語詞典》(第 6 版)均未收此目。李行健主編《現代漢語規範詞典》(第 2 版)收録了該词。

【境外】jìngwài［名］國家或區域的邊界以外 ▷ ～敵對勢力｜主

---

〔1〕《國語》，第 544 頁。

〔2〕《國語》，第 635—636 頁。

〔3〕黎翔鳳：《管子校注》，第 317 頁。

〔4〕蔣禮鴻：《商君書錐指》，第 21 頁。

〔5〕王先謙：《荀子集解》，第 243 頁。

〔6〕王先謙：《莊子集解》，第 147—148 頁。

〔7〕王先慎：《韓非子集解》，第 301 頁。

力部隊正在該省～集結待命。[1]

"境外"古已有之，義爲邊境以外，境多指國境。下面先列舉在中古注釋文獻中的用例。

《史記·宋微子世家》："女則從，龜從，筮逆，卿士逆，庶民逆，作内吉，作外凶。"宋·裴駰《集解》引鄭玄曰："此逆者多，以故舉事於境内則吉，境外則凶。"[2]

《三國志·魏志·文帝紀》："君其祗順大禮，饗兹萬國，以肅承天命。"裴松之注引《獻帝傳》："昔先王初建魏國，在境外者聞之未審，皆以爲拜王。"[3]

中古之前的先秦時代早有"境外"用例。

《管子·小匡》："罷士無伍，罷女無家。士三出妻，逐於境外。女三嫁，入於春穀。是故民皆勉爲善。"[4]

《晏子春秋·問上一》："能愛邦内之民者，能服境外之不善；重士民之死力者，能禁暴國之邪逆；聽賃賢者，能威諸侯；安仁義而樂利世者，能服天下。"[5]

拘　愚

"拘愚"，狹隘愚昧。

"拘"本義爲制止、禁止。《説文·句部》："拘，止也。从手句。"清·段玉裁注："手句者，以手止之也。"[6]引申爲束縛、拘束。《孫子·九地》："兵士甚陷則不懼，無所往則固，深入則拘，不得已則鬬。"三國·魏·曹操注："拘，縛也。"[7]拘束則不能大，"拘"又引申爲器量狹小。

《楚辭·九嘆·憂苦》："偓促談於廊廟兮，律魁放乎山間。"東漢·王逸注："偓促，拘愚之貌。律，法也。魁，大也。言拘愚蔽闇之人，反談論廊廟之中；明於大法賢智之士，弃在山間而不見用也。"[8]

---

〔1〕 李行健主編：《現代漢語規範詞典》，第 706 頁。

〔2〕 司馬遷：《史記》，第 1617—1618 頁。

〔3〕 陳壽：《三國志》，第 62 頁。

〔4〕 黎翔鳳：《管子校注》，第 417—418 頁。

〔5〕 吳則虞：《晏子春秋集釋》，第 173 頁。

〔6〕 段玉裁：《説文解字注》，第 158 頁。

〔7〕 楊丙安：《十一家注孫子校理》，第 248 頁。

〔8〕 洪興祖：《楚辭補注》，第 301 頁。

三國·魏·杜恕《體論》："故《春秋傳》曰：'小大之獄，雖不能察，必曰情。'而世俗拘愚苛刻之吏，曰爲情也者，取貨賂者也，立愛憎者也，祐親戚者也，陷怨讎者也。"[1]

絶 落

"絶落"義爲墜落。各書未收。

《楚辭·離騷》："雖萎絶其亦何傷兮，哀衆芳之蕪穢。"東漢·王逸注："萎，病也。絶，落也。言己所種芳草，當刈未刈，蚤有霜雪，枝葉雖蚤萎病絶落，何能傷於我乎？哀惜衆芳摧折，枝葉蕪穢而不成也。以言己脩行忠信，冀君任用，而遂斥棄，則使衆賢志士失其所也。"[2]

"絶"亦爲落義。三國·魏·張揖《廣雅·釋詁三》："剝、絶、鬠，落也。"[3]"絶落"同義連文。

中古文獻中用例還有：

《列子·仲尼》："吾笑龍之詒孔穿，言'善射者能令後鏃中前括，發發相及，矢矢相屬；前矢造準而無絶落，後矢之括猶銜弦，視之若一焉'。孔穿駭之。"[4]

虧 歇

"虧歇"，消損。

"虧"有減損、減少義。《説文·亐部》："虧，气損也。"清·段玉裁注："損也。引伸凡損皆曰虧。"[5]

"歇"有止息、消失義。《説文·欠部》："歇，息也。一曰，气越泄。"清·段玉裁注："息者，鼻息也。息之義引伸爲休息，故歇之義引伸爲止歇。泄當作'渫'。此別一義，越渫猶漏溢也。《七發》曰：'精神越渫，百病咸生。'李引高

〔1〕 嚴可均校輯：《全上古三代秦漢三國六朝文》，第1291頁。
〔2〕 洪興祖：《楚辭補注》，第11頁。
〔3〕 王念孫：《廣雅疏證》，第90頁。
〔4〕 楊伯峻：《列子集釋》，第139頁。
〔5〕 段玉裁：《説文解字注》，第362頁。

注《吕氏春秋》曰：'越，散也。'引鄭玄《毛詩》箋曰：'潎，發也。'"〔1〕

"虧歇"爲東漢·王逸《楚辭》注中語詞。王逸認爲"虧"與"歇"同義連文，故"虧歇"爲消損之義。

《楚辭·離騷》："芳與澤其雜糅兮，唯昭質其猶未虧。"東漢·王逸注："唯，獨也。昭，明也。虧，歇也。言我外有芬芳之德，内有玉澤之質，二美雜會，兼在於己，而不得施用，故獨保明其身，無有虧歇而已。所謂道行則兼善天下，不用則獨善其身。"〔2〕

"虧歇"或作"盬歇"。《説文·亏部》："虧，气損也。从亏，雐聲。盬，虧或从兮。"〔3〕

《楚辭·離騷》："芳菲菲而難虧兮，芬至今猶未沫。"東漢·王逸注："虧，歇。沫，已也。言己所行純美，芬芳勃勃，誠難虧歇，久而彌盛，至今尚未已也。"〔4〕

傾　失

"傾失"，偏差，過頭或不及的失誤。

"傾"本義爲人歪頭。《説文·人部》："傾，仄也。"清·段玉裁注："仄部曰：'仄，傾也。'二字互訓。古多用頃爲之。又按，仄當作矢，矢下曰：'傾頭也。'引申謂凡矢皆曰傾。矢與仄義小異。"〔5〕引申爲偏斜、傾斜、不正。

《楚辭·離騷》："舉賢而授能兮，循繩墨而不頗。"東漢·王逸注："頗，傾也。言三王選士，不遺幽陋，舉賢用能，不顧左右；行用先聖法度，無有傾失。故能綏萬國，安天下也。《易》曰：無平不頗也。"〔6〕

"傾失"又可用爲動詞，義爲損失。

梁·寶唱等集《經律異相》："佛告文殊：'我成佛來，過三十年。今此衆中，誰能爲我受持十二部經？供給左右所須之事，使不傾失自身善利。'五百羅漢皆云'我能'。"（卷 15，53，p. 79，b19-21）

唐·冥詳《大唐故三藏玄奘法師行狀》："法師過第五烽，遇風沙大起，不

---

〔1〕 段玉裁：《説文解字注》，第 719 頁。
〔2〕 洪興祖：《楚辭補注》，第 17—18 頁。
〔3〕 許慎：《説文解字》，第 101 頁。
〔4〕 洪興祖：《楚辭補注》，第 42 頁。
〔5〕 段玉裁：《説文解字注》，第 654 頁。
〔6〕 洪興祖：《楚辭補注》，第 23 頁。

知泉處。日暗，傍一沙溝住。下水欲飲，馬袋重失，手覆之。纔得一飲之直，餘並傾失。千里之資，此時頓盡，煩惱亦何可言。"（卷1，50，p. 215，a26-b1）

升山（陞山、昇山）

升山（亦作陞山、昇山），上山，登山。各書未收。

《後漢書·祭祀志上》："至食時，御輦升山。"南朝·梁·劉昭注引漢·應劭《漢官》錄馬第伯《封禪儀記》："國家御首輦，人輓升山，至中觀休，須臾復上。"[1]

馬第伯是東漢光武帝劉秀（公元前6—公元57）的侍從。馬氏《封禪儀記》詳實地記述了作者於建武三十二年（公元56年）正月跟隨漢光武帝東巡泰山，行封禪大典的經過。此處的"升山"不是徒步登山，而是（光武帝）乘"輦"上山。

比馬氏《封禪儀記》早幾十年的李淑奏章中也有"升山"。

《後漢書·劉玄傳》："今以所重加非其人，望其毗益萬分，興化致理，譬猶緣木求魚，升山採珠。"[2]

《漢語大詞典》未收"升山"，卻收有上引例句中的"升山採珠"（比喻求之非所）。《後漢書·劉玄傳》裏的這句話出自軍帥將軍李淑向更始帝劉玄（? —公元25）勸諫用賢的諫書。此例是"升山"在兩漢之際的早期書證。

中古時期"升山"的其他用例還有：

北魏·酈道元《水經注·河水四》："自下廟歷列柏南行十一里，東迴三里，至中祠，又西南出五里，至南祠，謂之北君祠，諸欲升山者，至此皆祈請焉。"[3]

北魏·酈道元《水經注·沔水中》："沔水又南，汎水注之，水出梁州閬陽縣。魏遣夏侯淵與張郃下巴西，進軍宕渠，劉備軍汎口，即是水所出也。張飛自別道襲張郃于此水，郃敗，棄馬升山，走還漢中。"[4]

"升"是"昇"與"陞"的古本字；"昇"與"陞"則是"升"加旁分化而派生出的後起字。"升"逐漸專用來表示量具和作容量單位，其上升義則多由

---

〔1〕 范曄：《後漢書》，第3169頁。

〔2〕 范曄：《後漢書》，第472頁。

〔3〕 陳橋驛：《水經注校證》，第108頁。

〔4〕 陳橋驛：《水經注校證》，第661頁。

"昇"与"陞"來表示。所以,"升山"在古書中有時也寫作"陞山"。

《楚辭·離騷》:"朝搴阰之木蘭兮,夕攬洲之宿莽。"東漢·王逸注:"攬,采也。水中可居者曰洲。草冬生不死者,楚人名曰宿莽。言己旦起陞山采木蘭,上事太陽,承天度也;夕入洲澤采取宿莽,下奉太陰,順地數也。動以神祇自勅誨也。木蘭去皮不死,宿莽遇冬不枯,以喻讒人雖欲困己,己受天性,終不可變易也。"[1]

而有時"升山"又寫作"昇山"。

晉·干寶《搜神記·盤瓠》:"盤瓠將女上南山,山草木茂盛,無人行迹。於是女解去上衣,爲仆鑒之結,著獨力之衣,隨盤瓠昇山入谷,止於石室之中。"[2]

舒 手

"舒手",伸手。《漢語大詞典》未收。

北魏·酈道元《水經注·河水一》引東晉·法顯撰《佛國記》:"西北四十步,復有一石窟,阿難坐禪處。天魔波旬化作雕鷲恐阿難,佛以神力,隔石舒手摩阿難肩,怖即得止。鳥迹、手孔悉存,故曰雕鷲窟也。"[3]

《佛國記》全一卷,又稱《高僧法顯傳》《高僧傳》《歷游天竺記傳》。

東晉·法顯撰《高僧法顯傳》:"西北三十步,復有一石窟。阿難於中坐禪。天魔波旬,化作鵰鷲,住窟前恐阿難。佛以神足力,隔石舒手,摩阿難肩,怖即得止。鳥迹手孔今悉在,故曰鵰鷲窟山。"(卷1,51,p. 862,c21-24)

在中古中土文獻和佛書中都有"舒手"用例。

東漢·王充《論衡·論死》:"人死不爲鬼,無知,不能語言,則不能害人矣。何以驗之?夫人之怒也用氣,其害人用力,用力須筋骨而彊,彊則能害人。忿怒之人,呴呼於人之旁,口氣喘射人之面,雖勇如賁、育,氣不害人。使舒手而擊,舉足而蹴,則所擊蹴無不破折。夫死,骨朽筋力絕,手足不舉,雖精氣尚在,猶呴吁之時無嗣助也,何以能害人也?"[4]

吳·支謙譯《菩薩本緣經·一切施品第二》:"假使將王至彼怨所得獲金寶,

---

[1] 洪興祖:《楚辭補注》,第180頁。

[2] 李劍國輯校:《新輯搜神記》,第401頁。

[3] 陳橋驛:《水經注校證》,第8—9頁。

[4] 黃暉撰,劉盼遂集解:《論衡校釋》,第880頁。

我復何心舒手受之？假使受者，手當落地；譬如男子爲長養身噉父母肉，是人雖得存濟生命，與怨何異？”（卷1，3，p. 56，b29-c10）

前秦·曇摩難提譯《增壹阿含經·聲聞品第二十八》：“爾時，老母難陀躬作酥餅。爾時，尊者賓頭盧到時，著衣持鉢，入羅閱城乞食，漸漸至老母難陀舍，從地中踊出，舒手持鉢，從老母難陀乞食。”（卷20，2，p. 648，c2-5）

姚秦·佛陀耶舍譯《四分律》：“彼比丘尼共宿應在舒手相及處。彼比丘尼獨宿隨脅著地，僧伽婆尸沙，隨轉側僧伽婆尸沙。若比丘尼共在村中宿，臥時使舒手相及。若舒手不相及，一一轉側一一僧伽婆尸沙。”（卷22，22，p. 721，a4-8）

“舒”之本義爲伸展、展開。《說文·予部》：“舒，伸也。从舍、从予，予亦聲。一曰：舒，緩也。”[1] 在現代漢語的一些方言中仍有“舒手”，見許寶華、宮田一郎主編《漢語方言大詞典》：

【舒手】〈動〉伸手。（一）冀魯官話。山東壽光 $[su^{213-22} \text{ } səu^{55}]$。（二）膠遼官話。山東臨朐 $[\int u^{213} \text{ } \int ou^{55}]$。[2]

他　域

“他域”，他方，別處，異地。各書未收。

《楚辭·漁父》：“何故深思高舉，自令放爲？”東漢·王逸注：“獨行忠直。遠在他域。”[3]

《楚辭·九辯》：“閔奇思之不通兮，將去君而高翔。”東漢·王逸注：“傷己忠策，無由入也。適彼樂土，之他域也。”[4]

除了王逸《楚辭章句》中的這兩個例子外，在其他中土文獻中絕少能見到“他域”。而在中古佛教譯經著作中還可找出兩個書證。

西晉·竺法護（約3、4世紀間）譯《生經·佛說腹使經》：“假使世尊，詣於餘國，而造歲節，處於他域，無央數人，失其德本。坐具無所乏少。假使如

〔1〕 許慎：《說文解字》，第84頁。
〔2〕 許寶華，宮田一郎主編：《漢語方言大詞典》，第6215頁。
〔3〕 洪興祖：《楚辭補注》，第180頁。
〔4〕 洪興祖：《楚辭補注》，第188頁。

來，止此舍衛，而爲歲節，多所安隱，爲成德本。”（卷3，3，p. 91，b15-18）

南朝陳時譯師慧愷（518—568）《攝大乘論序》：“法師既博綜墳籍，妙達幽微，每欲振玄宗於他域，啓法門於未悟。以身許道，無憚遠游。跨萬里猶比隣。越四海如咫尺。以梁太清二年方居建鄴。”（《攝大乘論序》，31，p. 112，c9-12）

統　目

“統目”，總的稱謂。各書未收。

北魏·酈道元《水經注·河水四》：“蒲山統目總稱，亦與襄山不殊。”〔1〕

又《水經注·洛水》：“靈帝中平元年，以河南尹何進爲大將軍，率五營士屯都亭，置函谷、廣城、伊闕、大谷、轘轅、旋門、小平津、孟津等八關，都尉官治此，函谷爲之首，在八關之限，故世人總其統目，有八關之名矣。”〔2〕

又《水經注·洧水》：“水出山下。亦言出潁川陽城山，山在陽城縣之東北，蓋馬領之統目焉。”〔3〕

“統目”可能是酈氏自造用語，不見於各書。《水經注·河水四》書證中“統目總稱”同義連文，“統目”即是“總稱”，總的稱謂。

《水經注》的“目”多作“名稱”解。動詞與“目”搭配的有“受目”（得名）。

《水經注·河水三》：“《地理志》曰：澤有長、丞。此城即長、丞所治也。城西三里有小阜，阜下有泉，東南流注池。北俗謂之大谷北堆，水亦受目焉。”〔4〕

還有“起目”（起名）。

《水經注·濟水一》：“案《廣志》，楚鳩一名嘷啁，號咷之名，蓋因鳩以起目焉，所未詳也。”

還有“攝目”（取名）。

《水經注·渭水》：“又故虢縣有杜陽山，山北有杜陽谷，有地穴北入，亦不知所極，在天柱山南，故縣取名焉，亦指是水而攝目矣，即王莽之通杜也。”〔5〕

還有“著目”（得名）。

〔1〕 陳橋驛：《水經注校證》，第110頁。

〔2〕 陳橋驛：《水經注校證》，第368—369頁。

〔3〕 陳橋驛：《水經注校證》，第518頁。

〔4〕 陳橋驛：《水經注校證》，第81頁。

〔5〕 陳橋驛：《水經注校證》，第442頁。

《水經注·洧水》：“洧水又屈而南流，水上有梁，謂之桐門橋，藉桐丘以取稱，亦言取桐門亭而著目焉，然不知亭之所在，未之詳也。”〔1〕

委　深

“委深”有三意，一爲形容詞，曲折幽深；一爲動詞，置於幽深之處；一爲動詞，積累深厚。《漢語大詞典》均未收。

北魏·酈道元《水經注·河水四》：“山有二陵：南陵，夏后皋之墓也；北陵，文王所避風雨矣。言山徑委深，峰皋交蔭，故可以避風雨也。”〔2〕清·楊守敬按：“《左傳》杜《注》，谷深委曲，兩山相歙，故可以避風雨。”〔3〕

楊守敬認爲“委深”源於杜注“谷深委曲”。

《左傳·僖公三十二年》：“晉人禦師必於殽，殽有二陵焉：其南陵，夏后皋之墓也；其北陵，文王之所辟風雨也。”晉·杜預注：“此道在二殽之間，南谷中谷深委曲，兩山相歙，故可以辟風雨。古道由此，魏武帝西討巴漢，惡其險，而更開北山高道。”〔4〕

可見酈道元在引用《左傳》時，確實是化用杜注“谷深委曲”，創造了“委深”一詞。此“委深”爲形容詞，曲折幽深之意。

但“委深”在晉人語中已有用例，只是其義有別。

晉·摯虞《思游賦》：“握隋珠與蕙若兮，時莫悦而未遑。彼未遑其何恤兮，懼獨美之有傷。塞委深而投奧兮，庶芬藻之不彰。芳處幽而彌馨兮，寶在夜而愈光。”〔5〕

“委深”與“投奧”同義對文。此“委深”爲動詞，置於幽深之處。

北魏·崔光《諫靈太后幸嵩高表》：“秋末久旱，塵壤委深，風霾一起，紅埃四塞。”〔6〕

崔光（451—523）與酈道元爲同時代人，而崔光稍早。此“委深”爲動詞，積累深厚。“委”有積累義。《公羊傳·桓公十四年》：“御廩者何？粢盛委之所

〔1〕 陳橋驛：《水經注校證》，第 522 頁。
〔2〕 陳橋驛：《水經注校證》，第 117 頁。
〔3〕 楊守敬：《水經注疏》，第 357 頁。
〔4〕 《春秋左傳正義》，第 1832 頁。
〔5〕 房玄齡等：《晉書》，第 1420 頁。
〔6〕 魏收：《魏書》，第 1496—1497 頁。

藏也。"東漢·何休注："黍稷曰粢，在器曰盛。委，積也。"〔1〕

婞 很

"婞很"，倔强、不屈於人。

"婞很"，同義連文。《説文·女部》："婞，很也。"清·段玉裁注："很者，不聽從也。王逸《離騷》注同。"〔2〕

《楚辭·離騷》："曰鯀婞直以亡身兮，終然殀乎羽之野。"東漢·王逸注："曰，女嬃詞也。鯀，堯臣也。《帝繫》曰：顓頊後五世而生鯀。婞，很也。蚤死曰殀。言堯使鯀治洪水，婞很自用，不順堯命，乃殛之羽山，死於中野。女嬃比屈原於鯀，不順君意，亦將遇害也。"〔3〕

《楚辭·九章·惜誦》："行婞直而不豫兮，鯀功用而不就。"東漢·王逸注："婞，很也。豫，厭也。鯀，堯臣也。言鯀行婞很勁直，恣心自用，不知厭足，故殛之羽山。治水之功，以不成也。屈原履行忠直，終不回曲，猶鯀婞很，終獲罪罰。"〔4〕

"婞很"，或作"婞佷"。《玉篇·人部》："佷，戾也。本作很。"〔5〕

東漢·張衡《應間》："昔有文王，自求多福。人生在勤，不索何獲。曷若卑體屈己，美言曰相剋？鳴于喬木，乃金聲而玉振之。用後勳，雪前吝，婞佷不柔，曰意誰靳也。"〔6〕

奄 覆

"奄覆"，覆蓋。各書未收。

漢·許慎《説文·大部》："奄，覆也。大有餘也。又，欠也。从大，从申。申，展也。"〔7〕"奄覆"爲同义並列結構。

---

〔1〕《春秋公羊傳注疏》，第 2221 頁。
〔2〕段玉裁：《説文解字注》，第 1084 頁。
〔3〕洪興祖：《楚辭補注》，第 19 頁。
〔4〕洪興祖：《楚辭補注》，第 126 頁。
〔5〕《宋本玉篇》，第 59 頁。
〔6〕嚴可均校輯：《全上古三代秦漢三國六朝文》，第 773—774 頁。
〔7〕許慎：《説文解字》，第 213 頁。

《爾雅・釋言》："蒙、荒，奄也。"晋・郭璞注："奄，奄覆也。皆見《詩》。"[1]

唐・慧琳《一切經音義》卷第三十九："翳障：上緊麗反。《方言》云：翳，奄也。郭注云：謂奄覆也。幕障也。《説文》：从羽殹聲。殹音同上。下章讓反。前已具釋。"[2]

晋・郭璞《方言注》"奄覆"寫作"掩覆"。漢・揚雄《方言》第十三："翳，奄也。"晋・郭璞注："謂掩覆也。"[3] 但慧琳《音義》共五次引用此郭注，均作"奄覆"。"奄"與"掩"的現代讀音都是 yǎn，中古音都是衣儉切，上古音又都是影母談韻。[4]"奄"與"掩"屬音同通假。

《汉語大詞典》收有"掩覆"：

【掩覆】❶遮蔽。《紅樓夢》第四九回："原來這蘆雪庭蓋在一個傍山臨水河灘之上……四面皆是蘆葦掩覆。"郭沫若《我的童年》第一篇一："潭的南沿是巖壁的高岸，有些地方有幾株很茂盛的榕樹掩覆着。"❷埋葬。《東周列國志》第三二回"［晏娥兒］乃解衣以覆桓公之屍，復肩負窗槅二扇以蓋之，權當掩覆之意。"❸掩蓋；掩飾。《三國志・魏志・曹袞傳》："其微過細故，當掩覆之。"《舊唐書・德宗紀上》："朕志在推誠，事皆掩覆，禮遇轉厚，委任益隆。"《元典章・刑部十・諸贓三》："取錢物之人懼罪，因而隱諱；其與錢之人懼罪，亦不肯説，而相互掩覆，人莫能知，難於敗露。"❹躲藏。明王守仁《傳習錄》卷中："彼視學舍如囹獄而不肯入，視師長如寇仇而不欲見，窺避掩覆，以遂其嬉游。"❺傾覆，倒塌。《淮南子・覽冥訓》："至夏桀之時……君臣乖而不親，骨肉疏而不附，植社槁而裂，容臺振而掩覆。"高誘注："容臺，行禮容之臺。言不能行禮，故天文振動而敗也。"（羅竹風主編《漢語大詞典》第六卷，第 649 頁）

《漢語大詞典》"掩覆"第一義項"遮蔽"引《紅樓夢》爲證，嫌太晚，故《漢語大詞典訂補》補上了郭璞《方言注》書證：

［1］《爾雅注疏》，第 2581 頁。

［2］徐時儀校注：《一切經音義三種校本合刊》，第 1185 頁。

［3］華學誠：《揚雄方言校釋匯證》，第 919 頁。

［4］參郭錫良編：《漢字古音手冊》（增訂本），第 319 頁。

　　【掩覆】6-649 ◎遮蔽。《方言》第十三"翳，奄也"晋·郭璞注：
"謂掩覆也。"[1]

　　但《漢語大詞典訂補》也未指出"掩覆"同"奄覆"。
　　"奄覆"還有偷襲，突襲義，多用在叙述戰事的語境中。
　　晋·袁宏《後漢紀·章帝紀下》："是歲，班超發諸國兵步騎二萬擊莎車，
……人定後，（班）超乃召諸司馬勒兵厲衆，雞鳴馳赴莎車營，奄覆之。莎車驚
怖，斬首五千餘級，大獲其馬畜財物，分兵收其穀。莎車遂降，自是威震天下，
西域恐。"[2]
　　班超用調虎離山之計，支開莎車的兩支援軍，突襲莎車大營，取得大勝。
"奄覆"即突然襲擊。
　　"掩覆"也有偷襲，突襲義。
　　《漢書·霍去病傳》："渾邪王與休屠王等謀欲降漢，使人先要道邊。是時大
行李息將城河上，得渾邪王使，即馳傳以聞。上恐其以詐降而襲邊，乃令去病
將兵往迎之。去病既度河，與渾邪衆相望。渾邪裨王將見漢軍而多欲不降者，
頗遁去。"唐·顔師古注："恐被掩覆也。"[3]
　　渾邪王與休屠王欲降漢，但其手下見到霍去病大軍非常恐慌，很多人想逃
跑。顔師古所注"恐被掩覆也"義謂害怕遭到偷襲。
　　《資治通鑒·晋孝武帝太元二十年》："魏軍晨夜兼行，乙酉，暮，至參合陂
西。燕軍在陂東，營於蟠羊山南水上。魏王珪夜部分諸將，掩覆燕軍，士卒銜
枚束馬口潛進。丙戌，日出，魏軍登山，下臨燕營；燕軍將東引，顧見之，士
卒大驚擾亂。珪縱兵擊之，燕兵走赴水，人馬相騰蹴壓，溺死者以萬數。"[4]
　　"奄"有"遽"義。漢·揚雄《方言》第二："茫、矜、奄，遽也。吳揚曰
茫，陳穎之間曰奄，秦晋或曰矜，或曰遽。"[5]"掩"有襲擊義。唐·慧琳《一
切經音義》卷第六："掩泥：淹撿反。正作撎。《考聲》云：掩，藏也。《韻英》
云：襲也。《説文》：覆也。從手奄聲。奄、弇音並同上。"[6]所以"奄覆"和
"掩覆"有偷襲，突襲義。

〔1〕　漢語大詞典編纂處編：《漢語大詞典訂補》，第 715 頁。
〔2〕　袁宏：《後漢紀》，第 235 頁。
〔3〕　班固：《漢書》，第 2482—2483 頁。
〔4〕　司馬光編：《資治通鑒》，第 3424 頁。
〔5〕　華學誠：《揚雄方言校釋匯證》，第 169 頁。
〔6〕　徐時儀校注：《一切經音義三種校本合刊》，第 605 頁。

偃 盆

"偃盆"，仰放之盆。各書未收。

北魏·酈道元《水經注·河水一》引《十洲記》："積石圃南頭，昔西王母告周穆王云，去咸陽三十六萬里，山高平地三萬六千里，上有三角，面方，廣萬里，形如偃盆，下狹上廣。故曰崑崙山有三角。"[1]

《十洲記·崑崙》："積石圃南頭是王母告周穆王云：咸陽去此四十六萬里，山高平地三萬六千里，上有三角，方廣万里，形似偃盆，下狹上廣，故名曰崑崙山。"[2]

《説文·人部》："偃，僵也。"清·段玉裁注："《小雅》：'或棲遲偃仰。'《論語》：'寢不尸。'苞注曰：'不偃卧布展手足似死人。'《左傳》：'偃且射子鉏。'《晉語》：'籧篨不可使俛。'韋注：'籧篨，偃人。'《參同契》曰：'男生而伏，女偃其軀，及其死也，乃復效之。'《水經注》曰：'徐偃王生而偃，故以爲號。'凡仰仆曰偃，引伸爲凡仰之偁。"[3]故"偃盆"義爲仰放之盆。

《漢語大詞典》收有"覆盆"，其義爲覆置的盆。書證引漢·王充《論衡·説日》及晋·葛洪《抱朴子·辨問》。

猒 飽

"猒飽"，滿足。各書未收。

"猒飽"是并列結構。"猒"，本義爲飽足，同"厭"。《説文·犬部》："猒，飽也。從甘，從肰。"段玉裁注："淺人多改'猒'爲'厭'，'厭'專行而'猒'廢矣。'猒'與'厭'音同而義異。……'猒''厭'古今字。'猒''饜'正俗字。"[4]

《楚辭·離騷》："衆皆競進以貪婪兮，憑不猒乎求索。"東漢·王逸注：

---

〔1〕 陳橋驛：《水經注校證》，第12頁。

〔2〕 原題東方朔集：《十洲記》，第78頁。《十洲記》一卷，舊題"東方朔集"。一名《海内十洲記》，又稱《十洲三島記》。是書不見於《漢書·藝文志》，顯非東方朔所作。《四庫提要》謂《十洲記》係六朝人所僞托。

〔3〕 段玉裁：《説文解字注》，第667—668頁。

〔4〕 段玉裁：《説文解字注》，第358頁。

"憑，滿也。楚人名滿曰憑。言在位之人，無有清潔之志，皆並進取，貪婪於財利，中心雖滿，猶復求索，不知猒飽也。"[1]

《楚辭·九歌·東皇太一》："五音紛兮繁會，君欣欣兮樂康。"東漢·王逸注："欣欣，喜貌。康，安也。言己動作衆樂，合會五音，紛然盛美。神以歡欣，猒飽喜樂，則身蒙慶祐，家受多福也。"[2]

《楚辭·王褒〈九懷·思忠〉》："抽庫婁兮酌醴，援瓟瓜兮接糧。"東漢·王逸注："引持二星以斟酒也。啗食神果，志猒飽也。"[3]

葬

"葬"有名詞用法，義爲墓。各書未收。

《漢語大字典》（第二版九卷本）"葬"：

後下二○·六	三體石經·文公	説文·茻部
睡虎地簡三七·一○七	縱橫家書三九	武威簡·服傳四八
魯峻碑	晉賈充妻郭槐柩銘	晉石尠墓誌陰

《説文》："葬，藏也。从死在茻中。一其中，所以薦之。《易》曰：'古之葬者，厚衣之以薪。'"

zàng 《廣韻》則浪切，去宕精。陽部。

掩埋屍體。《説文·茻部》："葬，藏也。"《禮記·檀弓上》："葬也者，藏也；藏也者，欲人之弗得見也。"《楚辭·漁父》："寧赴湘流，葬於江魚之腹中。"《紅樓夢》第二十七回："儂今葬花人笑癡，他年葬儂知是誰。"後泛指處理屍體的方式。如：火葬、海葬。[4]

"葬"有墳墓義。古時稱墓之封土成丘者爲"墳"，平者爲"墓"。"墳墓"

---

〔1〕 洪興祖：《楚辭補注》，第11頁。
〔2〕 洪興祖：《楚辭補注》，第57頁。
〔3〕 洪興祖：《楚辭補注》，第277頁。
〔4〕 漢語大字典編輯委員會編纂：《漢語大字典》（第二版九卷本），第3460頁。

對稱有別，合稱則相通。

北魏·酈道元《水經注·河水一》："《穆天子傳》曰：天子升于崑崙，觀黃帝之宮，而封豐隆之葬。豐隆，雷公也。黃帝宮，即阿耨達宮也。"[1] 清末·楊守敬按："今本《穆天子傳》作而豐□隆之葬，然《西山經》郭《注》引《傳》，與此文合，此足以正今本之脫誤。全云，吳中沈氏本，葬作莽，謂雷師不應有葬地也。"[2]

《穆天子傳》卷二："□吉日辛酉，天子升于昆侖之丘，以觀黃帝之宮。而封□隆之葬，以詔後世。"晉·郭璞注："'隆'上字疑作'豐'。豐隆筮御雲，得《大壯》卦，遂爲雷師。亦猶黃帝橋山有墓。封，謂增高其上土也，以標顯之耳。"[3]

從郭注可以看出，郭璞是以"墓"訓"葬"的。

《禮記·檀弓上》："季武子成寢，杜氏之葬在西階之下。請合葬焉，許之。入宮而不敢哭。武子曰：'合葬，非古也。自周公以來，未之有改也。吾許其大而不許其細，何居？'命之哭。"東漢·鄭玄注："自見夷人冢墓以爲寢，欲文過。"[4]

鄭玄也是以"冢墓"訓"葬"的。

《周禮·春官·冢人》："冢人掌公墓之地，辨其兆域而爲之圖，先王之葬居中，以昭穆爲左右。"東漢·鄭玄注："公，君也。圖，謂畫其地形及丘壟所處而藏之。先王，造塋者。昭居左，穆居右，夾處東西。"[5]

"先王之葬居中"意謂先王的墓處在中間。

初民並不埋葬死者，皆棄之於荒野。大約於舊石器時代中期，靈魂不死觀念和原始宗教產生。古人基於對鬼魂的敬畏和對逝者的懷念，自然形成了崇拜亡者的心理與風俗。爲了討好鬼魂，古人開始有意識地埋葬死者以保護屍身，由此產生了種種葬法及葬禮。《易·繫辭下》："古之葬者厚衣之以薪，葬之中野，不封不樹，喪期无數，後世聖人易之以棺槨，蓋取諸大過。"唐·孔穎達疏："不云'上古'，直云'古之葬者'，若極遠者，則云'上古'，其次遠者，則直云'古'。則厚衣之以薪，葬之中野，猶在穴居結繩之後，故直云'古'也。'不封不樹'者，不積土爲墳，是不封也。不種樹以標其處，是不樹也。

---

〔1〕 陳橋驛：《水經注校證》，第 3 頁。
〔2〕 楊守敬：《水經注疏》，第 14—15 頁。
〔3〕 《穆天子傳》，第 7 頁。
〔4〕 《禮記正義》，第 1231 頁。
〔5〕 《周禮注疏》，第 786 頁。

'喪期无數'者，哀除則止，無日月限數也。"〔1〕

"葬"是會意字。《説文·茻部》："葬，藏也。从死在茻中。一其中，所以薦之。《易》曰：'古之葬者，厚衣之以薪。'"小篆字形从"死"，在"茻"中。"茻"同"莽"，衆草。"一"表示墊屍體的草席。"葬"是指人死後墊以草席埋藏於叢草之中，故"葬"之本義爲掩藏屍體，由此引申爲葬屍之地。

諍　亂

"諍亂"，各書未收。諍亂指由爭執引起的混亂狀態。

姚秦·僧肇《注維摩詰經·佛國品第一》注"我聞"引鳩摩羅什："若不言'聞'，則是我自有法。我自有法，則情有所執。情有所執，諍亂必興。若言'我聞'，則我無法，則無所執。得失是非，歸於所聞。我既無執，彼亦無競。無執無競，諍何由生？"（卷1，38，p. 328，a10-19）

"諍亂"主要出現在中古佛教文獻中。

西晉·竺法護譯《德光太子經》："爾時，未曾有想念於欲，亦無諍亂，心無所害，不貪於國；一切無所愛惜，不貪身命，内外無所著。於是聞佛所説法，皆悉受持，不重問如來。"（卷1，3，p. 418，a1-4）

西晉·竺法護譯《漸備一切智德經·初發意悦豫住品第一》："聖明達玄微，智慧解所行；自然業寂安，柔仁無諍亂。"（卷1，10，p. 460，c16-18）

後秦·鳩摩羅什譯《摩訶般若波羅蜜經·滅諍品第三十一》："是般若波羅蜜，能滅諸法諍亂。何等諸法？所謂婬、怒、癡、無明乃至大苦聚、諸蓋結使纏。……是一切法諍亂，盡能消滅，不令增長。"（卷8，8，p. 281，b17-27）

"諍"通"爭"，有互不相讓、爭奪、爭執、爭論等意。"諍"與"爭"上古音都是莊母耕韻，屬音同而通假。〔2〕兩字是同源字。《王力古漢語字典》："'爭'字象兩手相爭之形，本義是爭奪、爭鬬。'諍'是以言相爭。二字同聲同韻，意義相關，是同源詞。諫諍字本作'爭'。《荀子·臣道》：'有能進言於君，用則可，不用則死，謂之爭。'爲了有別於爭奪之'爭'，改讀去聲，並造分別字'諍'。"〔3〕

"諍亂"之"諍"雖與"爭"通，但在中古佛教文獻中没有"爭亂"，在中

〔1〕《周易正義》，第 87 頁。
〔2〕參郭錫良編：《漢字古音手冊》（增訂本），第 421 頁。
〔3〕王力主編：《王力古漢語字典》，第 1283 頁。

古中土文獻中則可以找到用例。

東晋·王述《立琅琊王議》（穆帝升平五年）：“推宗立君，以爲人極，上古風淳，必托有道。洎乎後代，爭亂漸興，故繼體相傳，居正守位，以塞奔統，非私其親。或時有艱難，而嗣胤幼劣，故有立長。”[1]

智　幹

“智幹”，智慧幹略，亦即才能。

南朝·梁·陶弘景《真誥·甄命授第四》：“八月二十四日夜，保命告。欲取謝奉補期門郎，而今已有兼人，北帝故權停之耳。近差王允之兼行得代，奉若服术酒，可未便恭命也。”陶弘景自注：“王允之，敦同堂弟王舒子，有智幹，爲河南中郎將江州，遷衛將軍、會稽，封番禺侯，年四十亡，謚中侯。”[2]

歷代文獻中“智幹”的用例甚少。陶弘景《真誥》注應該是最早的書證。下面再舉明清時兩例。

明·陸粲《庚巳編·果報》：“吳人盛侗行第九，平昔以智幹武斷鄉曲。”[3]

清·牛運震《讀史糾謬·魏書·崔延伯傳》：“崔延伯取車輪，貫連橫水爲橋，斷趙祖悦等走路，智幹頗精，叙次尚未善。”[4]

----

〔1〕 嚴可均校輯：《全上古三代秦漢三國六朝文》，第 1622 頁。

〔2〕 ［日〕吉川忠夫等編，朱越利譯：《真誥校注》，第 256 頁。

〔3〕 陸粲：《庚巳編》，第 25 頁。

〔4〕 牛運震：《讀史糾謬》，第 472 頁。

釋義商榷

安　集

"安集"義爲安定聚集。

《漢語大詞典》釋"安集"爲"安定輯睦"。

> 【安集】安定輯睦。《史記·曹相國世家》："天下初定，悼惠王富於春秋，參盡召長老諸生，問所以安集百姓。"宋·葉適《舒彦升墓志銘》："余偶爲蘄州，被使一路，奉上指盡力安集，歲餘方少定。"張志哲、羅義俊《論光武中興之業》："安集人心，對於穩定社會秩序，鞏固政權的重要意義，劉秀君臣早就有所認識。"（羅竹風主編《漢語大詞典》第三卷，第 1325 頁）

方一新《東漢魏晋南北朝史書詞語箋釋》對《漢語大詞典》的釋義進行了補充，認爲"安集"還有"安撫、招撫"義。引錄如下：

> 【安集】安撫，招撫。《三國志·魏志·劉馥傳》："馥既受命，單馬造合肥空城，建立州治，南懷緒等，皆安集之，貢獻相繼。"（463）又《吳志·太史慈傳》裴注引《吳歷》："州軍新破，士卒離心，若儻分散，難復合聚；欲出宣恩安集，恐不合尊意。"（1189）《後漢書·馮異傳》："今之征伐，非必略地屠城，要在平定安集之耳。"（645）又《趙憙傳》："攻擊群賊，安集已降者，縣邑平定。"（913）《南齊書·吕安國傳》："二年，虜寇邊，上遣安國出司州，安集民户。"（538）又

《良政傳·劉懷慰》：“懷慰至郡，修治城郭，安集居民。”（918）

《晉書·江統傳》：“廩其道路之糧，令足自致，各附本種，反其舊土，使屬國、撫夷就安集之。”（1532）

“安集”本安定、平定義，《史記·太史公自序》：“成王既幼，管蔡疑之，淮夷叛之，於是召公率德，安集王室，以寧東土。”（3307）《三國志·蜀志·後主傳》：“（鍾）會既死，蜀中軍衆鈔略，死喪狼籍，數日乃安集。”（900）《後漢書·鄧禹傳》：“及聞光武安集河北，即杖策北渡，追及於鄴。”（599）安撫、招撫的用法當即由此演變而來。《大詞典》“安集”條失收此義。[1]

其實，“安集”的本義爲安定聚集，安定輯睦或安撫招撫當是其引申義。

“集”爲會意字，本作“雧”，會群鳥棲止樹上之意。《説文·雥部》：“雧，群鳥在木上也。從雥，從木。集，雧或省。”[2] 由此本義可引申出栖身、停留、降落及集合、聚集等義，再由這些具體動作引申出輯睦、安定之義。《左傳·昭公十七年》引《夏書》：“辰不集于房，瞽奏鼓，嗇夫馳，庶人走。”晉·杜預注：“逸《書》也。集，安也。房，舍也。日月不安其舍則食。”[3] 這是史上最早的日食記録，記録了當時發生在房宿位置上的一次日食。

在有些時候，“安集”可以被看作並列結構，表示安定輯睦或安撫招撫，但有時“安集”之“集”仍表示具體動作，有招集聚集之義。如《東漢魏晋南北朝史書詞語箋釋》所引《三國志》裴松之注例：

《三國志·吳志·太史慈傳》裴松之注引《吳歷》：“慈曰：‘州軍新破，士卒離心，若儻分散，難復合聚；欲出宣恩安集，恐不合尊意。’策長跪答曰：‘誠本心所望也。明日中，望君來還。’”[4]

太史慈所説的“安集”是安撫招集離散士卒。這個“集”是表示具體動作的。

《詩·小雅·鴻鴈序》：“《鴻鴈》，美宣王也。萬民離散，不安其居，而能勞來還定，安集之。至於矜寡，無不得其所焉。”[5]

“萬民離散，不安其居”，故需“安集”，安撫招集流民，使其從事耕種，過上安定生活。這個“集”表示具體動作，也是招集、聚集。

---

[1] 方一新：《東漢魏晋南北朝史書詞語箋釋》，第1頁。

[2] 許慎：《説文解字》，第79頁。

[3] 《春秋左傳正義》，第2082頁。

[4] 陳壽：《三國志》，第1189頁。

[5] 《毛詩正義》，第431頁。

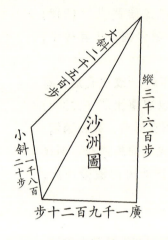

沙洲圖

縱三千六百步

大斜二千五百步

小斜二千八百步

廣一千九百二十步

像這樣"安集"流民的例子，在歷代文獻中多見。

《數書九章》是南宋數學家秦九韶（約 1202—約 1261）的一部數學著作。其中有一道安集流民的題目。

○計地容民。問沙洲一段，形如棹刀。廣一千九百二十步，縱三千六百步，大斜二千五百步，小斜一千八百二十步，以安集流民，每户給一十五畝。欲知地積容民幾何？答曰：地積一百四十九頃九十五畝。容民九百九十九户。餘地一十畝。[1]

此處的"安集流民"是妥善安撫招集流民的意思。在此語境中，"集"之招集、聚集義甚明。

叉 手

不表示禮節的"叉手"應釋爲攏手，兩隻手攏在一起。

《漢語大詞典》有"叉（chā）手"和"叉（chǎ）手"兩目。

【叉手】（叉 chā）❶兩手在胸前相交，表示恭敬。《孔叢子·論勢》："游説之士挾强秦以爲資，賣其國以收利，叉手服從，曾不能制。"《後漢書·馬援傳》："豈有知其無成，而但萎腇咋舌，叉手從族乎?"元王實甫《西廂記》第二本第二摺："則見他叉手忙將禮數迎，我這裏萬福先生!"《水滸傳》第四四回："那大漢叉手道：'感蒙二位大哥解救了小人之禍。'"❷抄手。兩手交籠於袖内。《三國志·魏志·趙儼傳》"徵爲驃騎將軍，遷司空"裴松之注引三國·魏·魚豢《魏略》："儼叉手上車，發到霸上，忘持其常所服藥。"宋·蘇軾《袁公濟和劉景文登介亭復次韻答之》："文如翻水成，賦作叉手速。"元·楊弘道《幽懷久不寫一首贈彦深》詩："摳衣無幾何，叉手一韻成。"❸佛教的一種敬禮方式。兩掌對合於胸前。唐·王維《能禪師碑》："思布髮以奉迎，願叉手而作禮。"宋·陳師道《寄滕縣李奉議》詩："曲躬

---

[1] 秦九韶：《數書九章》，第 129—130 頁。

叉手前致言，畜眼未見耳不聞。"《西游記》第五九回："行者叉手向
前，笑道：'嫂嫂切莫多言。'"

【叉手】（叉 chǎ）張開兩手成叉形。《紅樓夢》第二一回："黛玉趕
到門前，被寶玉叉手在門框上攔住。"（羅竹風主編《漢語大詞典》第
二卷，第 852 頁）

《漢語大詞典》"叉（chā）手"條三個義項，其實是兩大類：作爲禮節的
"叉手"和作爲一般動作的"叉手"。

這與張相的説法大體一致。張氏《詩詞曲語辭匯釋·叉手（抄手、插手）》：
"叉手，交手也。然含義尚有小異之處，兹分爲三項述之。其一爲合掌。陳師道
《寄滕縣李奉議》詩：'曲躬叉手前致言，畜眼未見耳不聞。暮年何以答此恩，
請頌《華嚴》壽我君。'此詩多用釋氏語，叉手即僧禮之合掌，亦即合十也。佛
經中所見長跪叉手或合掌叉手之類，屬於此項。其二爲垂拱。《瀛奎律髓》二十
一，王半山《次韻雪》詩：'戲捋（奴回切）亂掬輸兒女，羔袖龍鍾手獨叉。'
方虛谷注云：'戲捋亂掬者，兒女曹不畏雪也，老人則叉手於袖中耳。'按龍鍾
爲袖垂貌，此蓋兩手相叉而籠於袖中，與拜揖時之高拱手有別，蓋垂拱也。'亦
作抄手。"其三爲高拱。《南宋六十家》，林希逸《力學》詩：'醉知叉手矜持易，
過似科頭點檢難。'此爲表示恭敬，當爲高拱手義。方岳《賀新郎》詞：'似恁
疏頑何爲者，向人前不解高叉手。寧學圃，種菘韭。'此爲拱手求人義。陳著
《虞美人》詞，《詠菊》：'老來猶解高叉手，遥上花前壽。'此爲拱手上壽義。上
述兩詞，皆拜揖時之高拱手也。'亦作抄手、插手。"蓋抄插皆與叉爲一聲之
轉也。"[1]

作爲禮節的"叉手"分爲兩種：一爲我國之古禮，一爲佛禮。我國自古是
禮儀之邦，"叉手"禮很早就有。《漢語大詞典》"叉手"條的第一個義項是"兩
手在胸前相交，表示恭敬"，引《孔叢子·論勢》爲書證，相當於張相所謂"高
拱"。許政揚《宋元小説戲曲語釋（二）·叉手、抄手》："楊顯之《瀟湘雨》第
一折'油葫蘆'：'則見他抄定攀蟾折桂手，待趨前，還褪後，我則索慌忙施禮
半含羞。'無名氏《漁樵記》第一折：'一葉扁舟系柳梢，酒開新甕鮓開包；自
從江上爲漁夫，二十年來手不抄。'後一例翻用了古人的兩句成詩。宋何薳《春
渚紀聞》卷七'漁父詩答范希文'條記關子東（注）語：范希文嘗於江上見一
漁父，意其隱者也，問姓名，不對，留詩一絶而去。獨記其兩句云：'十年江上
無人問，兩手今朝一度叉。'讀了這則小故事，我們才得以確知：抄手原來即是

---

[1]《詩詞曲語辭匯釋》，第 694—695 頁。

叉手。叉手一詞，小説戲曲中俯拾即得，舉例自可從省。這是古代的一種禮節，漢唐已有，通行於宋元明間。"[1]"叉手"禮是古代的一種常用禮節，但具體行禮之法歷來少有文字記載。南宋末年編成的一本民間類書詳細記錄了當時的"叉手之法"，並配上了插圖。宋·陳元靚《事林廣記後集·幼學須知》："凡叉手之法，以左手緊把右手大拇指，其左手小指則向右手腕，右手四指皆直，以左手大指向上，如以右手掩其胸，手不可太著胸，須令稍去胸二三寸許，方爲叉手法也。"[2]

沈從文推測《韓熙載夜宴圖》（南唐·顧閎中作）出自宋初北方畫家之手。理由是除了宋式家具器皿、男子服色外，還有富於宋代特色的"叉手"之禮。《中國古代服飾研究·五代夜宴圖宴席部分》："'扠手示敬'是兩宋制度（見插圖一〇二），在所有宋墓壁畫及遼金壁畫中均有明確反映。宋、元人刻通俗讀物《事林廣記》，並有文圖説明扠手示敬規矩。此畫中凡是閒著的人（包括一和尚在內），均扠手示敬，可知不會是南唐時作品。"[3]下附沈書插圖。

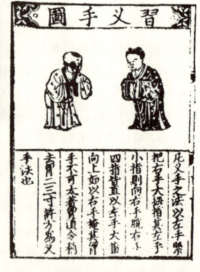

插圖一〇二·扠手示敬

1—《韓熙載夜宴圖》中僧人
扠手示敬

2—《事林廣記》"習叉手圖"

佛教東漸後，"叉手"又指多種佛家致敬手勢。丁福保編《佛學大辭典·叉手》："叉手乃吾國之古法，即拱手也。《洪武正韻》曰：'叉手相錯也，今俗呼拱手曰叉手。'然竺土之法，叉手之禮，合掌交叉中指者，單曰叉手，亦曰合掌叉手。"[4]《佛光大辭典·叉手》："叉手，兩手交叉之意。（一）印度致敬法之一

〔1〕 許政揚：《許政揚文存》，第38—39頁。

〔2〕《新編纂圖增類群書類要事林廣記》，第361頁。

〔3〕《中國古代服飾研究》，第389—390頁。"扠"同"叉"。

〔4〕《佛學大辭典》，第694—695頁。

種。又稱金剛合掌。即合掌交叉兩手之指頭。《中阿含經》卷三（大一・四三八中）："彼伽藍人或稽首佛足，却坐一面；或問訊佛，却坐一面；或叉手向佛，却坐一面；或遙見佛已，默然而坐。"於密教中，叉手又稱歸命合掌，乃表示生（左手）佛（右手）二界，亦

金剛合掌　　　叉　手

即衆生（左）歸命於諸佛（右）之意。二手合之，亦表示能所不二、生佛一如。以其代用於一切印相，故又稱普印。〔《普曜經》卷二《降神處胎品》、《觀無量壽經》〕（二）禪林禮法之一。又稱拱手。原爲我國俗禮，後爲禪門採用。即以左手把住右手，其左手小指則向右手腕，右手皆直其四指，以左手拇指向上。如以右手掩胸，不得著胸，須令稍離。《敕修百丈清規》卷下《大衆章・裝包》（大四八・一一四〇上）："途中雲水相逢，彼此叉手，朝揖而過。"〔《釋氏要覽》卷中、《事林廣記》（道忠）〕"[1] 下附《佛光大辭典》"叉手"條插圖。

看來，作爲佛禮的"叉手"要比張相所謂"合掌""合十"，或者《漢語大詞典》所謂"兩掌對合於胸前"要複雜不少。中土各代的"叉手"礼恐怕也不盡相同。總之，僧俗"叉手"禮是一種雙手配合表示恭敬的手姿，作爲禮節，在不同的歷史階段各有其不同的規范和象徵意義。

對於"叉手"禮，時賢多有論及，但不表示恭敬的"叉手"到底是什麼樣却很難説清楚。下面討論不作爲禮節的"叉手"。

《三國志・魏志・趙儼傳》："正始四年，老疾求還，徵爲驃騎將軍，遷司空。"裴松之注引三國・魏・魚豢《魏略》："舊故四征有官廚財籍，遷轉之際，無不因緣。而（趙）儼叉手上車，發到霸上，忘持其常所服藥。雍州聞之，乃追送雜藥材數箱，儼笑曰：'人言語殊不易，我偶問所服藥耳，何用是爲邪？'遂不取。"[2]

趙儼年老有病請求告退，朝廷征召他爲驃騎將軍，升任司空。離任之時，"叉手上車"。此"叉手"明顯不是一種表示恭敬的手姿。《漢語大詞典》"叉手"第二義項釋其爲"抄手"，"兩手交籠於袖內"。也就是張相所謂的"垂拱"，"兩手相叉而籠於袖中，與拜揖時之高拱手有別"。《漢語大詞典》引用的第二個書證也是張相辨析過的蘇東坡詩。張氏《詩詞曲語辭匯釋・叉手（抄手、插手）》："蘇軾《袁公濟和復次韻答之》詩：'文如翻水成，賦作叉手速。'此即用温八叉

〔1〕慈怡主編：《佛光大辭典》，第 744 頁。
〔2〕陳壽：《三國志》，第 671 頁。

故事。《全唐詩話》四，溫庭筠條：'庭筠才思豔麗，工於小賦。每入試押官韻作賦，凡八叉手而八韻成。時號溫八叉。多爲鄰鋪假手，日救數人。'按此亦垂拱也，一韻寫畢時，兩手略略相叉，作籠手狀；及第二韻腹稿成，即舉手再寫。故在試場撰稿時之叉手，當然非如拜揖時之高拱手也。"[1] 張相揣度溫庭筠的"叉手"爲"垂拱"固然有他的道理，但揣度終是揣度，溫庭筠怎麼會是個這麼機械的人呢？三國·趙儼與唐·溫庭筠的"叉手"到底是什麼樣兒，兩手在胸前還是在背後，抬得有多高，這很難說，理論上他們可以在兩隻手夠得着的任何位置"叉手"。

與禮節無涉的"叉手"也見於漢·許慎《說文解字》。《說文·臼部》："臼，叉手也。"清·段玉裁注："又部曰：'又，手指相錯也。'此云'叉手'者，謂手指正相向也。"[2] 臼的篆字寫作"𦥑"，爲兩手相對之形。可知"叉手"本義即是兩手相對，雙手攏在一起。

在古文獻裏，"叉手"（攏在一起的雙手）可以貼在心口上。

漢·張仲景《傷寒論·辨發汗後病脈證並治》："未持脈時，病人叉手自冒心，師因教試令欬，而不即欬者，此必兩耳聾無聞也。所以然者，以重發汗，虛故如此。"[3] 此"叉手"於《傷寒論·太陽病中》同一段文字中作"手叉"。[4]《傷寒論·太陽病中》："發汗過多，其人叉手自冒心，心下悸，欲得按者，桂枝甘草湯主之。"[5] 郭靄春、張海玲《傷寒論校注語譯》："叉手自冒心：'叉'乃指與指相錯。《說文·又部》：'又，手指相錯也。'冒者，覆也。'叉手''冒心'謂叉手捂按其心也。"[6]

"叉手"（攏在一起的雙手）還可以放到雙手可以觸及的任何地方。

《雲笈七籤》卷三十四："叉手胸脅前，左右搖頭不息，自極止，引面耳邪氣，不複得入。兩手叉腰下，左右自搖，自極止，通血脈。兩手相叉，極左右，引肩中氣。兩手相叉，反於頭上，左右自調，引肺肝中氣。兩手叉胸前左右極，引除皮膚中煩氣。兩手相叉，左右舉肩，引皮膚氣。"[7] 此是道家導氣引體的養生術《太清導引養生經》中的幾個招式，實爲呼吸和軀體運動相結合的體育療法，相當與今天的體操，全是"叉手"的伸展運動。

---

〔1〕《詩詞曲語辭匯釋》，第 694 頁。
〔2〕段玉裁：《說文解字注》，第 189 頁。
〔3〕《傷寒論校注》，第 245 頁。
〔4〕《傷寒論校注》，第 91 頁。
〔5〕《傷寒論校注》，第 86 頁。
〔6〕《傷寒論校注語譯》，第 46—47 頁。
〔7〕張君房編：《雲笈七籤》，第 753 頁。

再回到《三國志·魏志·趙儼傳》。趙儼離任之時，"叉手上車"，此"叉手"的語用義其實是空着手，沒帶走什麼東西的意思，這才能與後來雍州太守追送數箱雜藥材相呼應，至於趙儼"叉手"時手放在什麼地方，並不重要。許政揚説："大體説來，叉手便是拱手。所以古人只要兩手攏在一起，即非行禮，也叫叉手。例如宋李邵《咏貓》詩：'吾家入雪白于霜，更有歌鞍似鬧裝；便請爐邊叉手立，從他鼠子自跳梁。'（張邦基《墨莊漫録》卷七）這裏'叉手立'，只是一種恝然泰然的姿態，並非致敬。"[1]

所以不是禮節的"叉手"應釋爲攏手，兩隻手攏在一起。

分 均

"分均"，分明清楚。《漢語大詞典》失收。

《漢語大詞典》有"分（fèn）均"一目。

【分均】（分 fèn）名分相等。《荀子·王制》："分均則不偏。"（羅竹風主編《漢語大詞典》第二卷，第 571 頁）

分明清楚義的"分均"之"分"當讀 fēn。

北魏·酈道元《水經注·河水四》："自上宮東北出四百五十步，有屈嶺，東南望巨靈手迹，惟見洪崖、赤壁而已。都無山下上觀之分均矣。"[2]

王東認爲此例中之"分均"義爲"分明均等"。

"分"，爲"分明"。此義在中古常見，如《先秦漢魏晉南北朝詩·宋詩·宗炳〈登白鳥山詩〉》："杲杲群木分，炎炎衆巒起。"（卷一，第 1137 頁）謝莊《侍宴蒜山詩》："煙竟山郊遠，霧罷江天分。"（同上卷六，第 1251 頁）又《梁詩·范雲〈送沈記室夜別詩〉》："秋風兩鄉怨，秋月千里分。"（卷二，第 1549 頁）"分"有"分明"義，可參看王雲路《六朝詩歌語詞研究》"分"詞條有詳解。

"均"，《玉篇·土部》："均，等也。"即均等勻稱。《太平御覽》卷四四"仇池山"引《秦州記》曰："仇池山本名仇維山，……壁立千仞，自然樓槽却敵，分置均調，竦起數丈，有如人力也。"

由以上大致可以得出"分均"意義爲"分明均等"，這裏是説"從

---

[1] 許政揚：《許政揚文存》，第 41 頁。
[2] 陳橋驛：《水經注校證》，第 108 頁。

東南望巨靈手迹，只能看見洪崖赤壁，全然没有從山下向上看那樣，看得分明、看得效果等同。"《大詞典》無此義項。[1]

王東釋"分均"爲"分明均等"，泥於字面，不免迂迴難通。

倪其心等注《中國古代游記選》對"惟見洪崖赤壁而已，都無山下上觀之分均矣"亦有注釋：

"惟見"二句：意謂在山頂上看東峰的巨靈手掌印，跟從山下遠望不一樣，只看見高大山崖的赤色岩壁，完全没有從山下朝上看時那樣五指均勻張開了。[2]

倪其心等釋"分均"爲"（五指）均勻張開"，其實是把"分均"當成了"均分"，亦似不通。因酈道元已言"惟見洪崖赤壁而已"，故仙掌實不可見，不是五指張開均勻與否的問題。

酈道元《水經注·河水四》所言"巨靈手迹"即華山"仙掌崖"。華嶽仙掌爲關中八景之首，在東峰東壁上有乳黄色石髓宛若掌印，清晨陽光照耀，崖色蒼青，石髓膚紅，更爲逼真，故名仙掌崖。傳說仙掌印爲巨靈神劈山開河以解山下黎民飽受水患之苦所留。

田澤生編著《西嶽華山》認爲："現在來看，所謂仙人掌迹，是地質風化作用而形成的自然現象。前面已提到，華山花崗巖露出地表後，產生了各種作用的節理裂隙。並在上升剝蝕過程中，爲外動力割切出許多大的斷崖和小的巖壁來。這些大小的直立的破裂巖壁，方向各異，往往組成略顯柱狀的巖塊。華山東峰沿長嶺向東至

---

〔1〕 王東：《〈水經注〉詞彙研究》，四川大學博士學位論文，2003 年，第 90—91 頁。
〔2〕 倪其心等選注：《中國古代游記選》，第 32 頁。

石樓峰，它的東壁上就是這樣情況。巨大斷巖上，上部略大，巖上顯出幾條棱柱形巖塊；下部略小，巖壁剝落，呈一面狀。這些巖面，經過長期的細流浸漬，於是形成各種氧化物，如氧化鐵就成黃色。這樣，日子一久，巖面就爲黃色白色的氧化物所涂污。由於氧化物順流水往下發展，最後形成色帶。這就更突出了棱柱的手指色彩。當人們在華陰縣城南望華山時，如若太陽光照射的角度合適，人們能大致的看出有個手掌形狀來。"

"巖壁石縫間流出的膏流，所謂黃白相間，只能在近處可分，稍遠些就只能看成一個色，酈道元當年上華山，在西峰看仙掌，'唯見洪崖赤壁而已'。哪能在幾十里的山外看出五指仙掌來。明清時代的游記中，凡登頂峰觀仙掌的，亦只說那里'紅崖'高懸，未有明確説看見掌形的。再從各家繪的華山圖上仙掌的位置，多有不一致的地方。爲什麼出現各説不一的情況呢？本來仙人掌迹就是人們偶然望見的，再經過好事者附會出來的神話，無憑可考，無人作證。各人的認識只不過是自己根據傳説揣度出來的，那能一致嘛？誰是誰非？我看只有最先發現掌迹的那位'發明家'才能判明這個是非。"[1]

所以，揣切語境，《水經注·河水四》中的"分均"當爲分明清楚之意。

"分"，爲"分明"。王東引王雲路《六朝詩歌語詞研究》已有詳解。

"均"也應爲清楚之意。若訓"均"爲"均等"或"均匀"，則泥於字面，迂迴難通。筆者推測"均"通"逡"。均（jūn），居匀切，見母諄韻。逡（qūn），七倫切，清母諄韻。[2] 兩字中古音同韻而通。"逡"音有"清楚"之意，漢語方言中有印證。許寶華、宮田一郎主編《漢語方言大詞典》"逡"字頭第四個義項："〈形〉准確；清楚。冀魯官話。山東寿光：[ts'yə²¹³] 这个事我弄～了。"[3]

分　流

"分流"谓子孙如水流散，不居於一處。

《三國志·魏志·武帝紀》："太祖武皇帝，沛國譙人也，姓曹，諱操，字孟德，漢相國參之後。"裴松之注引三國·魏·王沈《魏書》："其先出於黃帝。當高陽世，陸終之子曰安，是爲曹姓。周武王克殷，存先世之後，封曹俠於邾。

---

〔1〕 田澤生：《西嶽華山》，第67—68頁。

〔2〕 參郭錫良編：《漢字古音手冊》（增訂本），第394—395頁。

〔3〕 許寶華，宮田一郎主編：《漢語方言大詞典》，第5240頁。

春秋之世，與於盟會，逮至戰國，爲楚所滅。子孫分流，或家於沛。漢高祖之起，曹參以功封平陽侯，世襲爵土，絕而復紹，至今適嗣國於容城。"〔1〕

《禮記·緇衣》孔穎達疏："言'苗民'者，有苗，九黎之後，顓頊代少昊誅九黎，分流其子孫，爲居於西裔者；三苗至高辛之衰，又復九黎之君惡，堯興，又誅之；堯末又在朝，舜時又竄之。後王深惡此族三生凶惡，故著其氏而謂之'民'。"〔2〕

《漢語大詞典》"分流"條第四個義項："❹子孫分支繁衍。《三國志·魏志·武帝紀》：'姓曹諱操字孟德，漢相國參之後。'裴松之注引三國魏王沈《魏書》：'其先出於黃帝……子孫分流，或家於沛。'晉·潘岳《楊荆州誄》：'邈矣遠祖，系自有周。昭穆繁昌，枝庶分流。'"〔3〕

《漢語大詞典》所釋不確。《三國志》"分流"例言家族遭遇變故，流散四方，與《禮記·緇衣》孔疏"分流"例語境相類。

公冶長

《漢語大詞典》有"公冶長"一目。

【公冶長】（長 cháng）孔子學生。名長字子長。或云字子芝。春秋齊人，一説魯人。孔子謂其賢，以女妻之。傳説能通鳥語。明·楊慎《升庵詩話》卷十："世傳公冶長通鳥語，不見於書。惟沈佺期《燕》詩云：'不如黃雀語，能免冶長災。'白樂天《鳥贈雀答詩序》云：'余非冶長，不能通其意。'似實有其事。或在亡逸書中，如《衝波傳》、《魯定公記》之類，今無所考耳。"《紅樓夢》第五八回："寶玉又發了呆性，心下想到：'這雀兒必定是杏花正開時他曾來過，今見無花空有葉，故他亂啼。這聲韻必是啼哭之聲——可恨公冶長不在眼前，不能問他。'"參閱《史記·仲尼弟子列傳》。（羅竹風主編《漢語大詞典》第二卷，第 63 頁）

關於"公冶長通鳥語"事，《漢語大詞典》引明代楊慎語，實未留意中古注

---

〔1〕 陳壽：《三國志》，第 1 頁。
〔2〕 《禮記正義》，第 1647 頁。
〔3〕 羅竹風主編：《漢語大詞典》第二卷，第 578—579 頁。

釋文獻。楊慎《升庵詩話》云：“世傳公冶長通鳥語，不見於書。……似實有其事。或在亡逸書中，如《衝波傳》《魯定公記》之類，今無所考耳。”而梁·皇侃《論語集解義疏》早就記錄了這則傳說。只是因爲皇疏當南宋時已佚，故楊慎未得一見。[1] 如今《漢語大詞典》仍襲用楊氏舊說，有失察之過。

公冶長，春秋末期人，孔門弟子之一，孔子的女婿。歷史上關於公冶長的生平記載很少。《論語》中只提及一次。《論語·公冶長》：“子謂公冶長，‘可妻也。雖在縲絏之中，非其罪也’。以其子妻之。”[2] 在其他古籍中還有點零星記錄。《史記·仲尼弟子列傳》：“公冶長，齊人，字子長。”[3]《孔子家語·七十二弟子解》：“公冶長，魯人。字子長。爲人能忍耻。孔子以女妻之。”[4] 從這些簡略的資料中，可知孔子評判人物總以品德爲基本標準，不因公冶長曾被逮入獄而厭棄其人。孔子認爲公冶長清白無辜，擇其爲婿，足見孔子對公冶長才品的認可。

梁·皇侃《論語集解義疏》卷三云：

---

〔1〕 今所見之《論語集解義疏》乃是逸入日本的唐時舊本。《四庫全書總目》：“（皇）侃，《梁書》作偘，蓋字異文。吳郡人，青州刺史皇象九世孫。武帝時官國子助教，尋拜散騎侍郎，兼助教如故。大同十一年卒。事迹具《梁書·儒林傳》。《傳》稱所撰《禮記義》五十卷、《論語義》十卷。《禮記義》久佚，此書宋《國史志》、《中興書目》、晁公武《讀書志》、尤袤《遂初堂書目》皆尚著録。《國史志》稱侃《疏》雖時有鄙近，然講穫群言，補諸書之未至，爲後學所宗。蓋是時講學之風尚未甚熾，儒者説經亦尚未盡廢古義，故史臣之論雲爾。迨乾、淳以後，講學家門戶日堅，羽翼日衆，鏟除異己，惟恐有一字之遺，遂無複稱引之者，而陳氏《書録解題》亦遂不著録。知其佚在南宋時矣。惟唐時舊本流傳，存於海外。康熙九年，日本國山井鼎等作《七經孟子考文》，自稱其國有是書，然中國無得其本者，故朱彝尊《經義考》注曰‘未見’。今恭逢我皇上右文稽古，經籍道昌，乃發其光於鯨波鮫室之中，藉海舶而登秘閣。殆若有神物撝訶，存漢、晋經學之一線，俾待聖世而複顯者。其應運而來，信有非偶然者矣。”（《四庫全書總目·論語義疏十卷》，第290頁）

〔2〕《論語注疏》，第2473頁。

〔3〕 司馬遷：《史記》，第2208頁。

〔4〕《孔子家語》，第97頁。

別有一書名爲《論釋》云：公冶長從衛還魯，行至二堺上，聞鳥相呼往清溪食死人肉。須臾，見一老嫗當道而哭。冶長問之。嫗曰："兒前日出行，於今不反，當是已死亡，不知所在。"冶長曰："向聞鳥相呼往清溪食肉，恐是嫗兒也。"嫗往看，即得其兒也，已死。即嫗告村司。村司問嫗："從何得知之?"嫗曰："見冶長道如此。"村官曰："冶長不殺人，何緣知之?"囚錄冶長付獄。主問冶長："何以殺人?"冶長曰："解鳥語，不殺人。"主曰："當試之，若必解鳥語，便相放也。若不解，當令償死。"駐冶長在獄六十日。卒日，有雀子緣獄柵上相呼，嘖嘖。冶長含笑，吏啓主："冶長笑雀語，是似解鳥語。"主教問冶長："雀何所道而笑之?"冶長曰："雀鳴嘖嘖，白蓮水邊有車翻，覆黍粟，牡牛折角。收斂不盡，相呼往啄。"獄主未信，遣人往看，果如其言。後又解豬及燕語屢驗，於是得放。然此語乃出雜書，未必可信，而亦古舊相傳云冶長解鳥語，故聊記之也。[1]

"公冶長通鳥語"傳説還有另一版本。

公冶長貧而閒居，無以給食，其雀飛鳴其舍，呼之曰："公冶長，公冶長，南山有箇虎羊，爾食肉，我食腸，當亟取之勿彷徨。"子長如其言往取食之，及亡羊者迹之，得其角，乃以爲偷，訟之魯君。魯君不信鳥語，逮繫之獄。孔子素知之，爲之白於魯君，亦不解也。於是歎曰："雖在縲絏之中，非其罪也。"未幾，子長在獄舍，雀復飛鳴其上，呼之曰："公冶長，公冶長，齊人出師侵我疆，沂水上，嶧山傍，當亟禦之勿彷徨。"子長介獄吏白之魯君，魯君亦弗信也，姑如其言往迹之，則齊師果將及矣，急發兵應敵，遂獲大勝。因釋公冶長而厚賜之，欲爵爲大夫，辭不受，蓋恥因禽語以得祿也。後世遂廢其學。[2]

楊樹達《論語疏證》對以上兩則傳説加按語道："此事殊不可信，姑存之以備一説。《左傳·僖公二十九年》記介葛盧識牛鳴，《韓非子·解老篇》記詹何亦然。《周禮·秋官》夷隸、貉隸二職，掌與牛馬鳥獸言，此亦其類也。"但在先秦傳説中，與公冶長一樣通"鳥語"的人物是伯翳。伯翳即伯益，舜時五臣之一。《後漢書·蔡邕傳》："昔伯翳綜聲於鳥語，葛盧辯音於鳴牛。"唐·李賢

〔1〕 何晏集解，皇侃義疏：《論語集解義疏》，第53頁。

〔2〕 馬驌：《繹史》，第2448頁。

注：“伯翳即秦之先伯益也，能與鳥語。見《史記》。”[1] 後世此類奇人還有魏尚、管輅等。

　　皇侃也不相信“公冶長通鳥語”的故事，認爲“此語乃出雜書，未必可信，而亦古舊相傳云冶長解鳥語，故聊記之也”。爲什麼古今學者都不相信這樣的故事呢？這是因爲儒家或儒教與後來的佛、道二教不同，不講“神通”和“法術”。孔子一生關注社會。《論語·雍也》：“子曰：‘務民之義，敬鬼神而遠之，可謂知矣。’”[2]《論語·述而》：“子不語怪、力、亂、神。”[3] 怪異鬼神之事，在實際生活中無法驗證，不易究明，難以回答，孔子對其采取了存而不論的謹慎態度。雖然儒教有“敬天法祖”的核心信仰，但孔子對鬼神“敬而遠之”的思想，爲後世儒教迥異於佛道的宗教面貌確定了基調。孔子及孔門弟子雖於後世走上神壇，但他們都相對缺乏仙佛的非凡神迹。孔門中除了曾參有心靈感應的特異功能外[4]，再就是通鳥語的公冶長了。但與仙佛相比，通鳥語只是小技，算不得“神通”“法術”。清·蒲松齡《聊齋志異·鳥語》：“中州境有道士，募食鄉村。食已，聞鶻鳴；因告主人使慎火。問故，答曰：‘鳥云：“大火難救，可怕！”’衆笑之，竟不備。明日，果火，延燒數家，始驚其神。好事者追及之，稱爲仙。道士曰：‘我不過知鳥語耳，何仙乎！’”[5]

劍鐔

　　劍鐔，即劍格，指劍身與劍柄連接處突出的部分。劍首指劍柄的頂端部分，

〔1〕 范曄：《後漢書》，第 1987—1989 頁。

〔2〕《論語注疏》，第 2479 頁。

〔3〕《論語注疏》，第 2483 頁。

〔4〕 曾子孝行突出，故後人演繹其事，以神孝道。元代郭氏《二十四孝·齧指痛心》：“周曾參，字子輿，事母至孝。參嘗采薪山中，家有客至。母無措，望參不還，乃齧其指。參忽心痛，負薪而歸，跪問其故。母曰：‘有急客至，吾齧指以悟汝爾。’”（《二十四孝圖説》，第 32 頁）此故事出處不詳。漢·王充亦斥此事爲虛妄。《論衡·感虛》：“傳書言：‘曾子之孝，與母同氣。曾子出薪於野，有客至而欲去。曾母曰：“願留，參方到。”即以手搤其左臂。曾子左臂立痛，即馳至，問曰：“臂何故痛？”母曰：“今者客來欲去，吾搤臂以呼汝耳。”蓋以至孝與父母同氣，體有疾病，精神輒感。’……疑世人頌成，聞曾子之孝，天下少雙，則爲空生母搤臂之説也。”（《论衡校释》，第 256—257 頁）曾子類似孝行還見於晉·干寶《搜神記》卷八：“曾子從仲尼，在楚而心動。辭歸，問母，母曰：‘思爾嚙指。’孔子聞之曰：‘曾之至誠也，精感萬里。’”（《新輯搜神記》，第 133 頁）而後漢孝子蔡順的故事及文字則與《二十四孝·齧指痛心》基本一致。《後漢書·蔡順傳》：“（周）磐同郡蔡順，字君仲，亦以至孝稱。順少孤，養母。嘗出求薪，有客卒至，母望順不還，乃嚙其指，順即心動，棄薪馳歸，跪問其故。母曰：‘有急客來，吾嚙指以悟汝耳。’”（范曄：《後漢書》，第 1312 頁）似乎《二十四孝》故事由此張冠李戴而來。

〔5〕 朱其鎧主編：《全本新注聊齋志異》，第 1273 頁。

常鑲有玉或金屬製成裝飾品。

《漢語大詞典》釋"劍鐔"爲"劍首"。釋義不確，而且書證太晚。

> 【劍鐔】即劍首。又稱劍鼻。唐·李商隱《自桂林奉使江陵途中感懷寄獻尚書》詩："假寐憑書籠，哀吟叩劍鐔。"清·金農《送猗氏杜祺孫之雍州》詩："劍鐔扣罷又重看，飯顆山前骨相寒。"亦指劍。宋·王安石《送江寧彭給事赴闕》詩："幕中俊乂閑刀筆，帳下驍雄冷劍鐔。"清·黃遵憲《庚午中秋夜始識羅少珊於矮屋中》詩："匆匆三年忽已過，秋風重磨舊劍鐔。"（羅竹風主編《漢語大詞典》第二卷，第 753 頁）

"劍鐔"早見於東漢·王逸《楚辭章句》。

《楚辭·九歌·東皇太一》："撫長劍兮玉珥，璆鏘鳴兮琳琅。"東漢·王逸注："玉珥，謂劍鐔也。"宋·洪興祖補注："《博雅》曰：劍珥謂之鐔。鐔，劍鼻，一曰劍口，一曰劍環。珥，耳飾也。鐔所以飾劍，故取以名焉。"[1]

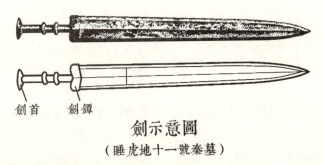

劍示意圖
（睡虎地十一號秦墓）

劍首　劍鐔

上海市歷史博物館研究員張明華認爲："劍首因《莊子·則陽》中'劍首'和《禮記·少儀》'澤劍首'一詞而無多分歧。劍鐔，有鐔、格、璏、珌、鼻、珥、環、口多種稱謂。孟康注《漢書·匈奴傳》：'標首、鐔衛'，而顏師古注'鐔，劍口旁橫出者也'，徐鍇注《說文解字》'劍鼻，人握處之下也'，明示了'鐔是指劍柄下端與劍身相連處的飾件'。劍鉍，有璲、璏、衛、珌、劍鼻、朝文帶等稱謂。據《楚辭·東皇太一》'撫長劍兮玉珥'可知，因劍在腰部，撫劍往往先摸到它，且側視如耳，故名。"[2]

《漢語大詞典》之所以釋"劍鐔"爲"劍首"，是因爲學術界此前對玉具劍

---

〔1〕 洪興祖：《楚辭補注》，第 55 頁。
〔2〕 張明華：《古代玉器》，第 143 頁。

各部位玉飾的定名問題存在爭論。"1982 年，周泉南把劍柄前端的飾玉稱劍鼻，'是根據它的形態和部位在當時人們中的一種俗稱，是劍身整體形象化的比喻。……形有脊如鼻而名'。1985 年，孫機對各家學説進行了全面考證。他認爲，玉具劍的首，依《釋名·釋兵》劍'其末曰鋒'，可以反證劍柄頂端當首，其玉飾自爲劍首。此物清人稱璏、璪。""鐔，依《考工記·桃氏》鄭玄注引鄭衆曰'莖謂劍夾，人所握，鐔以上也'，認爲，既然手握的劍把在鐔以上，那它就是通常所説的劍格，即玉劍鐔。"[1]《漢語大詞典》對"劍鐔"的解釋，大約采用的就是周泉南的觀點。

目前，學界一般認爲鐔即是劍格。一些修訂周期較短的詞典已經根據這一變化更新了對"劍鐔"的解釋，比如《現代漢語詞典》。

《現代漢語詞典》(第 5 版)：

【鐔】xín ❶古代劍柄的頂端部分。❷古代兵器，似劍而小。[2]

《現代漢語詞典》(第 6 版)：

【鐔】xín ❶古代劍身與劍柄連接處突出的部分。（圖見第 638 頁"劍"）。❷古代兵器，似劍而小。[3]

《漢語大詞典》對"鐔"字的解釋也存在同樣的錯誤。

舉　高

"舉高"，《漢語大詞典》未收。王雲路、方一新《中古漢語語詞例釋》釋"舉高"爲"高；高達"。

【舉高】(jǔ gāo) 高；高達。《水經注·伊水》："厥左壁有石銘云：黄初四年六月二十四日辛巳，大出水，～四丈五尺。"/《洛陽伽藍記》卷 1《永寧寺》："中有九層浮圖一所，架木爲之，～九十丈。有

---

〔1〕 張明華：《古代玉器》，第 142 頁。
〔2〕 中國社會科學院語言研究所詞典編輯室編：《現代漢語詞典》(第 5 版)，第 1518 頁。
〔3〕 中國社會科學院語言研究所詞典編輯室編：《現代漢語詞典》(第 6 版)，第 1451 頁。

剎，復高十丈，合去地一千丈。"/又卷 2《宗聖寺》："宗聖寺有像一
軀，～三丈八尺，端嚴殊特，相好畢備，士庶瞻仰，目不暫瞬。"/又
卷 3《龍華寺》："南北兩岸有華表，～二十丈。華表上作鳳凰，似欲衝
天勢。"/又卷 5《聞義里》："有金像一軀，～六丈，儀容超絕，相好炳
然，面恒東立，不肯西顧。"/又："王城南一百餘里，有如來昔作靡休
國，剝皮爲紙、拆骨爲筆處，阿育王起塔籠之，～十丈。"

"舉高"同義連文，"舉"亦"高"也。《水經注·濕水》："其山重
巒疊巘，霞舉雲高，連山隱隱，東出遼塞。"正以"舉"與"高"對
文。"霞舉"與"雲高"句式意義皆同，言像雲霞一樣高峻。參"霞
舉"條。又，《水經注·河水》："河水翼岸夾山，巍峰峻舉。""峻舉"
亦同義連言，狀高峻突起貌。[1]

從《中古漢語語詞例釋》所列《水經注》《洛陽伽藍記》六例中不難看出，
"舉高"確爲高義。

但《水經注》例句中的"舉高"似不是形容詞，當爲動詞，義爲升高。北
魏·酈道元《水經注·伊水》："闕左壁有《石銘》云：黃初四年六月二十四日
辛巳，大出水，舉高四丈五尺，齊此已下。蓋記水之漲減也。"[2] 陳橋驛等將此
句譯爲："伊闕左邊石壁上刻着：黃初四年（223）六月二十四日辛巳，漲大水，
水位升高了四丈五尺，與此綫相平。這是水位漲退的記録。"[3] "大水出，舉高
四丈五尺"，清·楊守敬《水經注疏》按："《元和志》伊陽縣下，作大水出，高
四丈五尺。"[4] "齊此已下。"段熙仲按："石銘原刻有'水志'，作橫綫。齊此已
下者大水之高峰到此綫止也。此當爲世界最早之水志文字記録也。"[5]

另外，《水經注·伊水》之"舉高"確與《洛陽伽藍記》之中的"舉高"不
同。《洛陽伽藍記》中共有五例"舉高"。

北魏·楊衒之《洛陽伽藍記·永寧寺》："中有九層浮圖一所，架木爲之，
舉高九十丈。有剎復高十丈，合去地一千尺。"[6]

又《洛陽伽藍記·宗聖寺》："宗聖寺有像一軀，舉高三丈八尺，端嚴殊特，

〔1〕 王雲路、方一新：《中古漢語語詞例釋》，第 237—238 頁。
〔2〕 陳橋驛：《水經注校證》，第 378 頁。
〔3〕 陳橋驛等：《水經注全譯》，第 562 頁。
〔4〕 楊守敬：《水經注疏》，第 1350 頁。
〔5〕 楊守敬：《水經注疏》，第 1362 頁。
〔6〕 范祥雍：《洛陽伽藍記校注》，第 1 頁。

相好畢備，士庶瞻仰，目不暫瞬。"〔1〕

又《洛陽伽藍記·龍華寺》："南北兩岸有華表，舉高二十丈。華表上作鳳凰，似欲衝天勢。"〔2〕

又《洛陽伽藍記·聞義里》："南十五里有一大寺，三百餘衆僧。有金像一軀，舉高丈六，儀容超絕，相好炳然，面恒東立，不肯西顧。"〔3〕

又《洛陽伽藍記·聞義里》："王城南一百餘里，有如來昔作摩休國，剥皮爲紙、拆骨爲筆處，阿育王起塔籠之，舉高十丈。"〔4〕

《洛陽伽藍記》中五例"舉高"説的都是木石構造的静態物體："浮圖""像""華表""金像"和"塔"。而《水經注·伊水》"大水出，舉高四丈五尺"是講動態的"大水"。"舉"字基本用爲動詞，當動態的物體如"水"作"舉"的主語時，必然會形成施動關係。所以《水經注·伊水》中的"舉高"應不與《洛陽伽藍記》中五例"舉高"同類，當爲動詞，義爲升高。

王雲路、方一新認爲："'舉高'同義連文，'舉'亦'高'也。"在《中古漢語語詞例釋》"霞舉"條，再申其義。"'霞舉'謂高入雲霞。前引《濕水》例：'霞舉雲高'，正以舉、高對應，是舉猶高。《水經注·河水四》：'河水翼岸夾山，巍峰峻舉。'又：'懸洪五丈，飛流注壑，夾岸深高，壁立石上，經崖秀舉，百有餘丈。'又《滱水》：'山岑競舉，若豎鳥翅；立石嶄岩，亦如劍杪。'又《洛水》：'洛水之北，有熊耳山，雙巒競舉，狀同熊耳。'以上各例'舉'皆言高。《説文·手部》：'舉，對舉也。'段玉裁注：'對舉，謂以兩手舉之。'《廣韻》：'舉，擎也。'引申之，則有'高'義。"〔5〕不過，兩位先生所引《水經注》"霞舉""峻舉""秀舉""競舉"諸詞中，"舉"富有動感，似不是形容詞。再説"霞舉雲高"中"舉"與"高"的對文訓詁方法。郭在貽《訓詁學》："所謂對文，就是指處在結構相似的上下兩個句子中的相同位置上的字和詞。這樣的字和詞往往是同義或反義的。根據對文的這一特點，可以利用它來求得某一詞的確切解釋。"〔6〕也就是説，如果 A 和 B 處在結構相似的上下兩個句子中的相同位置上，那么 A 和 B 形成對文，據此可以推論 A 和 B 是同義或反義的。假設 A 和 B 是同義的，那么有兩種可能：A 和 B 都是 A，或者 A 和 B 都是 B。以"霞舉雲高"爲例，我們也一般會認爲"舉"與"高"形成對文，再推一步，認定

〔1〕 范祥雍：《洛陽伽藍記校注》，第 79 頁。
〔2〕 范祥雍：《洛陽伽藍記校注》，第 159 頁。
〔3〕 范祥雍：《洛陽伽藍記校注》，第 265 頁。
〔4〕 范祥雍：《洛陽伽藍記校注》，第 299—300 頁。
〔5〕 王雲路、方一新：《中古漢語語詞例釋》，第 395 頁。
〔6〕 郭在貽：《訓詁學》，第 64 頁。

"舉"與"高"同義，那么就有兩種可能："舉"與"高"都爲形容詞"高"，也可能"舉"與"高"都爲動詞"舉"。這樣看來，用"對文"這種傳統的訓詁方法並不能確定"舉"就有"高"義。

"舉高"其實爲佛緣詞。最早的用例見於佛書。

東晉·僧伽提婆譯《中阿含經·王相應品》："有大金幢，諸寶嚴飾，舉高千肘，圍十六肘，彼當豎之。"（卷13，1，p. 509，c20-22）

後秦·鳩摩羅什譯《佛説彌勒下生成佛經》："又其國土，有七寶臺，舉高千丈，千頭千輪，廣六十丈。"（卷1，14，p. 424，a24-25）

由此可見佛緣詞"舉高"即爲高義，單音詞"高"爲了符合佛經通常的四言格文體的需要，往往須綴字變爲複音詞，以湊足音節。譯師們之所以選擇"舉"作爲"高"的綴字，是因爲舉是由低到高上升的動作，與高相關。

當然，譯師們的這一新造詞流傳開來以後，中古時期也確有人認爲"舉"爲形容詞"高"義。

北魏·酈道元《水經注·水》："《魏土地記》曰：沮陽城東北六十里有大翮、小翮山。山上神名大翮神，山屋東有温湯水口。其山在縣西北二十里，峰舉四十里，上廟則次仲廟也。"[1]

上例中的"舉"爲形容詞"高"義。酈道元熟悉佛書，語言受到譯經的影響，故有此語。但在中土文獻中，此種用法絕少見到。

舉　手

"舉手"本義爲舉起手臂，引申爲行動、做事，在不同的語境下有不同的意義。

劉百順《魏晉南北朝史書語詞札記》釋"舉手"爲動手、舉事。

　　【舉手】《晉書》五八《周莚傳》："績衣裏帶小刀，便操刃逼莚，莚叱郡傳教吳曾：'何不舉手！'曾有膽力，便以刀環築績，殺之。"按"舉手"謂動手。卷六八《張祚傳》："弟琚及子嵩募數百市人，揚聲言'張祚無道，我兄大軍已到東城，敢有舉手者誅三族'。"《搜神後記》六"魯肅墓"條："因顧左右何不舉手。左右牽伯陽下床，乃以刀環擊之數百而去。"皆是動手之義。又《晉書》五九《河間王顒傳》："方謂

---

[1] 陳橋驛：《水經注校證》，第323頁。

顒曰：'方所領猶有十餘萬衆，奉送大駕還洛宫，使成都王反鄴，公自鎮關中，方北討博陵。如此，天下可小安，無復舉手者。'"此猶舉事。[1]

方一新《東漢魏晋南北朝史書詞語箋釋》認爲"舉手"均謂動手、下手，指參與某項軍事（武力）行動。

【舉手】動手，下手。《三國志·吳志·孫綝傳》裴注引《江表傳》："作版詔綝敕所領皆解散，不得舉手，正爾自得之。"（1448）《宋書·朱齡石傳》："乃率吏人馳至其家，掩其不備，莫有得舉手者，悉斬係祖兄弟，殺數十人。"（1422）《晋書·周莚傳》："（周）續衣裏帶小刀，便操刃逼莚，莚叱郡傳教吳曾：'何不舉手！'曾有膽力，便以刀環築續，殺之。"（1578）又《河間王顒傳》："公自留鎮關中，方北討博陵。如此，天下可小安，無復舉手者。"（1621）又《張祚傳》："（張）瓘弟琚及子篙募數百市人，揚聲言：'張祚無道，我兄大軍已到城東，敢有舉手者誅三族！'祚衆披散。"（2248）

尋味各例，"舉手"均謂動手、下手，指參與某項軍事（武力）行動。具體説來，《晋書·周莚傳》例謂動手打人，其餘四例指動手抵抗。"舉手"本指抬手行禮，常用在説話前，表示尊敬或莊重之意，如《東觀漢記校注》卷2《顯宗孝明皇帝》："有一諸生前，舉手曰：'善哉！文王之遇太公也。'"（57）《後漢書·禮儀志中》："光禄勳前，一拜，舉手曰：'製詔其以某爲某。'"（3121）也可指伸手，如：《後漢書·桓榮傳》："後榮入會庭中，詔賜奇果，受者皆懷之，榮獨舉手捧之以拜。"（1250）動手、下手當是其晚出的引申義耳。《搜神後記》卷6"魯子敬墓"條："因顧左右：'何不舉手！'左右牽伯陽下床，乃以刀環擊之數百而去。""舉手"的用法與《晋書·周莚傳》全同。周一良先生《魏晋南北朝史札記·〈宋書〉札記》"無宜適、與手、言論"條下謂《搜神後記》此例"舉手當是與手之誤"，可商。《敦煌變文集·漢將王陵變》："倘若一朝漢家興，舉手先斬鍾離末！""舉手"也指動手。《大詞典》據宋、明文獻用例收釋"舉手加額""舉手相慶"兩條，未收"舉手"，當補。

劉百順先生《魏晋南北朝史書語詞札記》一書有"舉手"條，已

---

[1] 劉百順：《魏晋南北朝史書語詞札記》，第62頁。

據《晉書》等例正確解釋此詞，請參看。[1]

"舉手"指行動、做事，在不同的語境下有不同的意義。人的雙手是複雜、靈巧的器官，是在勞動中從猿的前爪演化而來的。人直立行走後，手腳分工，雙手得以從事大量的更廣泛的活動，人類的絕大多數生產、生活活動依賴雙手來完成，所以古人用"舉手"（舉起手臂）來借代人的一切行動。

《三國志·吳志·孫綝傳》裴松之注引《江表傳》："（孫）亮召全尚息黃門侍郎紀密謀，曰：'孫綝專勢，輕小於孤。孤見敕之，使速上岸，爲唐咨等作援，而留湖中，不上岸一步。又委罪朱異，擅殺功臣，不先表聞。築第橋南，不復朝見。此爲自在，無復所畏，不可久忍。今規取之，卿父作中軍都督，使密嚴整士馬，孤當自出臨橋，帥宿衛虎騎、左右無難一時圍之。作版詔敕綝所領皆解散，不得舉手，正爾自得之。卿去，但當使密耳。卿宣詔語卿父，勿令卿母知之，女人既不曉大事，且綝同堂姊，邂逅泄漏，誤孤非小也。'"[2]

吳主孫亮不滿大將軍孫綝專權，與全紀密謀欲誅之。孫亮說："作版詔敕綝所領皆解散，不得舉手，正爾自得之。""不得舉手"義爲不得行動。此處"舉手"並非"動手、下手"之義。

方一新認爲："'舉手'本指抬手行禮，常用在說話前，表示尊敬或莊重之意，……動手、下手當是其晚出的引申義耳。"筆者認爲"舉手"的本義爲舉起手臂，舉起手臂可能是施禮致敬，也可能是表示反對反抗，也可能是示意告別，也可能只是舉起手臂。所以"舉手"的行動義並非由"抬手行禮"引申而來。古人體察行動作事往往離不開手，故以"舉手"（舉起手臂）來借代人的行動作事。

古書中，"舉手"用如本義（舉起手臂）的例子甚夥。

《三國志·魏志·袁紹傳》："太祖至，擊破備；備奔紹。"裴松之注引晉·孫盛《魏氏春秋》載陳琳《爲袁紹檄豫州》："加其細政苛慘，科防互設，繒繳充蹊，坑穽塞路，舉手掛網羅，動足蹈機陷，是以兖、豫有無聊之民，帝都有吁嗟之怨。"[3]

"舉手"與"動足"形成對文，泛指人的一切行動。"舉手"的行動義即是由此引申而來。

---

〔1〕 方一新：《東漢魏晉南北朝史書詞語箋釋》，第83—84頁。
〔2〕 陳壽：《三國志》，第1448頁。
〔3〕 陳壽：《三國志》，第198頁。

來　今

　　"來今"是記時詞語，往往帶有很大的模糊性，往往需根據語境才能確指某段時間。

　　《漢語大詞典》釋"來今"爲"現今，現世"。

　　　　【來今】現今，現世。《鶡冠子·世兵》："往古來今，事孰無郵。"北魏·酈道元《水經注·河水四》："二城之中，有段干木冢。干木，晋之賢人也，魏文侯過其門，式其廬，所謂德尊萬古，芳越來今矣。"《秦併六國平話》卷上："秦吞六代不能鑒，且使來今復鑒秦。"（羅竹風主編《漢語大詞典》第一卷，第1298頁）

　　王海棻《記時詞典》釋"來今"爲"現今，今後"。

　　　　【來今】現今，今後。①二城之中，有段干木冢。干木，晋之賢人也，魏文侯過其門，式其廬，所謂德尊萬古，芳越～矣。（《水經注·河水四》）②往者不可复兮，冀～之可望。（《韓昌黎集·复志賦》）"[1]

　　一維性是時間的特點，即不可逆性。時間如流水一去不復返。《論語·子罕》："子在川上曰：'逝者如斯夫！不舍晝夜。'"時光不停留，現在轉瞬即成過去，而人總是活在當下，所以習慣以現在爲分野，把時間劃分爲過去、現在和未來。

　　"來今"可以表示現在。

　　《鶡冠子·世兵》："往古來今，事孰無郵。"[2]

　　"往古來今"即古今，説現在以前這段時間。"來今"只表示現在，不包括未來。

　　"來今"可以表示今後，包括現在和將來。

　　三國·魏·劉劭《人物志·釋爭》："君子誠能覩爭途之名險，獨乘高於玄路，則光暉煥而日新，德聲倫於古人矣。"五涼·劉昞注："避忿肆之險途，獨

---

[1]　王海棻：《記時詞典》，第143—144頁。
[2]　黃懷信：《鶡冠子彙校集注》，第296頁。

逍遙於上等。遠燕雀於啁啾，尨鳴鳳於玄曠。然後德輝耀於來今，清光伴於往代。"[1]

"來今"和"往代"形成對文，兩詞反義。"往代"是過去、往昔，現在以前。"來今"是今後，包括現在和將來。

"來今"還可以表示在以前某個時間點以後以至永遠的一個時間段。

北魏·酈道元《水經注·河水四》："二城之中，有段干木冢。干木，晋之賢人也，魏文侯過其門，式其廬，所謂德尊萬古，芳越來今矣。"[2]

"萬古"和"來今"形成對文，"萬古"應與"來今"同義。"萬古"猶萬代、萬世，表示年代久遠、永遠。"德尊萬古"義爲段干木的德行千秋萬代受人敬仰，當然是在"魏文侯過其門"以後以至永遠的千秋萬代。"芳越來今"的"來今"也應當同樣表示這段時間。

六　空

"六空"表示一個巨大的空間，與指天地四方的"六合"相似。《漢語大詞典》未收此目。

王東引北魏·酈道元《水經注·穀水》書證，認爲"六空"是佛教詞語，"由酈道元借用佛教詞語看，佛教在當時的確很盛行，當時的文人可以隨時隨意借其詞語進入自己的字裏行間。"[3]

【六空】"竹柏蔭于層石，繡薄叢于泉側，微飇暫拂，則芳溢于六空，寔爲神居矣。"（卷 16，第 1390 頁）"六空"，本來指佛教中所説的各種空界，如五蘊空、十二入空、十八界空、六大法空、四諦空、十二因緣空，天台智顗注疏時引大智度論，稱之爲六空。酈氏在借用時，改變原來的意義，使之具有新義，由各種空界泛指天空。"芳溢于六空"義爲"芳香飄溢於整個天空"。[4]

慈怡主編《佛光大辭典》有"六空"一目：

---

[1] 李崇智：《人物志校箋》，第 275 頁。
[2] 陳橋驛：《水經注校證》，第 110 頁。
[3] 王東：《〈水經注〉詞彙研究》，四川大學博士學位論文，2003 年，第 36 頁。
[4] 王東：《〈水經注〉詞彙研究》，四川大學博士學位論文，2003 年，第 35 頁。

【六空】《仁王經》卷上説五蘊空、十二入空、十八界空、六大法空、四諦空、十二因緣空，天台智顗注疏時引《大智度論》，稱之爲六空。(1) 果報空，即五蘊空。(2) 受用空，即十二入空。(3) 性别空，即十八界空。(4) 遍到空，即六大法空。(5) 境空，即四諦空。(6) 義空，即十二因緣空。〔《仁王護國般若經疏》卷三〕[1]

王東所釋"六空"，前半部分承襲《佛光大辭典》。但在隋·智顗説、灌頂記《仁王護國般若經疏》中，只是羅列了六種"空"，並無"六空"一詞。且智顗生於公元538年，而北魏·酈道元卒於公元527年，故智顗注疏《仁王經》時所説的六空不可能影響到酈道元。

在中土文獻中，除《水經注·穀水》，"六空"幾乎没有其他用例。細細玩味此例，"六空"表示一個巨大空間，與"六合"相似。"六合"指上下天地和四方東南西北，泛指整個宇宙。《莊子·齊物論》："六合之外，聖人存而不論；六合之内，聖人論而不議。"唐·成玄英疏："六合，天地四方。"[2]

誠如王東所言，酈道元是深受佛教文化影響的。佛教又稱"空門"，以觀察諸法"空性"爲入道法門，主張世界萬物皆爲妄相，一切事物由因緣相待而產生，没有固定不變的自性，虛幻不實，佛教名之曰"空"。但酈道元所説"六空"是否與佛教之"空"有關，恐難確定。

在《水經注·穀水》的例句中，"芳溢于六空"義爲"芳香四處飄溢"。"六空"明顯是指一個不小的空間，與"六合"相類。

鳥　語

"鳥語"即是鳥的語言。《漢語大詞典》釋"鳥語"爲"鳥鳴聲"，不確。

【鳥語】❶鳥鳴聲。《後漢書·蔡邕傳》："昔伯翳綜聲於鳥語，葛盧辯音於鳴牛。"宋·梅堯臣《和歐陽永叔〈啼鳥〉十八韻》："君今山郡日無事，静聽鳥語如交争。"郭沫若《蘇聯紀行·六月二十七日》："湖畔緑草如茵，林木參天，時聞清脆的鳥語。"❷指難懂的言語。古代多指四夷、外國之語。《後漢書·南蠻西南夷傳論》："則緩耳雕腳之

〔1〕　慈怡主編：《佛光大辭典》，第1275頁。
〔2〕　王先謙：《莊子集解》，第20頁。

倫，獸居鳥語之類，莫不舉種盡落。"（羅竹風主編《漢語大詞典》第
十二卷，第 1036 頁）

古人觀察到有的動物可以發出聲音表達情意，進行交際，甚至模仿人語，
故認爲禽獸也有自己的語言。這個意義上的中古漢語"鳥語"與"漢語""吳
語""胡語""胡夷語"等爲一類結構。

《漢語大詞典》"鳥語"條下第一個義項"鳥鳴聲"所引書證亦可説明此意。
《後漢書·蔡邕傳》："昔伯翳綜聲於鳥語，葛盧辯音於鳴牛。"唐·李賢注："伯
翳即秦之先伯益也，能與鳥語。"[1] 李賢認爲伯翳"能與鳥語"，是説伯翳能跟
鳥交談，用"鳥語"交流。

古人觀察到有的動物能説人的語言。《禮記·曲禮上》："鸚鵡能言，不離飛
鳥；猩猩能言，不離禽獸。今人而無禮，雖能言，不亦禽獸之心乎？"[2]《説
文·鳥部》："鸚䳇，能言鳥也。"[3]《爾雅·釋獸》："猩猩，小而好啼。"晋·郭
璞注："《山海經》曰：人面豕身，能言語。今交阯封谿縣出猩猩，狀貛狐，聲
似小兒啼。"[4]

古人進而認爲禽獸，特別是鳥類也有自己的語言。在中古注釋文獻中，有
"解鳥語"的奇人傳説。梁·皇侃《論語集解義疏》卷三："主問（公）冶長：
'何以殺人？'冶長曰：'解鳥語，不殺人。'主曰：'當試之，若必解鳥語，便相
放也。若不解，當令償死。'"同卷："卒日，有雀子緣獄柵上相呼，嘖嘖。冶長
含笑，吏啓主：'冶長笑雀語，是似解鳥語。'主教問冶長：'雀何所道而笑
之？'"同卷："然此語乃出雜書，未必可信，而亦古舊相傳云冶長解鳥語，故聊
記之也。"[5]"公冶長通鳥語"事詳見"公冶長"條。

"鳥鳴"與"鳥語"的區别，三國時就有人討論過。《三國志·魏志·管
輅傳》：

> （管）輅至安德令劉長仁家，有鳴鵲來在閣屋上，其聲甚急。輅
> 曰："鵲言東北有婦昨殺夫，牽引西家人夫離妻，候不過日在虞淵之
> 際，告者至矣。"到時，果有東北同伍民來告，鄰婦手殺其夫，詐言西
> 家人與夫有嫌，來殺我婿。

---

〔1〕范曄：《後漢書》，第 1987—1989 頁。
〔2〕《禮記正義》，第 1231 頁。
〔3〕許慎：《説文解字》，第 82 頁。
〔4〕《爾雅注疏》，第 2652 頁。
〔5〕何晏集解，皇侃義疏：《論語集解義疏》，第 53 頁。

南朝・宋・裴松之注引三國・魏・管辰《管輅別傳》：

　　勃海劉長仁有辯才，初雖聞輅能曉鳥鳴，後每見難輅曰："夫生民之音曰言，鳥獸之聲曰鳴，故言者則有知之貴靈，鳴者則無知之賤名，何由以鳥鳴爲語，亂神明之所異也？孔子曰'吾不與鳥獸同群'，明其賤也。"輅答曰："夫天雖有大象而不能言，故運星精於上，流神明於下，驗風雲以表異，役鳥獸以通靈。表異者必有浮沉之候，通靈者必有宮商之應，是以宋襄失德，六鶂並退，伯姬將焚，鳥唱其災，四國未火，融風已發，赤鳥夾日，殃在荆楚。此乃上天之所使，自然之明符。考之律呂則音聲有本，求之人事則吉凶不失。昔在秦祖，以功受封，葛盧聽音，著在《春秋》，斯皆典謨之實，非聖賢之虛名也。商之將興，由一燕卵也。文王受命，丹鳥銜書，此乃聖人之靈祥，周室之休祚，何賤之有乎？夫鳴鳥之聽，精在鶉火，妙在八神，自非斯倫，猶子路之於死生也。"長仁言："君辭雖茂，華而不實，未敢之信。"須臾有鳴鵲之驗，長仁乃服。[1]

　　劉長仁強調了人類與動物智力上的差別，譏諷管輅通曉鳥語是不學無術，與禽獸爲伍。管輅則利用當時流行的"天人感應"論和讖緯之學的給予反駁。古人聽到鳴禽優美動聽的鳴囀，觀察到鸚哥、八哥及鸚鵡模仿人語，往往相信鳥亦有語言，故相關古籍中的記載傳奇性也多於科學性。

　　現在一般認爲語言是人類所特有的表達情意、傳遞思想的聲音系統。語言跟思想關係密切，是人類區別於其他動物的本質特征。呂叔湘說："語言是人類的創造，只有人類有真正的語言。許多動物也能够發出聲音來，表示自己的感情或者在群體中傳遞信息。但是這都只是一些固定的程式，不能隨機變化。只有人類才會把無意義的語音按照各種方式組合起來，成爲有意義的語素，再把爲數衆多的語素按照各種方式組合成話語，用無窮變化的形式來表示變化無窮的意義。"[2]

　　當然，人們也注意到了昆蟲、鳥類及類人猿等動物間複雜交際系統的存在。如今西方有動物符號學（zoosemiotics），專門研究這些非人類、非文化社團的交流行爲，其中對於鳥類發聲行爲的研究可說是現代的"鳥語"研究。

---

〔1〕　陳壽：《三國志》，第 816 頁。
〔2〕　呂叔湘：《语言和语言研究》，載《呂叔湘全集》第十二卷，第 107 頁。

義項商補

蔽闇

"蔽闇"，本義爲隱蔽而昏暗。書證早見於東漢·王逸《楚辭章句》。

《楚辭·九章·懷沙》："脩路幽蔽，道遠忽兮。"東漢·王逸注："脩，長也。言己雖在湖澤之中，幽深蔽闇，道路甚遠，且久長也。"[1]

"蔽闇"之引申義爲"昏昧"，昏庸愚昧，不明事理。《漢語大詞典》"蔽闇"目只釋引申義，且書證滯後。

> 【蔽闇】猶昏昧。晋·葛洪《抱朴子·仁明》："先生貴明，未見典據，小子蔽闇，竊所惑焉。"（羅竹風主編《漢語大詞典》第九卷，第542頁）

"昏昧"義之"蔽闇"亦早見於東漢·王逸《楚辭章句》。

《楚辭·九章·涉江》："世溷濁而莫余知兮，吾方高馳而不顧。"東漢·王逸注："言時世貪亂，遭君蔽闇，無有知我之賢，然猶高行抗志，終不回曲也。"[2]

《楚辭·九嘆·憂苦》："偓促談於廊廟兮，律魁放乎山閒。"東漢·王逸注："偓促，拘愚之貌。律，法也。魁，大也。言拘愚蔽闇之人，反談論廊廟之中；

---

〔1〕 洪興祖：《楚辭補注》，第145頁。

〔2〕 洪興祖：《楚辭補注》，第128頁。

明於大法賢智之士，弃在山閒而不見用也。"〔1〕

不 比

"不比"還有次序錯亂之義。

《漢語大詞典》"不比"目有三個義項。

> 【不比】❶不偏私。《論語・爲政》："君子周而不比，小人比而不周。"邢昺疏："忠信爲周，阿黨爲比。言君子常行忠信而不私相阿黨。"❷不協和。《戰國策・魏策一》："文侯曰：'鐘聲不比乎，左高。'"鮑彪注："比，猶協。"吳師道補正："不比，言不和也。"❸不可相比；不同於。唐・杜甫《奉贈王中允維》詩："共傳收庾信，不比得陳琳。"元・馬致遠《漢宮秋》第四折："休道是咱家動情，你宰相每也生憎，不比那雕梁燕語，不比那錦樹鶯鳴。"劉半農《擬擬曲》二："不想今年不比往年。"（羅竹風主編《漢語大詞典》第一卷，第398頁）

"不比"之次序錯亂義見於中古注釋中。

北魏・酈道元《水經注・河水一》："釋氏《西域傳》曰：河自蒲昌，潛行地下，南出積石。而經文在此，似如不比，積石宜在蒲昌海下矣。"〔2〕

又《水經注・河水五》："《地理志》：楊虛，平原之隸縣也。漢文帝四年，以封齊悼惠王子將閭爲侯國也。城在高唐城之西南，《經》次于此，是不比也。"〔3〕

"不比"爲《水經注》中的校勘用語。酈氏不守"注不違經"之陳規，每正《水經》中之訛謬，其用語有"誤證""不比"等。酈氏以"不比"指經中文字次序錯亂。

"比"的本義爲親密緊靠。《說文・比部》："比，密也。"清・段玉裁注："要密義足以括之，其本義謂相親密也，餘義俌也、及也、次也、校也、例也、

---

〔1〕 洪興祖：《楚辭補注》，第301頁。
〔2〕 陳橋驛：《水經注校證》，第13頁。
〔3〕 陳橋驛：《水經注校證》，第146頁。

類也、頻也、擇善而從之也、阿黨也，皆其所引伸。"[1] "不比"猶"不次"，次序錯亂。酈氏以"不比"指錯簡。

光　澤

"光澤"有形容詞和名詞兩種用法。《漢語大詞典》"光澤"目只收釋了其名詞用法。

> 【光澤】光彩；光華。《後漢書·方術傳下·王真》："王真年且百歲，視之面有光澤，似未五十者。"唐·封演《封氏聞見記·文宣王廟樹》："亦有取爲笏者，色紫而甚光澤。"老舍《月牙兒》三八："她的眼已失去年輕時的光澤，不過見了錢還能發點光。"（羅竹風主編《漢語大詞典》第二卷，第 233 頁）

"光澤"還有形容詞用法。義爲光亮潤澤，形容物體表面光潔，不乾燥。

《管子·水地》："夫玉之所貴者，九德出焉。夫玉溫潤以澤，仁也。鄰以理者，知也。堅而不蹙，義也。廉而不劌，行也。鮮而不垢，絜也。折而不撓，勇也。瑕適皆見，精也。茂華光澤，竝通而不相陵，容也。叩之，其音清搏徹遠，純而不殺，辭也。是以人主貴之，藏以爲室，剖以爲符瑞，九德出焉。"[2]

漢·焦贛《易林·豐之否》："蜲蛇九子，長尾不殆。均明光澤，燕自受福。"[3]

漢·桓譚《新論·祛蔽》："今人之養性，或能使墜齒復生，白髮更黑，肌顏光澤，如彼促脂轉燭者，至壽極亦死耳。"[4]

《楚辭·遠游》"吸飛泉之微液兮，懷琬琰之華英。玉色頩以脕顏兮，精醇粹而始壯。"東漢·王逸注："面目光澤，以鮮好也。"[5]

名詞"光澤"指物體表面上反射出來的亮光，即《漢語大詞典》所釋"光彩""光華"。

因嫌《漢語大詞典》引南朝·宋·范曄（398—445）所著《後漢書》的例

---

[1] 段玉裁：《説文解字注》，第 676 頁。
[2] 黎翔鳳：《管子校注》，第 815 頁。
[3] 焦贛：《焦氏易林》，第 256 頁。
[4] 朱謙之：《新輯本桓譚新論》，第 34 頁。
[5] 洪興祖：《楚辭補注》，第 168 頁。

子滯後，《漢語大詞典訂補》補上了晋・郭璞（276—324）《爾雅》注中的書證。

【光澤】2-233 ◎光彩；光華。《爾雅・釋器》"絶澤謂之銑。"晋・郭璞注："銑即美金，言最有光澤也。《國語》曰'珧之以金銑者'，謂此也。"〔1〕

郭璞注釋中還有"光澤"的其他用例。

《山海經・西山經》："又西百七十里，曰南山，上多丹粟，丹水出焉，北流注于渭，獸多猛豹，鳥多尸鳩。"晋・郭璞注："猛豹似熊而小，毛淺，有光澤，能食蛇，食銅鐵，出蜀中。豹或作虎。"〔2〕

但在佛教譯經中還有更早的書證。

後漢・竺大力共康孟詳譯《修行本起經・游觀品》："老則色衰，病無光澤，皮緩肌縮，死命近促。老則形變，喻如故車，法能除苦，宜以力學。"（卷2，3，p. 466，c2-6）據隋・費長房《歷代三寶紀》，此經譯於建安二年（197）。〔3〕

西晋・竺法護譯《普曜經・優陀耶品》："吾子在宮時，茵蓐布綩綖；皆以錦繡成，柔軟有光澤。"（卷8，3，p. 535，a26-29）據梁・僧祐《出三藏記集》此經於永嘉二年（308）譯出。〔4〕

表示呈現與不呈現某種狀態的動詞"有"和"無"與"光澤"的搭配，說明了"光澤"有名詞的用法。

截　頭

"截頭"的本義爲斷頭。《漢語大詞典》未收此義項。

【截頭】❶齊頭。金・董解元《西廂記諸宮調》卷二："鼻偃唇軒，眉龐眼大，擔一柄截頭古定刀。"❷古天竺國名。晋・法顯《佛國記》："有國名竺剎尸羅。竺剎尸羅，漢言截頭也。佛爲菩薩時，於此處以頭施人，故因以爲名。"（羅竹風主編《漢語大詞典》第五卷，第

〔1〕漢語大詞典編纂處編：《漢語大詞典訂補》，第177頁。
〔2〕袁珂：《山海經校注》（最終修訂版），第25頁。
〔3〕呂澂編：《新編漢文大藏經目録》，第68頁。
〔4〕呂澂編：《新編漢文大藏經目録》，第68頁。

235 頁)

　　"截" 本作 "戳"。《説文・戈部》："戳, 斷也。从戈、雀聲。" [1] "戳" 爲會意兼形聲字。篆文 , 从戈斷雀首會意, 雀也兼表聲。隸變後楷書寫作 "戳"。俗作 "截", 其本義爲割斷。

　　北魏・酈道元《水經注・河水二》："又西逕四大塔北, 釋法顯所謂紈尸羅國。漢言截頭也。佛爲菩薩時, 以頭施人, 故因名國。" [2]

　　酈氏此説據《佛國記》(《高僧法顯傳》)。

　　東晉・法顯撰《高僧法顯傳》："此東行七日, 有國名竺刹尸羅。'竺刹尸羅', 漢言截頭也。佛爲菩薩時, 於此處以頭施人, 故因以爲名。"(卷 1, 51, p. 858, b6-8)

　　中古時期佛書中的例證還有：

　　吴・支謙譯《釋摩男本四子經》："五事者, 世間人貪意, 夜行穿人室壁, 或於道中劫人、攻人城郭, 爲吏所得, 或截頭、或截手、或截脚、或辜磔、或割其肌、或以火燒之、或以大椎椎其額、或斬其腰, 是皆貪意所致, 是爲五苦。"(卷 1, 1, p. 848~849, c28-a4)

　　姚秦・佛陀耶舍譯《四分律》："時王慧燈, 作如是念。我於無始世已來, 經歷衆苦, 輪轉五道, 或受截手截脚截耳鼻出眼截頭, 竟何所益。即取利刀, 自割股肉, 以器盛血, 授與彼人。"(卷 52, 22, p. 951, b23-27)

　　劉宋・僧伽跋摩譯《薩婆多部毘尼摩得勒伽經》："有比丘長病。何用是生活。即往至同行比丘所語言。'借我刀來。'彼問言'用作何等'。答言：'但與我來。'即便與之。即持入房内, 閉户上床坐, 即自截頭手捉刀而死。二三日不見出。借刀比丘開户看見, 自截頭捉刀而死。尋即生悔。'此比丘命終由我與刀, 若不與刀便即不死。'乃至佛言。不犯。不得不思量與病人刀。"(卷 4, 23, p. 589, a26-b3)

　　中古中土文獻中, 也有例證。

　　東晉・周顗《復肉刑議》："肉刑平世所應立, 非救弊之宜也。方今聖化草創, 人有餘奸, 習惡之徒, 爲非未已, 截頭絞頸, 尚不能禁, 而乃更斷足劓鼻, 輕其刑罰, 使欲爲惡者輕犯寬刑, 蹈罪更衆, 是爲輕其刑且誘人于罪, 殘其身以加楚酷也。" [3]

------

〔1〕　許慎：《説文解字》, 第 266 頁。
〔2〕　陳橋驛：《水經注校證》, 第 35 頁。
〔3〕　嚴可均校輯：《全上古三代秦漢三國六朝文》, 第 1957 頁。

東晉·王隱《白征西大將軍論復肉刑》："夫政未可立，則思制度，全育民命，富國强兵。叛盜之屬，斷肢而已，是好生惡殺；叛盜皆死，是好殺惡生也。斷肢若謂之酷，截頭更不謂之虐，何其乖哉？刑罰不中，則民無所措手足也。"[1]

口　舌

在中古漢語里，"口舌"有多嘴饒舌、愛説閒話、搬弄是非之義，猶"多口舌"。《漢語大詞典》失收此義。

【口舌】❶口和舌。説話的器官。《易·説卦》："兑爲澤，爲少女，爲巫，爲口舌。"孔穎達疏："取口舌爲言語之具也。"漢·桓寬《鹽鐵論·利議》："諸生闒茸無行……乃安得鼓口舌，申顏眉，預前議論是非國家之事也？"宋·蘇軾《東坡志林·司馬遷二大罪》："二子之名，在天下者，加蛆蠅糞穢也，言之則汙口舌，書之則汙簡牘。"❷指勸説、争辯、交涉時的言辭、言語。《史記·留侯世家》："留侯曰：'始上數在困急之中，幸用臣筴。今天下安定，以愛欲易太子，骨肉之閒，雖臣等百餘人何益。'吕澤彊要曰：'爲我畫計。'留侯曰：'此難以口舌争也。'"明·王瓊《雙溪雜記》："都御史楊善使虜，不恃一繒，以口舌曉譬，國威不屈。"魯迅《且介亭雜文二集·六朝小説和唐代傳奇文有怎樣的區别》："晋人尚清談，講標格，常以寥寥數言，立致通顯，所以那時的小説，多是記載畸行雋語的《世説》一類，其實是借口舌取名位的入門書。"❸指言語引起的誤會或糾紛。北魏·賈思勰《齊民要術·種槐柳楸梓梧柞》引《雜五行書》："舍西種梓楸各五根，令子孫孝順，口舌消滅也。"《水滸傳》第二四回："歸到家裏，便下了簾子，早閉上門，省了多少是非口舌。"老舍《四世同堂》二三："她寧願話不投機，招丈夫對她發怒，也不願看着他們兄弟之間起了口舌。"❹議論、談論。宋·蘇軾《書游湯泉詩後》："惟驪山當往來之衝，華堂玉甃，獨爲勝絶，然坐明皇之累，爲楊李禄山所污，使口舌之士，援筆唾罵，以爲亡國之餘，辱莫大焉。"《紅樓夢》第七七回："這才乾净，省得旁人口舌。"❺争吵；争執。《儒林外史》第十七回：

---

[1]　嚴可均校輯：《全上古三代秦漢三國六朝文》，第 1958 頁。

"我是個良善人家，從不曾同人口舌，經官動府。"（羅竹風主編《漢語大詞典》第三卷，第4頁）

《春秋公羊傳·莊公二十七年》："冬，杞伯姬來。"漢·公羊壽傳："其言來何？直來曰來，大歸曰來歸。"東漢·何休注："大歸者，廢棄來歸也。婦人有七棄、五不娶、三不去：嘗更三年喪不去，不忘恩也；賤取貴不去，不背德也；有所受，無所歸不去，不窮窮也。喪婦長女不娶，無教戒也；世有惡疾不娶，棄於天也；世有刑人不娶，棄於人也；亂家女不娶，類不正也；逆家女不娶，廢人倫也。無子棄，絶世也；淫泆棄，亂類也；不事舅姑棄，悖德也；口舌棄，離親也；盜竊棄，反義也；嫉妒棄，亂家也；惡疾棄，不可奉宗廟也。"[1]

《孔子家語·本命解》："婦有七出三不去。七出者：不順父母者，無子者，淫僻者，嫉妒者，惡疾者，多口舌者，竊盜者。"在"多口舌者"下王肅注："謂其離親也。"[2]

何休所説的"七棄"與《孔子家語》記載的"七出"是同一回事，都是舊時休妻的七種條款，只在排列次序上小有差異。何休所説的"口舌棄，離親也"與《孔子家語》"多口舌者"相對應，而且王肅注與何休一致，可知"口舌"就是"多口舌"之義，專指女人愛説閒話，多嘴多舌，導致家庭不睦。

在中國古代男權社會中，儒教爲女子製定了"三從四德"的儀範與德行。其中"四德"中有"婦言"一款，漢·班昭《女誡》："擇辭而説，不道惡語，時然後言，不厭於人，是謂婦言。"[3] 婦女如果缺乏這種修養，就有被指爲"口舌"之虞。另有"長舌"，亦是此義。女人長了長舌頭，以此比喻好説閒話、搬弄是非的女流。《詩·大雅·瞻卬》："婦有長舌，維厲之階。"東漢·鄭玄箋："長舌，喻多言語。"[4]

美 厚

《漢語大詞典》"美厚"目只有一個義項。

---

〔1〕《春秋公羊傳注疏》，第2239頁。
〔2〕《孔子家語》，第71頁。
〔3〕 嚴可均校輯：《全上古三代秦漢三國六朝文》，第989頁。
〔4〕《毛詩正義》，第577頁。

【美厚】指美好的衣食。《列子·楊朱》："爲美厚爾，爲聲色爾。而美厚不可常厭足，聲色不可常翫聞。"（羅竹風主編《漢語大詞典》第九卷，第161頁）

《漢語大詞典訂補》又補上了一個義項。

【美厚】9-161 ⊙優厚。漢《西狹頌》："天姿明敏，敦《詩》悦《禮》，膺禄美厚，繼世郎吏。"[1]

但"美厚"還有一義，二書未及。"美厚"可用於形容人品，有美好篤厚之義。

《三國志·蜀志·楊戲傳》："普至廷尉，澹至太常，封侯。"裴松之注引晉·陳壽《益部耆舊雜記》："（王）嗣爲人美厚篤至，衆所愛信。嗣子及孫，羌、胡見之如骨肉，或結兄弟，恩至於此。"[2]

宋·張載《張天祺墓志銘》："博士諱戩，世家東都，策名入仕，歷中外二十四年。立朝涖官，才德美厚，未試百一，而天下聲聞樂從，莫不以公輔期許。"[3]

清　澄

"清澄"在中古之時還可用爲動詞，猶"澄清"，現代漢語讀爲 dèng//qīng，"使雜質沉澱，液體變清：這水太渾，～之後才能用"。[4]

《漢語大詞典》"清澄"目只收了二個義項。

【清澄】亦作"清澂""清瀓"。❶清明，清澈。《楚辭·遠游》："保神明之清澄兮，精氣入而麤穢除。"漢·張衡《西京賦》："消霧埃於中宸，集重陽之清澄。"北魏·酈道元《水經注·青衣水》："然秋月清澄，望見兩山相峙，如蛾眉焉。"唐·玄奘《大唐西域記·摩揭陀國

〔1〕漢語大詞典編纂處編：《漢語大詞典訂補》，第1043頁。
〔2〕陳壽：《三國志》，第1090頁。
〔3〕張載：《張載集》，第366頁。
〔4〕中國社會科學院語言研究所詞典編輯室編：《現代漢語詞典》（第6版），第276頁。

下》："水既清澄，具入功德，佛涅槃後，枯涸無餘。"清·姚鼐《雜詩》之五："氛霧倏清澂，島嶽乃錯峙。"巴金《秋》四："兩人痴痴地望着下面清澄的湖水。"❷審察；省察。《楚辭·九章·惜往日》："君念怒而待臣兮，不清澂其然否。"朱熹集注："清澂，猶審察也。"《後漢書·黃瓊傳》："陛下不加清澂，審別真偽，復與忠臣並時顯封，使朱紫共色，粉墨雜蹂。"澂，一本作"澄"。《三國志·吳志·陸抗傳》："哀矜庶獄，清澄刑網，則天下幸甚！"晋葛洪《抱朴子·袪惑》："倉卒聞之，不能清澄檢校之者，鮮覺其偽也。"《資治通鑒·魏元帝景元元年》："由等可疑之狀，且當清澄，未宜便舉重兵深入應之。"（羅竹風主編《漢語大詞典》第五卷，第 1332 頁）

《漢語大詞典》未收"清澄"的這一動詞用法。

北魏·酈道元《水經注·河水一》："漢大司馬張仲議曰：河水濁。清澄一石水，六斗泥，而民競引河漑田，令河不通利。至三月，桃花水至則河決，以其噎不洩也。"[1]

北魏·賈思勰《齊民要術·造神麴並酒》："酒若熟矣，押出，清澄。竟夏直以單布覆甕口，斬席蓋布上，慎勿甕泥；甕泥封交即酢壞。"[2]繆啓愉校釋："清澄：酒液榨出後必須經過澄清，否則會影響酒質和增加過夏的困難。現在澄清後繼即煎酒，目的在殺死酒中雜菌並使蛋白質混濁物質凝集，以利陳釀。《要術》中沒有提到煎酒，可能那時還沒有這樣做，但單澄清也便於貯存，《北山酒經》卷下'收酒'：'大抵酒澄得清，更滿裝，雖不煮，夏月亦可存留。'《要術》也說經澄清後，'皆得過夏'。"[3]

又《齊民要術·作菹藏生菜法》引《食次》："梅瓜法：用大冬瓜，去皮、穰，竽子細切，長三寸，粗細如研餅。生布薄絞去汁，即下杬汁，令小暖。經宿，漉出。煮一升烏梅，與水二升，取一升餘，出梅，令汁清澄。與蜜三升，杬汁三升，生橘二十枚——去皮核取汁——復和之，合煮兩沸，去上沫，清澄，令冷，内瓜。訖，與石榴酸者，懸鉤子，廉薑屑。石榴、懸鉤，一杯可下十度。嘗看，若不大濇，杬子汁至一升。"

〔1〕 陳橋驛：《水經注校證》，第 3 頁。

〔2〕 繆啓愉：《齊民要術校釋》，第 492 頁。

〔3〕 繆啓愉：《齊民要術校釋》，第 495 頁。

施　用

“施用”還有任用（信任重用）之義。《漢語大詞典》“施用”目只有兩個義項，當補此義。

【施用】❶施行，實行。《史記・封禪書》：“始皇聞此議各乖異，難施用，由此絀儒生。”《南史・徐勉傳》：“天監初，官名互有省置，勉撰立選簿奏之，有詔施用。”宋・葉適《提刑檢詳王公墓志銘》：“龍圖閣學士，太子詹事王公十朋，以太學生對策，請收還威福，除秦檜蔽塞之政。天子即日施用。”明・唐順之《萬古齋公傳》：“居常有志天下事。自爲諸生，地方利害休戚，矗矗爲上官陳説。既老無所施用，然猶不忘時事。”❷使用。宋・蘇軾《石恪畫維摩頌》：“挾方儲藥如丘山，卒無一藥堪施用。”宋・吳曾《能改齋漫録・記事一》：“柴無子，所積俸緡數屋，未嘗施用。柴主薨之時，悉以送之於宮闈之中。”（羅竹風主編《漢語大詞典》第六卷，第 1578 頁）

“施用”是并列結構。施，也有“用”義。《淮南子・原道訓》：“夫道者……施之無窮而無所朝夕。”東漢・高誘注：“施，用也。用之無窮竭也，無所朝夕盛衰。”《禮記・禮器》：“施則行。”唐・孔穎達疏：“施，用也。若以禮用事，事皆行也。”

“施用”之任用（信任重用）義數見於東漢・王逸《楚辭章句》。

《楚辭・離騷》：“芳與澤其雜糅兮，唯昭質其猶未虧。”東漢・王逸注：“唯，獨也。昭，明也。虧，歇也。言我外有芬芳之德，内有玉澤之質，二美雜會，兼在於己，而不得施用，故獨保明其身，無有虧歇而已。所謂道行則兼善天下，不用則獨善其身。”[1]

《楚辭・離騷》：“何瓊佩之偃蹇兮，衆薆然而蔽之。”東漢・王逸注：“言我佩瓊玉，懷美德，偃蹇而盛，衆人薆然而蔽之，傷不得施用也。”[2]

《楚辭・九章・懷沙》：“曾傷爰哀，永歎喟兮！”東漢・王逸注：“言己所以

---

〔1〕 洪興祖：《楚辭補注》，第 17—18 頁。
〔2〕 洪興祖：《楚辭補注》，第 39—40 頁。

心中重傷，於是歎息自恨，懷道不得施用也。”〔1〕

《楚辭·東方朔〈七諫·自悲〉》：“鵯鶴孤而夜號兮，哀居者之誠貞。”東漢·王逸注：“言鵯雞、鶴鶴大鳥猶知賢良，哀惜己之履行正直，而不施用也。”〔2〕

《楚辭·嚴忌〈哀時命〉》：“衣攝葉以儲與兮，左袪掛於榑桑。”東漢·王逸注：“攝葉、儲與，不舒展貌。袪，袖也。《詩》云：羔裘豹袪。言己衣服長大，攝葉儲與，不得舒展，德能弘廣，不得施用，東行則左袖挂於榑桑，無所不覆也。”〔3〕

《楚辭·劉向〈九嘆·惜賢〉》：“握申椒與杜若兮，冠浮雲之峨峨。”東漢·王逸注：“峨峨，高貌也。言己獨懷持香草，執忠貞之行，志意高厲，冠切浮雲，不得而施用也。”〔4〕

貪　濁

“貪濁”，貪利忘義。《漢語大詞典》失收此義。“貪濁”目分兩個義項。

【貪濁】❶猶貪污。《後漢書·孔融傳》：“時隱覈官僚之貪濁者，將加貶黜，融多舉中官親族。”唐·吳兢《貞觀政要·政體》：“斷決大事，得帝王之體。深惡官吏貪濁，有枉法受財者，必無赦免。”清·龍啓瑞《答羅生書》：“讒佞貪濁之徒，屏而去之，此僕之所能。”❷佛教語。謂世間凡人之身心有濁亂貪欲之煩惱。《隨願往生經》：“娑婆世界，人多貪濁，信向者少，習邪者多。”（羅竹風主編《漢語大詞典》第十卷，第111頁）

第一義項“貪污”下有三條書證。前兩條都是講官員的“貪污”，指官員利用職權非法取得財物。第三條清·龍啓瑞所言“讒佞貪濁之徒”是否指官員，從例句中不能判斷。

“貪濁”可形容世道人心貪利忘義，與“清白”相對，不特指官員。東漢·王逸《楚辭》注中多見。

---

〔1〕 洪興祖：《楚辭補注》，第145—146頁。
〔2〕 洪興祖：《楚辭補注》，第250頁。
〔3〕 洪興祖：《楚辭補注》，第261頁。
〔4〕 洪興祖：《楚辭補注》，第296頁。

《楚辭・東方朔〈七諫・怨世〉》："愉近習而蔽遠兮，孰知察其黑白。"東漢・王逸注："言君近諂諛，習而信之，蔽遠賢者，言不見用，誰當知己之清白，彼之貪濁也。"[1]

《楚辭・東方朔〈七諫・謬諫〉》："不論世而高舉兮，恐操行之不調。"東漢・王逸注："調，和也。言人不論世之貪濁，而高舉清白之行，恐不和於俗，而見憎於衆也。"[2]

《楚辭・東方朔〈七諫・怨世〉》："清泠泠而歍滅兮，溷湛湛而日多。"東漢・王逸注："清泠泠，以喻潔白，歍，盡也。滅，消也。溷湛湛，喻貪濁也。言泠泠清潔之士，盡棄銷滅，不見論用；貪濁之人，進在顯位，日以盛多。"[3]

《楚辭・東方朔〈七諫・怨世〉》："服清白以逍遙兮，偏與乎玄英異色。"東漢・王逸注："玄英，純黑也，以喻貪濁。言己被服芬香，履修清白，偏與貪濁者異行，不可同趣也。"[4]

《楚辭・惜誓》："方世俗之幽昏兮，眩白黑之美惡。"東漢・王逸注："幽昏，不明也。眩，惑也。言方今之世，君臣不明，惑於貪濁，眩於白黑，不能知人善惡之情也。"[5]

《楚辭・嚴忌〈哀時命〉》："身既不容於濁世兮，不知進退之宜當。"東漢・王逸注："言己執貞潔之行，不能自入貪濁之世，愁不知進止之宜，當何所行者也。"[6]

《楚辭・劉向〈九嘆・怨思〉》："時溷濁猶未清兮，世殽亂猶未察。"東漢・王逸注："察，明也。言時世貪濁，善惡殽亂，尚未清明也。"[7]

《楚辭・劉向〈九嘆・惜賢〉》："撥諂諛而匡邪兮，切澆洿之流俗。"東漢・王逸注："切，猶梁也。澆洿，垢濁也。言己如得進用，則治讒諛之人，正其邪偽，梁貪濁之俗，使之清净也。"[8]

---

[1] 洪興祖：《楚辭補注》，第 246 頁。
[2] 洪興祖：《楚辭補注》，第 253 頁。
[3] 洪興祖：《楚辭補注》，第 243 頁。
[4] 洪興祖：《楚辭補注》，第 244 頁。
[5] 洪興祖：《楚辭補注》，第 230 頁。
[6] 洪興祖：《楚辭補注》，第 261 頁。
[7] 洪興祖：《楚辭補注》，第 291 頁。
[8] 洪興祖：《楚辭補注》，第 296 頁。

托 配

“托配”，托附伴隨。《漢語大詞典》失收此義。

> 【托配】托附婚配。《後漢書·皇后紀上·和熹鄧皇后》：“和帝葬後，宮人並歸園，太后賜周、馮貴人策曰：‘朕與貴人托配後庭，共歡等列，十有餘年。’”（羅竹風主編《漢語大詞典》第十一卷，第43頁）

東漢·王逸《楚辭》注中有“托附伴隨”義的“托配”用例，此“托配”與婚配無關。

東漢·王逸《楚辭·遠游章句序》：“遠游者，屈原之所作也。屈原履方直之行，不容於世。上爲讒佞所譖毀，下爲俗人所困極，章皇山澤，無所告訴。乃深惟元一，修執恬漠。思欲濟世，則意中憤然，文采鋪發，遂叙妙思，托配仙人，與俱游戲，周歷天地，無所不到。然猶懷念楚國，思慕舊故，忠信之篤，仁義之厚也。是以君子珍重其志，而瑋其辭焉。”〔1〕

行 度

“行度”，品行，有關道德的行爲。《漢語大詞典》失收此義。

> 【行度】❶執法。《管子·問》：“令守法之官曰：‘行度必明，毋失經常。’”王念孫《讀書雜志·管子五》：“行度，行法度也。”❷運行的度數。《春秋·隱公三年》：“王二月己巳，日有食之。”晉·杜預注：“日月動物，雖行度有大量，不能不小有盈縮，故有雖交會而不食者，或有頻交而食者。”《隋書·天文志上》：“馬季長創謂璣衡爲渾天儀。鄭玄亦云：‘其轉運者爲璣，其持正者爲衡，皆以玉爲之。七政者，日月五星也。以璣衡視其行度，以觀天意也。’”宋·文瑩《湘山野錄》卷上：“臣尋推得王星自閏五月二十五日，近太陽行度。”清·周亮工《書影》卷九：“日每行不及天一度，月每行不及天二十九度半，此一

---

〔1〕 洪興祖：《楚辭補注》，第163頁。

日行度之差也。"（羅竹風主編《漢語大詞典》第三卷，第 902 頁）

　　東漢·王逸《楚辭章句》多有"品行"義之"行度"用例。此用法少見於其他古籍，大抵是王逸自造語詞。

　　《楚辭·離騷》："和調度以自娛兮，聊浮游而求女。"東漢·王逸注："言我雖不見用，猶和調己之行度，執守忠貞，以自娛樂，且徐徐浮游，以求同志也。"〔1〕

　　《楚辭·九歌·大司命》："折疏麻兮瑤華，將以遺兮離居。"東漢·王逸注："疏麻，神麻也。瑤華，玉華也。離居，謂隱者也。言己雖出陰入陽，涉歷殊方，猶思離居隱士，將折神麻，采玉華，以遺與之。明己行度如玉，不以苦樂易其志也。"〔2〕

　　《楚辭·九章·惜誦》："行不群以巔越兮，又衆兆之所咍。"東漢·王逸注："巔，殞。越，墜。咍，笑也。楚人謂相嗤笑曰咍。言己行度不合於俗，身以巔墜，又爲人之所笑也。"〔3〕

　　《楚辭·九章·涉江》："被明月兮珮寶璐。"東漢·王逸注："在背曰被。寶璐，美玉也。言己背被明月之珠，要佩美玉，德寶兼備，行度清白也。"〔4〕

　　《楚辭·九章·抽思》："軫石崴嵬，蹇吾願兮。"東漢·王逸注："軫，方也。故曰：軫之方也，以象地。崴嵬，崔巍，高貌也。言雖放弃，執履忠信，志如方石，終不可轉，行度益高，我常願之也。"〔5〕

　　《楚辭·九章·懷沙》："邑犬之群吠兮，吠所怪也。"東漢·王逸注："言邑里之犬，群而吠者，怪非常之人而噪之也。以言俗人群聚毀賢智者，亦以其行度異，故群而謗之也。"〔6〕

　　《楚辭·九章·惜往日》："情冤見之日明兮，如列宿之錯置。"東漢·王逸注："行度清白，皎如素也。皇天羅宿，有度數也。"〔7〕

　　《楚辭·九章·橘頌》："獨立不遷，豈不可喜兮？"東漢·王逸注："屈原言己之行度，獨立堅固，不可遷徙，誠可喜也。"〔8〕

　　《楚辭·九辯》："諒無怨於天下兮，心焉取此怵惕？"東漢·王逸注："己之

---

〔1〕　洪興祖：《楚辭補注》，第 42 頁。
〔2〕　洪興祖：《楚辭補注》，第 70 頁。
〔3〕　洪興祖：《楚辭補注》，第 123 頁。
〔4〕　洪興祖：《楚辭補注》，第 128 頁。
〔5〕　洪興祖：《楚辭補注》，第 140 頁。
〔6〕　洪興祖：《楚辭補注》，第 143 頁。
〔7〕　洪興祖：《楚辭補注》，第 152 頁。
〔8〕　洪興祖：《楚辭補注》，第 154 頁。

行度，信無尤也。內省審己，無畏懼也。"〔1〕

《楚辭·劉向〈九嘆·遠逝〉》："躬純粹而罔愆兮，承皇考之妙儀。"東漢·王逸注："儀，法也。言己行度純粹而無過失，上以承美先父高妙之法，不敢解也。"〔2〕

整 飭

"整飭"本義爲動詞，整理、整治、使有條理。整理、整治的結果爲整齊有序，故有此引申義。《漢語大詞典》此目以形容詞"整齊有序"爲第一義項，"整治，使有條理"爲第二義項，不當。

【整飭】❶整齊有序。晋·張華《游獵篇》："輿徒既整飭，容服麗且妍。"清·魏源《聖武記》卷十四："夫水師整飭，而外洋無庇販之人，繡衣四出，黥面令行，而內地無嘗試之犯，如是而煙不絶者，無是理也。"郭沫若《洪波曲》第八章六："內部工作極有條理，衛生勤務非常整飭。"❷整治，使有條理。《三國志·蜀志·許靖傳》："知足下忠義奮發，整飭元戎，西迎大駕，巡省中嶽。"清·劉大櫆《湖南按察司副使朱君墓志銘》："踰年，改授刑部湖廣司員外郎，命往盛京整飭部務。"魯迅《野草·失掉的好地獄》："當鬼魂們一齊歡呼時，人類的整飭地獄使者已臨地獄，坐在中央，用了人類的威嚴，叱吒一切鬼衆。"❸端莊，嚴謹。《新唐書·吕諲傳》："少力於學，志行整飭。"宋·司馬光《禮部尚書張公墓志銘》："然爲人莊重，雖家居常自整飭，衣冠不具，不以見子孫，與語或至夜分，不命之坐。"清·俞樾《茶香室三鈔·龍伯高》："人知龍伯高爲整飭之士，不知其後乃成仙。"（羅竹風主編《漢語大詞典》第五卷，第517頁）

動詞"整飭"用例早見於漢代文獻。

《楚辭·九章·悲回風》："撫珮袵以案志兮，超惘惘而遂行。"東漢·王逸注："整飭衣裳，自寬慰也。"〔3〕

---

〔1〕 洪興祖：《楚辭補注》，第195頁。
〔2〕 洪興祖：《楚辭補注》，第293—294頁。
〔3〕 洪興祖：《楚辭補注》，第158頁。

東漢李尤《鏡銘》：“鑄銅爲鑑，整飭容顔。修爾法則，正爾衣冠。”[1]

東漢應劭《漢官儀》引張衡云：“明帝更司馬、司空府，欲復更太尉府。時公南陽趙熹也。西曹椽安衆鄭均，素好名節，曰爲朝廷新造北宫，整飭官寺，旱魃爲虐，民不堪命。”[2]

執　持

“執持”有堅持義。《漢語大詞典》失收此義項。

《漢語大詞典》“執持”目：

> 【執持】❶握持；掌握；控制。《漢書·外戚傳下·孝成許皇后》：“諸侯拘迫漢制，牧相執持之也。”宋·程大昌《演繁露·古爵羽觴》：“蓋通身全是一爵也，惟右偏著耳，以便執持，如屈卮然。”魯迅《墳·文化偏至論》：“人必發揮自性，而脱觀念世界之執持。”❷操守。《明史·唐胄傳》：“胄耿介孝友，好學多著述，立朝有執持，爲嶺南人士之冠。”清·王士禎《池北偶談·談獻四·王東皋》：“湯陰王東皋，官文選郎中，清介有執持，爲本朝吏部第一。”❸指所堅持的觀念見解。明·沈德符《野獲編·内閣三·大臣被論》：“又彈李晉江諸疏，往往指其學問之僻，執持之拗，全是王介甫。”亦謂拘泥，固執。魯迅《集外集拾遺補編·擬播布美術意見書》：“沾沾於用，甚嫌執持。”（羅竹風主編《漢語大詞典》第二卷，第1135頁）

“執持”的堅持義當爲第一義項“握持；掌握；控制”的引申。

《楚辭·離騷》：“擥木根以結茝兮，貫薜荔之落蕊。”東漢·王逸注：“貫，累也。薜荔，香草也，緣木而生。蕊，實也。累香草之實，執持忠信貌也。言己施行，常擥木引堅，據持根本，又貫累香草之實，執持忠信，不爲華飾之行也。”[3]

《楚辭·劉向〈九嘆·思古〉》：“操繩墨而放棄兮，傾容幸而侍側。”東漢·王逸注：“側，旁也。言賢者執持法度而見放棄，傾頭容身讒諛之人，反得親近

---

〔1〕 嚴可均校輯：《全上古三代秦漢三國六朝文》，第751頁。

〔2〕 嚴可均校輯：《全上古三代秦漢三國六朝文》，第660頁。

〔3〕 洪興祖：《楚辭補注》，第12—13頁。

侍於旁側也。"〔1〕

《漢書·張湯傳》:"湯客田甲雖賈人,有賢操。"唐·顏師古注:"操謂所執持之志行也。"〔2〕

---

〔1〕 洪興祖:《楚辭補注》,第 308 頁。
〔2〕 班固:《漢書》,第 2643 頁。

提前書證

白　蒿

"白蒿"，草本植物名。《漢語大詞典》首引三國・吴・陸璣《毛詩草木鳥獸蟲魚疏》，書證滯後。

> 【白蒿】草本植物名。一名艾蒿，俗呼蓬蒿。《詩・召南・采蘩》"于以采蘩，于沼于沚。"三國・吴・陸璣疏："蘩，皤蒿，凡艾白色爲皤蒿。今白蒿春始生，及秋香美可生食，又可蒸食。一名游胡，北海人謂之旁勃。"《太平御覽》卷九九七引《神仙服食經》："十一月採彭敦。彭敦，白蒿也。兔食之，壽八百歲。"明・李時珍《本草綱目・草四・白蒿》："白蒿處處有之。有水陸二種。"（羅竹風主編《漢語大詞典》第八卷，第 201 頁）

"白蒿"早見於東漢・王逸《楚辭章句》。

《楚辭・離騷》："户服艾以盈要兮，謂幽蘭其不可佩。"東漢・王逸注："艾，白蒿也。盈，滿也。或言艾非芳草也。一名冰臺。言楚國户服白蒿，滿其要帶，以爲芬芳，反謂幽蘭臭惡，爲不可佩也。以言君親愛讒佞，憎遠忠直，而不肯近也。其，一作兮，一作之。"[1]

---

〔1〕 洪興祖：《楚辭補注》，第 36 頁。

白 鷺

《漢語大詞典》未收此目。王鍈《〈漢語大詞典〉商補》"立目商補"一章云：

> 　　【白鷺】卷八第 218 頁收"白鷺簔""白鷺縗"而未收此目。按，
> "白鷺"作爲鳥名，古今常見。《爾雅·釋鳥》："鷺，春鋤。"晋·郭璞
> 注："白鷺也。"唐·杜甫《絶句四首》之二："兩個黄鸝鳴翠柳，一行
> 白鷺上青天。"[1]

　　王書引晋·郭璞《爾雅注》，書證滯後。

　　三國·吳·陸璣《毛詩草木鳥獸蟲魚疏·值其鷺羽》："鷺，水鳥也，好而潔白，故謂之白鳥。齊、魯之間謂之春鉏，遼東、樂浪、吳揚人皆謂之白鷺。大小如鴟，青脚，高尺七八寸，尾如鷹尾，喙長三寸許，頭上有毛十數枚，長尺餘，氄氄然，與衆毛異，甚好，將欲取魚時則弭之。今吳人亦養焉。好群飛鳴。楚威王時，有朱鷺合沓飛翔而來舞。則復有赤者，舊鼓吹《朱鷺曲》，是也。然則鳥名白鷺，赤者少耳。此舞所持，持其白羽也。"[2]

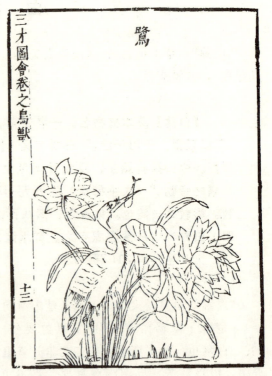

　　白鷺是江南一種常见的水鳥。此鳥體態優雅，行動飄逸，尤爲文人雅士所鍾愛，每見於詩賦。除中古注釋文獻中的用例外，"白鷺"還見於更早的兩漢辭賦。

---

〔1〕 王鍈：《〈漢語大詞典〉商補》，第 19 頁。

〔2〕 陸璣：《毛詩草木鳥獸蟲魚疏及其他三種》，第 46—47 頁。

漢·枚乘《七發》："溷章白鷺,孔鳥鶤鵠,鵷鶵鵁鶄,翠鬣紫纓。"[1] 又:"衍溢漂疾,波涌而濤起。其始起也,洪淋淋焉,若白鷺之下翔。"[2]

漢·班固《西都賦》:"鳥則玄鶴白鷺,黃鵠鵁鶄。鶬鴰鴇鶃,鳬鷖鴻鴈。朝發河海,夕宿江漢。沈浮往來,雲集霧散。"[3]

伴 侶

"伴侶",伙伴。《漢語大詞典》此目第一義項"同伴;伙伴"首例引僧伽斯那撰,蕭齊·求那毗地譯《百喻經》,書證滯後。

【伴侶】❶同伴;伙伴。《百喻經·伎兒著戲羅刹服共相驚怖喻》:"時行伴中從睡寤者,卒見火邊有一羅刹……一切伴侶悉皆逃奔。"宋·楊萬里《歸路過南溪橋》詩:"童子隔溪呼伴侶,併驅水牯過溪來。"葉聖陶《倪煥之》一:"等候在前頭的,是志同道合的伴侶。"❷指夫妻或夫妻中的一方。茅盾《創造》:"他要研究各種學問,他要我找一個理想的女子做生活中的伴侶。"巴金《滅亡》第三章:"他想這就是她的終身伴侶了。"如:結爲伴侶。❸古曲名。傳爲北齊後主高緯所作,音極哀怨。《舊唐書·音樂志一》:"齊將亡也,而爲《伴侶曲》。"又:"今《玉樹》《伴侶》之曲,其聲具存。"宋·司馬光《和范景仁縑氏別後見寄求決樂議》:"唐民聽《伴侶》,不復含悲酸。"《文獻通考·樂十五》:"〔北齊〕後主亦自能度曲……別採新聲,爲《無愁》《伴侶》曲,音韻窈窕,極於哀思。使胡兒、閹宦輩齊唱和之,曲終樂闋,莫不隕涕。"(羅竹風主編《漢語大詞典》第一卷,第1280頁)

《百喻經》四卷(或作五卷),舊題《百句譬喻經》,爲五世紀印度僧伽斯那所集,是一部用寓言申說教誡的佛教著作。中國佛教協會編《中國佛教》(第四輯):"本書(《百喻經》)譯者求那毗地,中印度人,是僧伽斯那的弟子。聰慧強記,能誦大小乘經十餘萬言。僧伽斯那所集百喻,他悉皆誦習,並深明其意義旨趣。他於南齊建元初(479)來建業,住毗離耶寺,永明十年(492)九月十

---

[1] 蕭統編:《文選》,第1565頁。
[2] 蕭統編:《文選》,第1570頁。
[3] 蕭統編:《文選》,第21頁。

日譯出此書。"[1]

"伴侶"早見於東漢·王逸《楚辭章句》。

《楚辭·九章·惜誦》："衆駭遽以離心兮，又何以爲此伴也。"東漢·王逸注："伴，侶也。言己見衆人易移，意中驚駭，遂離己心，獨行忠直，身無伴侶，特立于世也。"[2]

薄　地

《漢語大詞典》未收"薄地"。王鍈《〈漢語大詞典〉商補》"立目商補"一章云：

【薄地】卷九第 573 頁"薄"字下有"薄田"而未收此目。按，"薄地"與"薄田"均屬古今常用詞，義爲貧瘠的土地。《金史·食貨志二》："然女直人户自鄉裏三四千里移來，盡得薄地，若不拘刷良田給之，久必貧乏。"《紅樓夢》第五十六回："一年四百兩，二年八百兩，取租的房子也能看得幾間，薄地也可添幾畝。"《人民日報》1995年1月5日："素雲説的那塊'薄地'，是倪家最差的責任田，離家少説也有五六里遠。"[3]

漢語大詞典編纂處整合歷年有關《漢語大詞典》的專著、論文，充分吸收學界研究成果，結合編纂處多年來積累的材料，對《漢語大詞典》進行補訂，於 2010 年編成並出版了《漢語大詞典訂補》。該詞典收詞三萬多條，分爲新增條目、訂訛條目、補義條目和補證條目四大類，解決了大量收詞立義缺陷、書證晚出、注音未當、體例不一、編印錯誤等問題，爲全面修訂《漢大》打好了基礎。漢語大詞典編纂處顯然注意到了王鍈的《〈漢語大詞典〉商補》，在這次補訂中新增"薄地"一條，照單全收了王鍈的上述論述。

【薄地】同"薄田"。《金史·食貨志二》："然女直人户自鄉土三四千里移來，盡得薄地，若不拘刷良田給之，久必貧乏。"脂评本《紅

---

[1]　中國佛教協會編：《中國佛教》(第四輯)，第 9 頁。

[2]　洪興祖：《楚辭補注》，第 125 頁。

[3]　王鍈：《〈漢語大詞典〉商補》，第 22 頁。

樓夢》第五六回：“一年四百兩，二年八百兩，取租的房子也能看得幾間，薄地也可添幾畝。”《人民日報》1995. 1. 5：“素雲説的那塊‘薄地’，是倪家最差的責任田，離家少説也有五六里遠。”〔1〕

“薄地”義爲土壤貧瘠、不肥沃的田地。與“薄田”同爲古今常用詞。但王氏所舉書證，首列元人所修《金史》中金世宗完顔雍（1123—1189）語，則嫌太晚。

《齊民要術》大約成書於公元六世紀三十年代至四十年代初之間，在該書中已有不少“薄地”的用例。

北魏·賈思勰《齊民要術·種穀》：“良地一畝，用子五升，薄地三升。”〔2〕

北魏·賈思勰《齊民要術·種秫》：“粱秫並欲薄地而稀，一畝用子三升半。”原注：“地良多雉尾，苗稠穗不成。”〔3〕

北魏·賈思勰《齊民要術·種葱》：“一畝用子四五升。”原注：“良田五升，薄地四升。”〔4〕

北魏·賈思勰《齊民要術·種榆白楊》：“又種榆法：其於地畔種者，致雀損穀；既非叢林，率多曲戾。不如割地一方種之。其白土薄地不宜五穀者，唯宜榆及白榆。”〔5〕

賈氏《齊民要術》及其自注中的書證比《金史》早了六百餘年。

卑　順

“卑順”为謙卑順从之义。《漢語大詞典》此目書證首引唐文，滯後。

【卑順】謙恭馴順。唐·元稹《南陽郡王贈某官碑文銘》：“自是南陽王勳名顯於代，性卑順不伐。”《東周列國志》第十四回：“惟雍廩再三稽首，謝往日争道之罪，極其卑順。”曹禺《王昭君》第三幕：“他們遇了難就卑順，得了勢就驕橫。”（羅竹風主編《漢語大詞典》第一卷，第873—874頁）

---

〔1〕　漢語大詞典編纂處編：《漢語大詞典訂補》，第1082頁。
〔2〕　繆啓愉：《齊民要術校釋》，第65頁。
〔3〕　繆啓愉：《齊民要術校釋》，第107頁。
〔4〕　繆啓愉：《齊民要術校釋》，第199頁。
〔5〕　繆啓愉：《齊民要術校釋》，第341頁。

《漢語大詞典》引證過晚。中古時期就有零星"卑順"用例。

《漢書·匈奴傳下》："今聖德廣被，天覆匈奴，匈奴得蒙全活之恩，稽首來臣。夫夷狄之情，困則卑順，彊則驕逆，天性然也。"[1]

中古佛教譯經中也有用例。

後漢·支曜譯《佛說成具光明定意經》："十八者，無自專之心，常以卑順，勑誡其身，令如正法。"（卷1，15，p. 457，c4-5）

但值得注意的是，"卑順"一詞在中古時期的其他用例，幾乎都出現在了西晉·竺法護及其助手聶承遠的譯經中。

西晉·竺法護譯《佛說如來興顯經》："除去自大，身常卑順，則無所畏。"（卷1，10，p. 592，c27-28）

西晉·竺法護譯《度世品經》："菩薩興發諸佛經道，平等清和，順善親友。所因發心，不懷疑結。尊敬經典，不當念異，法于餘業，唯當恭恪，謙下卑順，一切所有，施無所悋，漸近道法。"（卷2，10，p. 629，b22-25）

西晉·竺法護譯《郁迦羅越問菩薩行經·上士品第一》："居家菩薩，若見須陀洹、斯陀含、阿那含、阿羅漢、辟支佛，若弟子若凡人，皆當敬侍，瞻待如禮，卑順遜言，不爲狐疑。"（卷1，12，p. 23，c6-8）

西晉·竺法護譯《佛說決定總持經》："以若干種諸所供具，奉養法師，篤信三寶。常懷恭敬，謙遜卑順。未曾懈厭，常行精進。"（卷1，17，p. 772，c14-16）

西晉·聶承遠譯《佛說超日明三昧經》："若見道迹，往來不還，無著緣覺世尊菩薩，等心供養，謙遜卑順，不以憍慢，爲見聖衆。"（卷1，15，p. 536，b29-c2）

竺法護在譯經過程中，都有助手爲之執筆詳校。其中居士聶承遠是其最得力的助手，曾作爲"筆受"在多個題記中留名。梁·釋慧皎《高僧傳》載："時有清信士聶承遠，明解有才，篤志務法。護公出經，多參正文句。《超日明經》初譯，頗多煩重，承遠刪正，得今行二卷。其所詳定，類皆如此。"[2] 由於譯經不易，譯師有助手相助是當時通例。《高僧傳》："然夷夏不同，音韻殊隔，自非精括詁訓，領會良難。屬有支謙、聶承遠、竺佛念、釋寶雲、竺叔蘭、無羅叉等。並妙善梵漢之音，故能盡翻譯之致。一言三復，詞旨分明，然後更用此土宮商，飾以成製。論云。'隨方俗語，能示正義。於正義中，置隨義語。'蓋斯

---

[1] 班固：《漢書》，第3803—3804頁。
[2] 釋慧皎：《高僧傳》，第24頁。

謂也。"[1]

　　爲什麼"卑順"的用例會集中出現在竺法護和聶承遠的譯經中呢？這應當與當時流行的談玄風氣是直接相關的。魏晋玄學思潮興起，談《易》《老》《莊》"三玄"成風。名士王弼是早期玄學"正始之音"的代表人物。王氏用以老解儒的方法注《周易》，摒棄漢時傳統的象數，專說義理，開《易》學義理派的先河。在王弼《周易》注中，也有"卑順"的三個用例。

　　《易·坤》："《象》曰：至哉坤元，萬物資生，乃順承天。坤厚載物，德合無疆。含弘光大，品物咸亨。牝馬地類，行地無疆。"三國·魏·王弼注："地之所以得無疆者，以卑順行之故也。乾以龍御天，坤以馬行地。"[2]

　　《易·坤》："上六：龍戰于野，其血玄黃。"三國·魏·王弼注："陰之爲道，卑順不盈，乃全其美，盛而不已，固陽之地，陽所不堪，故戰于野。"[3]

　　《易·渙》："六四：渙其群，元吉。渙有丘，匪夷所思。"三國·魏·王弼注："逾乎險難，得位體巽，與五合志，內掌機密，外宣化命者也，故能散群之險，以光其道。然處於卑順，不可自專，而爲散之任，猶有丘虛匪夷之慮，雖得元吉，所思不可忘也。"[4]

　　"卑順"義爲謙卑順從，不難理解。但王弼《周易》注中的"卑順"，有其獨特的易學含義。

　　先說"卑"。首先，地和坤卦的屬性是"卑"。《易·繫辭上》："天尊地卑，乾坤定矣。卑高以陳，貴賤位矣。"其次，二、四兩爻是陰位，陰位的屬性也是"卑"。《易·說卦》："兼三才而兩之，故《易》六畫而成卦。分陰分陽，迭用柔剛，故《易》六位而成章。"王弼的"爻位說"據此認爲：一卦之六爻亦有陰陽尊卑之別，二、四爻爲陰位，三、五爻爲陽位，陽尊陰卑；初、上無陰陽定位，乃爲終始。六爻以成卦體，故謂六位時成。王弼《周易略例·辯位》："位有尊卑，爻有陰陽。尊者，陽之所處；卑者，陰之所履也。故以尊爲陽位，卑爲陰位。"[5]

　　再說"順"。首先，"順"也是坤卦的屬性，即所謂坤卦之德。《易·坤·文言》："坤道其順乎？承天而時行。"《易·說卦》："坤，順也。"其次，"順"是陰爻的屬性。"順以巽"是柔順而服從之義，在《蒙》六五、《家人》六二及《漸》六四《小象》中三見，解釋卦中陰爻對陽爻的順承關係，寓陰柔者順從陽剛者

〔1〕　釋慧皎：《高僧傳》，第141頁。
〔2〕　樓宇烈：《王弼集校釋》，第226頁。
〔3〕　樓宇烈：《王弼集校釋》，第228頁。
〔4〕　樓宇烈：《王弼集校釋》，第509頁。
〔5〕　樓宇烈：《王弼集校釋》，第613頁。

則得吉之理。

從"卑順"一詞可以看出，竺法護、聶承遠二譯師與王弼在個人語言風格上存在着一定的相似之處。當然，竺、聶二譯師所用的"卑順"已經没有什麽易學含義了。從晉武帝泰始二年到晉懷帝永嘉二年（266—308），四十餘年中竺法護共譯出了一百五十餘部經論[1]，而這個時期也正是王弼《易》學行世之時[2]，所以二譯師在用詞上可能承襲了王氏，反映了當時譯經好以儒道外典比附佛理的風氣。

背　違

"背違"，背逆違反。《漢語大詞典》此目首例引三國魏文帝曹丕文，書證滯後。

> 【背違】背逆違反。三國·魏·曹丕《禁母后預政詔》："以此詔傳後世，若有背違，天下共誅之。"《後漢書·公孫瓚傳》："忝辱爵命，背違人主，紹罪二也。"宋朱弁《曲洧舊聞》卷五："子厚作相，美叔見其施設大與在金山時所言背違，因進謁力諫之。"章炳麟《四惑論》："其不以是利人，誠凉薄寡恩矣，然而不得以背違公理責之。"（羅竹風主編《漢語大詞典》第六卷，第 1229 頁）

"背違"的最早用例見於東漢·王逸《楚辭》注。

《楚辭·離騷》："固時俗之工巧兮，偭規矩而改錯。"東漢·王逸注："偭，背也。圓曰規，方曰矩。改，更也。錯，置也。言今世之工，才知强巧，背去規矩，更造方圓，必失堅固、敗材木也。以言佞臣巧於言語，背違先聖之法，以意妄造，必亂政治、危君國也。"[3]

《楚辭·東方朔〈七諫·怨世〉》："改前聖之法度兮，喜囁嚅而妄作。"東漢·王逸注："囁嚅，小語謀私貌也。言小人在位，以其愚心，改更先聖法

---

〔1〕　參呂澂：《竺法護》，載中國佛教協會編《中國佛教》（第二輯），第 14 頁。

〔2〕　王弼注《易》，排擊漢儒，自標新學，自西晉末年以來爲玄學家所好。唐·陸德明：《〈經典釋文〉序録》："永嘉之亂，施氏、梁丘之《易》亡，孟、京、費之《易》人無傳者，唯鄭康成、王輔嗣所注行於世，而王氏爲世所重。"（《經典釋文》，第 21 頁。）

〔3〕　洪興祖：《楚辭補注》，第 15 頁。

度，背違仁義，相與耳語謀利，而妄造虛僞以譖毀賢人也。"[1]

辟 惡

《漢語大詞典》此目第一個義項"祛除瘟病"首例引晉·袁宏《後漢紀》，書證滯後。

> 【辟惡】 (bì è) ❶祛除瘟病。晉·袁宏《後漢紀·獻帝紀一》："卓使郎中令王儒進酖於王，曰：'服藥可以辟惡。'王曰：'我無疾，是欲殺我爾。'"清·吳偉業《繭虎》詩："越巫辟惡鏤金勝，漢將擒生畫玉臺。"❷祛除惡氣。南朝·梁簡文帝《箏賦》："影入著衣鏡，裙含辟惡香。"南朝·陳·徐陵《〈玉臺新詠〉序》："高樓紅粉，仍定魯魚之文；辟惡生香，聊防羽陵之蠹。"唐·陸龜蒙《采藥賦》："南國佳人，佩生香辟惡。"❸祛邪避災。晉·葛洪《神仙傳·老子》："所出度世之法：丸丹八石，金醴金液，次存玄素，守一思神，歷藏行氣，鍊形消災，辟惡治鬼，養性絶穀，變化厭勝，教戒役使鬼魅之法，凡九百三十卷，符書七十卷，皆《老子本起·中篇》所記者也。"（羅竹風主編《漢語大詞典》第十一卷，第 488 頁）

"祛除瘟病"義的"辟惡"已見於郭璞《山海經》注。東晉·袁宏（約 328—約 376）比郭璞（276—324）晚半個世紀。

《山海經·西山經》："其中有流赭，以塗牛馬無病。"晉·郭璞注："今人亦以朱塗牛角，云以辟惡。馬或作角。"[2]

比 鄰

《漢語大詞典》此目第二個義項"相鄰而居"首例引清詩，書證太滯後。

> 【比鄰】亦作"比隣"。❶鄉鄰，鄰居。《漢書·孫寶傳》："後署

---

[1] 洪興祖：《楚辭補注》，第 246 頁。
[2] 袁珂：《山海經校注》（最終修訂版），第 22 頁。

寶主簿，寶徙入舍，祭灶請比鄰。”晋・陶潛《雜詩》之一：“得歡當
作樂，斗酒聚比鄰。”唐・杜甫《兵車行》：“生女猶得嫁比鄰，生男埋
没隨百草。”清・陳康祺《郎潛紀聞》卷三：“翁文端公年二十四時，
猶一貧諸生也。其祀灶詩有云：‘微禄但能邀主簿，濁醪何惜請比
鄰。’”❷相鄰而居。清・王應奎《柳南隨筆》卷四：“〔周青士〕工詩
好客，與朱彝尊、李良年、鍾淵映比鄰相善。”（羅竹風主編《漢語大
詞典》第五卷，第 269 頁）

“比鄰”之“相鄰而居”義已見於東漢・王逸《楚辭章句》。

《楚辭・離騷》：“合百草兮實庭，建芳馨兮廡門。”東漢・王逸注：“馨，香
之遠聞者，積之以爲門廡也。屈原生遭濁世，憂愁困極，意欲隨從鬼神，築室
水中，與湘夫人比鄰而處。然猶積聚衆芳以爲殿堂，修飾彌盛，行善彌
高也。”[1]

別　名

“別名”，別稱，正式名稱以外的名稱。《漢語大詞典》此目首例引北魏・酈
道元《水經注》，書證滯後。

【別名】❶正名以外的名字；異名。北魏・酈道元《水經注・河
水三》：“增山者，上郡之别名也。”唐・劉知幾《史通・六家》：“《乘》
與《紀年》、《檮杌》，其皆《春秋》之别名者乎？”清・葉廷琯《吹網
録・盧鴻之名下無一字》：“閻潛邱箋注引《歷代名畫記》：盧鴻，一名
浩然。則盧實衹名鴻，且鴻又有别名。”瞿秋白《論文學革命及語言文
字問題・學閥萬歲》：“一種是大減價的自由主義，别名叫做淺薄的人
道主義。”❷《荀子》中的邏輯術語。荀況把概念的基本屬種關係相對
地分爲“共名”和“别名”兩級。“共名”相當於屬概念，“别名”相
當於種概念。（羅竹風主編《漢語大詞典》第二卷，第 625—626 頁）

“別名”早見於東漢・王逸《楚辭章句》。

《楚辭・離騷》：“馭玉虬以桀鷖兮，溘埃風余上征。”東漢・王逸注：“有角

---

〔1〕 洪興祖：《楚辭補注》，第 25—26 頁。

曰龍，無角曰虬。鷟，鳳皇別名也。《山海經》云：鷟身有五采，而文如鳳。鳳類也，以爲車飾。"[1]

《楚辭·天問》："雄虺九首，儵忽焉在?"東漢·王逸注："虺，蛇別名也。儵忽，電光也。言有雄虺，一身九頭，速及電光，皆何所在乎?"[2]

《楚辭·劉向〈九嘆·離世〉》："淩黃沱而下低兮，思還流而復反。"東漢·王逸注："黃沱，江別名也。江別爲沱也。"[3]

《楚辭·王逸〈九思·遭厄〉》："越雲漢兮南濟，秣余馬兮河鼓。"佚名注："河鼓，牽牛別名。"[4]

鬢髮（鬢髮）

《漢語大詞典》"鬢髮"條首引書證爲晋·左思《嬌女》詩，嫌晚。

> 【鬢髮】亦作"鬓髮""鬢髮""鬢髮"。鬢角的頭髮。晋·左思《嬌女》詩："鬢髮覆廣額，雙耳似連璧。"唐·杜甫《送重表侄王砅評事使南海》詩："入恠鬢髮空，吁嗟爲之久。"清·方拱乾《晤林茂之時年八十五矣》詩："嗟予隨杖履，鬓髮已如絲。"清·金漸皐《秦淮女郎卞雲裝比來湖上》詩之三："秋思潘郎驚鬓髮，夜情白傅感京華。"《紅樓夢》第九四回："黛玉略自照了一照鏡子，掠了一掠鬢髮。"郭小川《他們下山開會去了》詩："十三年的春雪晨霜，染花了他們的鬢髮。"（羅竹風主編《漢語大詞典》第十二卷，第757頁）

> 【鬓髮】亦作"鬓髮"。見"鬢髮"。（羅竹風主編《漢語大詞典》第十二卷，第757頁）

"鬓"、"鬢"和"鬢"是"鬢"的異體字；"髮"是"髮"的異體字。"鬢髮"在中古早期的注釋語料中已有用例。

---

〔1〕 洪興祖：《楚辭補注》，第25—26頁。
〔2〕 洪興祖：《楚辭補注》，第94頁。
〔3〕 洪興祖：《楚辭補注》，第288頁。
〔4〕 洪興祖：《楚辭補注》，第321頁。

《禮記·檀弓下》："古之侵伐者，不斬祀，不殺厲，不獲二毛。"東漢·鄭玄注："獲謂係虜之。二毛，鬢髮斑白。"[1]

《春秋穀梁傳·文公十一年》："然則何爲不言獲也？曰，古者不重創，不禽二毛，故不言獲，爲内諱也。"晋·范甯注："不重創，恤病也。不禽二毛，敬老也。仁者造次必於是，顛沛必於是，故爲内諱也。既射其目，又斷其首，爲重創。鬢髮白爲二毛。"[2]

東漢的其他文獻中的書證還有：

東漢·張衡《七辯》："西施之徒，姿容脩嫮。弱顏迴植，姸夸閑暇。形似削成，腰如束素。蝤蠐之領，阿那宜顧。淑性窈窕，秀色美豔。鬢髮玄鬢，光可以鑒。"[3]

東漢·蔡邕《與人書（二）》："邕薄祜，早喪二親，年踰三十，髦髮二色，叔父親之，猶若幼童，居則侍坐，食則比豆。"[4]

東漢·劉熙《釋名·釋長幼》："九十曰'鮐背'，背有鮐文也。或曰'黃耉'，鬢髮變黃也；耉，垢也，皮色驪悴，恒如有垢也。"[5]

布　穀

布穀，即杜鵑鳥。《漢語大詞典》此目首引《後漢書》，書證滯後。

【布穀】又名勃姑、撥穀、穫穀、擊穀、結誥、鶻鵃、鳺鳩、桑鳩、郭公、戴勝、戴絍。以鳴聲似"布穀"，又鳴於播種時，故相傳爲勸耕之鳥。《後漢書·襄楷傳》："臣聞布穀鳴於孟夏，蟋蟀吟於始秋。"唐·杜甫《洗兵行》："田家望望惜雨乾，布穀處處催春種。"宋·陸游

布　谷

〔1〕《禮記正義》，第 1305 頁。
〔2〕《春秋穀梁傳注疏》，第 2408 頁。
〔3〕張震澤校注：《張衡詩文集校注》，第 299 頁。
〔4〕鄧安生編：《蔡邕集編年校注》，第 473 頁。
〔5〕任繼昉纂：《釋名匯校》，第 150—151 頁。

《夜聞蟋蟀》詩："布穀布穀解勸耕，蟋蟀蟋蟀能促織。"（羅竹風主編《漢語大詞典》第三卷，第682頁）

《後漢書·襄楷傳》的書證出自襄楷在漢桓帝延熹九年（166）所上奏疏。但不能確認南朝·宋·范曄（398—445）的引文是否是原文。"布穀"見於比《後漢書》早一百多年的郭璞（276—324）注釋作品中。

《爾雅·釋鳥》："鳲鳩，鴶鵴。"晋·郭璞注："今之布穀也，江東呼爲穫穀。"[1]

《山海經·西山經》："獸多猛豹，鳥多尸鳩。"晋·郭璞注："尸鳩，布穀類也；或曰鶌鵴也。"[2]

差　違

"差違"是中古時語。《漢語大詞典》從魯迅著作中引例，書證過晚。

【差（chà）違】差異，不同。魯迅《中國小説史略》第十五篇："以其用字造句，與繁本每有差違，若是删存，無煩改作也。"（羅竹風主編《漢語大詞典》第二卷，第977頁）

《漢書·古今人表序》："因兹以列九等之序，究極經傳，繼世相次，總備古今之略要云。"顏師古注引三國·魏·張晏曰："老子玄默，仲尼所師，雖不在聖，要爲大賢，文伯之母達於禮典，動爲聖人所歎，言爲後世所則，而在第四。田單以即墨孤城復強齊之大，魯連之博通，忽於榮利，藺子申威秦王，退讓廉頗，乃在第五。大姬巫怪，好祭鬼神，陳人化之，國多淫祀，寺人孟子達於大雅，以保其身，既被宮刑，怨刺而作，乃在第三。嫪毒上烝，昏亂禮度，惡不忍聞，乃在第七。其餘差違紛錯不少，略舉揚較，以起失謬。獨馳騖於數千歲之中，旁貫諸子，事業未究，而尋遇竇氏之難，使之然乎？"[3]

北魏·酈道元《水經注·河水一》："《外國圖》又云：從大晋國正西七萬里，得崑崙之墟，諸仙居之，數説不同。道阻且長，經記綿褫，水陸路殊，徑

---

[1] 《爾雅注疏》，第2648頁。

[2] 袁珂：《山海經校注》（最終修訂版），第25頁。

[3] 班固：《漢書》，第861—863頁。

復不同，淺見末聞，非所詳究，不能不聊述聞見，以志差違也。"〔1〕

"差違"表示差異、不同，同義連文，爲並列結構。

《説文·左部》："差，貳也。差不相值也。"清·段玉裁改爲："差，貸也。左不相值也。"注云："'貸'，各本作'貳'；'左'，各本作'差'，今正。貸者，忒之假借字。《心部》曰：'忒、失當也。'失當即所謂不相值也。"〔2〕故"差"由失當、差錯可引申出不相合、不相同之意。

《説文·辵部》："違，離也。從辵、韋聲。"〔3〕"違"之本義爲離開。由離開也可引申出不相合、不相同之意。

嘲　調

《漢語大詞典》"嘲調"目第一個義項"嘲弄調笑"轉引宋·許顗《彦周詩話》爲書證，太晚。

【嘲調】❶ (—tiáo) 嘲弄調笑。宋·胡仔《苕溪漁隱叢話後集·秦太虛》："許彦周《詩話》云：黃魯直愛與郭功甫戲謔嘲調。"明·何良俊《四友齋叢説·史七》："昔孫恩盧循廣中之寇數至京口，嘗貽宋武帝以益智粽，宋武帝以續命湯報之，用相嘲調。"❷ (—diào) 嘲諷的才情。南朝·梁·劉勰《文心雕龍·諧隱》："至魏文因俳説以著《笑書》，薛綜憑宴會而發嘲調。"（羅竹風主編《漢語大詞典》第三卷，第 505 頁）

早在中古注釋中已有"嘲調"用例。

《列子·仲尼》"鄭之圃澤多賢，東里多才。圃澤之役有伯豐子者，行過東里，遇鄧析。鄧析顧其徒而笑曰：'爲若舞，彼來者奚若？'"晉·張湛注："世或謂相嘲調爲舞弄也。"〔4〕

中古其他中土文獻中還有用例。

南朝·梁·鍾嶸《詩品》卷下："時謝惠連兼記室參軍，（區）惠恭時往共

〔1〕　陳橋驛：《水經注校證》，第 1 頁。
〔2〕　段玉裁：《説文解字注》，第 200 頁。
〔3〕　許慎：《説文解字》，第 41 頁。
〔4〕　楊伯峻：《列子集釋》，第 133—134 頁。

安陵嘲調。末作《雙枕詩》以示謝。"王叔岷注:"'嘲調'謂嘲笑調戲。"[1]
中古佛教譯經中也有不少用例。

北涼·曇無讖譯《大般涅槃經·師子吼菩薩品第十一》:"善男子,若有菩薩自言戒净,雖不與彼女人和合,見女人時或生嘲調言語戲笑,如是菩薩成就欲法毀破净戒,污辱梵行令戒雜穢,不得名爲净戒具足;復有菩薩自言戒净,雖不與彼女人身合嘲調戲笑,於壁障外遙聞女人瓔珞環釧種種諸聲心生愛著,如是菩薩成就欲法毀破净戒,污辱梵行令戒雜穢,不得名爲净戒具足;復有菩薩自言戒净,雖復不與女人和合言語嘲調聽其音聲,然見男子隨逐女時,或見女人隨逐男時,便生貪著,如是菩薩成就欲法毀破净戒,污辱梵行令戒雜穢,不得名爲净戒具足;復有菩薩自言戒净,雖復不與女人和合言語嘲調聽其音聲見男女相隨,然爲生天受五欲樂,如是菩薩成就欲法毀破净戒,污辱梵行令戒雜穢,不得名爲净戒具足。"(卷31,12,p. 549,a16-b3)

現存佛教音義書中最古之《玄應音義》早收有此目。唐·玄應《一切經音義》卷二:"嘲調:正字作啁,同。竹包反,下徒吊反。《蒼頡篇》云:啁,調也。謂相調戲也。經文有作譳,相承音藝,未詳何出。或作譺,五戒反。《字林》:欺調也,亦大調曰譺也。"[2]

沈　身

"沈身",本義爲投水自盡。《漢語大詞典》此目第一個義項兩例均引《後漢書》,書證滯後。

【沈身】❶謂以軀體沉於水中;投水自盡。《後漢書·梁竦傳》:"〔竦〕既徂南土,歷江湖,濟沅湘,感悼子胥、屈原以非辜沈身,乃作《悼騷賦》,繫玄石而沈之。"又《後漢書·班固傳下》:"昔卞和獻寶,以離斷趾,靈均納忠,終於沈身。"李賢注:"屈原,字靈均,納忠於楚,終不見信,自沈於汨羅之水而死。"❷沉滯。指長期不升遷。明·唐順之《丁近齋參政像贊》:"弱冠超遷,或快其早;龐眉作尉,或惜其遲。然駰(顏駰)也既沈身於郎署,而誼(賈誼)也竟墮讒於湘湄。"(羅竹風主編《漢語大詞典》第五卷,第997頁)

[1] 王叔岷:《鍾嶸詩品箋證稿》,第365—366頁。
[2] 徐時儀校注:《一切經音義三種校本合刊》,第51頁。

東漢·王逸《楚辭》注中有四個"沈身"的書證，比南朝·宋·范曄
（398—445）《後漢書》早三百餘年。

《楚辭·離騷》："長太息以掩涕兮，哀民生之多艱。"東漢·王逸注："艱，
難也。言己自傷所行不合於世，將效彭咸沈身於淵，乃太息長悲，哀念萬民受
命而生，遭遇多難，以隕其身。申生雉經，子胥沈江，是謂多難也。"〔1〕

《楚辭·九歌·湘夫人》："帝子降兮北渚，目眇眇兮愁予。"東漢·王逸注：
"眇眇，好貌。予，屈原自謂也。言堯二女儀德美好，眇然絕異，又配帝舜，而
乃没命水中。屈原自傷，不遭值堯、舜，而遇闇君，亦將沈身湘流，故曰愁
我也。"〔2〕

《楚辭·東方朔〈七諫·哀命〉》："測汨羅之湘水兮，知時固而不反。"東
漢·王逸注："汨水在長沙羅縣，下注湘水中。言己沈身汨水，終不還楚
國也。"〔3〕

《楚辭·東方朔〈七諫·哀命〉》："哀高丘之赤岸兮，遂没身而不反。"東
漢·王逸注："言己哀楚有高丘之山，其岸峻嶮，赤而有光明，傷無賢君，將以
阽危，故沈身於湘流而不還也。"〔4〕

斥　棄

"斥棄"，本義爲抛棄，引申爲臣子遭黜免。《漢語大詞典》此目兩個義項首
例均引唐人詩文，書證滯後。

　　【斥棄】❶抛棄。唐·韓愈《陸渾山火和皇甫湜用其韻》："斥棄
輿馬背厥孫，縮身潛喘拳肩跟。"唐·白行簡《李娃傳》："因令生斥棄
百慮以志學，俾夜作晝，孜孜矻矻。"宋·蘇轍《御試制策》："斥棄金
玉，不貴錦繡。"❷黜免。唐·柳宗元《宋清傳》："或斥棄沉廢，親與
交視之落然者，清不以迥遇其人，必與善藥如故。"（羅竹風主編《漢
語大詞典》第六卷，第1054頁）

---

〔1〕　洪興祖：《楚辭補注》，第13—14頁。
〔2〕　洪興祖：《楚辭補注》，第64—65頁。
〔3〕　洪興祖：《楚辭補注》，第251頁。
〔4〕　洪興祖：《楚辭補注》，第252頁。

"斥棄"早見於東漢·王逸《楚辭章句》。王注中的"斥棄"主要是臣子遭"黜免"之義，也可理解爲其本義"抛棄"。

《楚辭·離騷》："雖萎絶其亦何傷兮，哀衆芳之蕪穢。"東漢·王逸注："言己所種芳草，當刈未刈，蚤有霜雪，枝葉雖蚤萎病絶落，何能傷於我乎？哀惜衆芳摧折，枝葉蕪穢而不成也。以言己脩行忠信，冀君任用，而遂斥棄，則使衆賢志士失其所也。"〔1〕

《楚辭·離騷》："薋菉葹以盈室兮，判獨離而不服。"東漢·王逸注："判，别也。女嬃言衆人皆佩薋、菉、葹耳，爲讒佞之行，滿于朝廷，而獲富貴，汝獨服蘭蕙，守忠直，判然離别，不與衆同，故斥棄也。"〔2〕

東漢·王逸《〈招魂〉序》："宋玉憐哀屈原，忠而斥棄，愁懑山澤，魂魄放佚，厥命將落。"〔3〕

《楚辭·劉向〈九嘆·遠游〉》："旋車逝於崇山兮，奏虞舜於蒼梧。"東漢·王逸注："言己從崇山見驩兜，以佞故囚，至蒼梧告愬聖舜，己行忠直，而遇斥棄，冀蒙異謀也。"〔4〕

儔匹

《漢語大詞典》"儔匹"目第一義項"同伴"引宋人郭茂倩所編《樂府詩集》爲例，書證年代不明。

【儔匹】❶同伴，伴侶。《樂府詩集·雜曲歌辭二·傷歌行》："悲聲命儔匹，哀鳴傷我腸。"南朝·梁·何遜《贈族人秣陵兄弟》詩："羈旅無儔匹，形影自相親。"清·姚鼐《岳麓寺》詩："殿角兩鬣松，風雨失儔匹。"❷相比。唐·李嘉祐《送舍弟》詩："老兄鄙思難儔匹，令弟清詞堪比量。"明·田藝蘅《留青日札·嚴嵩》："二十年來，流毒華夷，蓋古今元惡巨奸罕與儔匹者也。"亦指可與相比者。唐·裴鉶《傳奇·崔煒》："田夫人淑德美麗，世無儔匹。"宋·曾鞏《祭歐陽少師文》："當代一人，顧無儔匹。"清·王韜《淞濱瑣話·盧雙月》："若

---

〔1〕 洪興祖：《楚辭補注》，第 11 頁。
〔2〕 洪興祖：《楚辭補注》，第 19—20 頁。
〔3〕 洪興祖：《楚辭補注》，第 197 頁。
〔4〕 洪興祖：《楚辭補注》，第 311 頁。

箇品格，遮莫蕊珠宫裏亦殆無儔匹。"（羅竹風主編《漢語大詞典》第
一卷，第 1710 頁）

《樂府詩集·雜曲歌辭二·傷歌行》是首樂府"古辭"，作者不詳。"《玉臺》
卷二作'魏明帝'，《文選》卷二七作'古辭'。"[1]
"儔匹"的最早用例見於東漢·王逸《楚辭》注。
《楚辭·九歌·湘君》："采芳洲兮杜若，將以遺兮下女。"東漢·王逸注：
"遺，與也。女，陰也。以喻臣，謂己之儔匹。言己願往芬芳絕異之洲，采取杜
若，以與貞正之人，思與同志，終不變更也。"[2]

泚

《漢語大詞典》誤把毛傳當成鄭箋。

> 【泚】〔cǐ 《廣韻》雌氏切，上紙，清。又千禮切，上薺，清。〕
> ❶鮮明貌。《詩·邶風·新臺》："新臺有泚，河水瀰瀰。"鄭玄箋：
> "泚，鮮明貌。"按，《說文·玉部》"玼"字下引《詩》："新臺有玼。"
> 馬瑞辰謂"泚"訓玉色鮮明，"泚"爲"玼"之假借。參閱馬瑞辰《毛
> 詩傳箋通釋·邶風·新臺》。❷冒汗；汗出貌。……（羅竹風主編《漢
> 語大詞典》第五卷，第 1141 頁）

"泚，鮮明貌"，是毛傳。鄭玄沒有對這個"泚"字做過箋注[3]。

摧 落

"摧落"，凋零、衰落。《漢語大詞典》此目第一義項"凋零；衰落"引西
晉·潘岳（247—300）《射雉賦》，書證滯後。

---

[1] 《樂府詩集》，第 897 頁。
[2] 洪興祖：《楚辭補注》，第 63—64 頁。
[3] 《毛詩正義》，第 311 頁。

【摧落】❶凋零；衰落。晋·潘岳《射雉賦》："毛體摧落，霍若碎錦。"唐·薛用弱《集異記補編·符契之》："俄造其居，屋宇摧落，園圃荒蕪，舊識故人，孑遺殆盡。"梁啓超《過渡時代論》五："於是穹古以來，祖宗遺傳，深頑原錮之根據地，遂漸漸摧落失陷。"❷頹喪。宋·范仲淹《遺表》："肝膽摧落，精魄飛揚。"宋·陸游《跋杲禪師蒙泉銘》："予老於憂患，志氣摧落，念昔之狂，痛自悔責。"（羅竹風主編《漢語大詞典》第六卷，第 837 頁）

"凋零；衰落"義之"摧落"最早見於東漢·王逸《楚辭》注。

《楚辭·離騷》："恐鵜鴃之先鳴兮，使夫百草爲之不芳。"東漢·王逸注："言我恐鵜鴃以先春分鳴，使百草華英摧落，芬芳不得成也。以喻讒言先至，使忠直之士蒙罪過也。"[1]

翠　鳥

"翠鳥"，鳥名。《漢語大詞典》此目沒有書證。

【翠鳥】鳥名。頭大，體小，嘴强而直。羽毛以翠綠色爲主。生活在水邊，吃魚蝦等。在我國分布甚廣。（羅竹風主編《漢語大詞典》第九卷，第 661 頁）

《漢語大詞典訂補》增加了一個唐代的書證，還是太滯後。

【翠鳥】9-661 ◎鳥名。頭大，體小，嘴强而直。羽毛以翠綠色爲主。生活在水邊，吃魚蝦等。在我國分布甚廣。唐·牛僧孺《玄怪錄·袁洪兒誇郎》："〔袁洪兒〕嘗野見翠鳥，命羅得之。"[2]

"翠鳥"早見於東漢·王逸《楚辭》注。
《楚辭·九歌·東君》："翾飛兮翠曾，展詩兮會舞。"東漢·王逸注："曾，

---

〔1〕洪興祖：《楚辭補注》，第 39 頁。
〔2〕漢語大詞典編纂處編：《漢語大詞典訂補》，第 1096 頁。

舉也。言巫舞工巧，身體翩然若飛，似翠鳥之舉也。展，舒。"[1]

《楚辭·招魂》："砥室翠翹，絓曲瓊些。"東漢·王逸注："砥，石名也。《詩》曰：其平如砥。翠，鳥名也。翹，羽也。挂，懸也。曲瓊，玉鉤也。言內臥之室，以砥石爲壁，平而滑澤。以翠鳥之羽，雕飾玉鉤，以懸衣物也。或曰：偄室，謂偄佪曲房也。挂，一作絓。"[2]

另外，《山海經》及郭璞注中也有"翠鳥"一詞。

《山海經·海內經》："又有青獸如菟，名曰崮狗。有翠鳥。有孔鳥。"[3]

《山海經·大荒南經》："又南有山，漂水出焉。有尾山。有翠山。"晉·郭璞注："言此山有翠鳥也。"[4]

毒悶

"毒悶"，苦惱煩悶。《漢語大詞典》"毒悶"目首例引《北史》，書證滯後。

【毒悶】苦悶。《北史·咸陽王禧傳》："其夜，將士所在追禧，禧自洪池東南走，左右從禧者唯兼防閤尹龍武。禧憂迫，謂曰：'試作一謎，當思解之，以釋毒悶。'"（羅竹風主編《漢語大詞典》第七卷，第826頁）

《北史》是唐李延壽彙合並刪節《魏書》、《北齊書》和《周書》而編成的紀傳體史書。"毒悶"早見於東漢·王逸《楚辭》注。

《楚辭·王褒〈九懷·昭世〉》："魂悽愴兮感哀，腸回回兮盤紆。"東漢·王逸注："意中毒悶，心紆屈也。"[5]

惡 草

"惡草"，指氣味難聞的草，與"香草"（含有香味的草，喻忠貞之士）相

---

〔1〕 洪興祖：《楚辭補注》，第75頁。

〔2〕 洪興祖：《楚辭補注》，第203—204頁。

〔3〕 袁珂：《山海經校注》（最終修訂版），第384頁。

〔4〕 袁珂：《山海經校注》（最終修訂版），第313—314頁。

〔5〕 洪興祖：《楚辭補注》，第273頁。

对。《漢語大詞典》此目第一義項首例引唐詩，書證滯後。

【惡草】❶有害的草，毒草。常以喻邪惡者。唐·李商隱《述德抒情》詩：“惡草雖當路，寒松實挺生。”清·唐孫華《張蒿園齋觀離蘦園圖》詩之四：“惡草只今仍塞路，芳蘭自古忌當門。”❷粗劣的食物。明·劉元卿《賢奕編·懷古》：“召同鄉中士紳飲，序以齒列，不論官，座中常有進士以齒加於京堂上者，具嘗惡草，而情固款洽也。”（羅竹風主編《漢語大詞典》第七卷，第 556 頁）

“惡草”早見於東漢·王逸《楚辭章句》。

《楚辭·離騷》：“薋菉葹以盈室兮，判獨離而不服。”東漢·王逸注：“薋，蒺藜也。菉，王芻也。葹，枲耳也。《詩》曰：楚楚者薋。又曰：終朝采菉。三者皆惡草，以喻讒佞盈滿于側者也。”[1]

《楚辭·東方朔〈七諫·怨世〉》：“蓬艾親入御於牀笫兮，馬蘭踸踔而日加。”東漢·王逸注：“馬蘭，惡草也。踸踔，暴長貌也。加，盛也。言蓬蒿蕭艾入御房中，則馬蘭之草踸踔暴長而茂盛也。以言佞諂見親近，則邪僞之徒踊躍而欣喜也。”[2]

《楚辭·劉向〈九嘆·怨思〉》：“筐澤瀉以豹鞨兮，破荊和以繼築。”東漢·王逸注：“筐，滿也。澤瀉，惡草也。鞨，革也。《論語》曰：虎豹之鞨。言取澤瀉惡草盛於革囊，滿而藏之，無益於用也。以言養育小人，置之高堂，亦無益於政治也。”[3]

《楚辭·劉向〈九嘆·憂苦〉》：“葛藟虆於桂樹兮，鴟鴞集於木蘭。”東漢·王逸注：“鴟鴞，鸋鴂，貪鳥也。言葛藟惡草，乃緣於桂樹，鴟鴞貪鳥，而集于木蘭。以言小人進在顯位，貪佞升爲公卿也。”[4]

《楚辭·王逸〈九思·哀歲〉》：“椒瑛兮涅汙，葈耳兮充房。”原注：“葈耳，惡草名也。充房，侍近君也。”[5]

---

[1] 洪興祖：《楚辭補注》，第 19 頁。
[2] 洪興祖：《楚辭補注》，第 243 頁。
[3] 洪興祖：《楚辭補注》，第 291 頁。
[4] 洪興祖：《楚辭補注》，第 300—301 頁。
[5] 洪興祖：《楚辭補注》，第 325 頁。

飜　飛

《漢語大詞典》"飜飛"書證首引三國曹植詩賦，嫌晚。

> 【飜飛】飛；飛翔。三國·魏·曹植《臨觀賦》："俯無鱗以游觀，仰無翼以飜飛。"晋·陸機《贈馮子罷遷斥丘令》："有命集止，飜飛自南。"明·張居正《答翰長公東塘書》："然詞林前輩，蹶而復振者，不可縷數。願且戢翼卑棲，飜飛固有日也。"（羅竹風主編《漢語大詞典》第十二卷，第 710 頁）

"飜飛"（"飜"，同"翻"）早見於東漢·王逸《楚辭章句》。

《楚辭·天問》："大鳥何鳴，夫焉喪厥體？"東漢·王逸注："言崔文子取王子僑之尸，置之室中，覆之以弊筐，須臾則化爲大鳥而鳴，開而視之，飜飛而去，文子焉能亡子僑之身乎？言仙人不可殺也。"[1]

《楚辭·王逸〈九思·守志〉》："攄羽翮兮超俗，游陶遨兮養神。"原注："無所效其忠誠，故飜飛而去也。陶遨，心無所繫。"[2]

飛　行

《漢語大詞典》"飛行"第二義項"指人或禽類、飛行器等在空中運動"，書證首引東晉道士葛洪（283—363）《抱朴子》，嫌晚。

> 【飛行】（－xíng）❶迅速行進。漢·劉向《列仙傳·偓佺》："偓佺者，槐山採藥父也。好食松實，形體生毛，長數寸，兩目更方，能飛行逐走馬。"黎之《晚歸》："竹篙向水裏用力一點，船開動了。一隻、兩隻、三隻……一條龍似的向前飛行着。"❷指人或禽類、飛行器等在空中運動。晉·葛洪《抱朴子·對俗》："古之得仙者，或身生羽翼，變化飛行，失人之本。"《百喻經·毗舍闍鬼喻》："著此屐者，能

---

〔1〕洪興祖：《楚辭補注》，第 101 頁。
〔2〕洪興祖：《楚辭補注》，第 326 頁。

令人飛行無罣礙。"❸猶言極行，非常行。周立波《山鄉巨變》下二：

"'他行嗎？''飛行的，田裏功夫門門都來得。'"(羅竹風主編《漢語大

詞典》第十二卷，第 692 頁)

表示"物體在空中運動"的"飛行"在中古初期王逸、鄭玄的注釋文獻中

有不少用例。

《楚辭·離騷》："吾令鳳鳥飛騰兮，繼之以日夜。"東漢·王逸注："言我使

鳳鳥明智之士，飛行天下，以求同志，續以日夜，冀相逢遇也。"〔1〕

《楚辭·招魂》："魂兮歸來！北方不可以止些。增冰峩峩，飛雪千里些。"

東漢·王逸注："言北方常寒，其冰重累，峩峩如山。凉風急時，疾雪隨之。飛

行千里，乃至地也。"〔2〕

上引王逸《楚辭》注中的"飛行"分別指鳳鳥與雪片在空中飛。

《詩·鄭風·出其東門》："出其闉闍，有女如荼。"毛傳："闉，曲城也。

闍，城臺也。荼，英荼也。言皆喪服也。"東漢·鄭玄箋："闍讀當如'彼都人

士'之'都'，謂國外曲城之中市里也。荼，茅秀，物之輕者，飛行無常。"〔3〕

《詩·小雅·緜蠻》："緜蠻黃鳥，止於丘阿。"毛傳："興也。緜蠻，小鳥

貌。丘阿，曲阿也。鳥止於阿，人止於仁。"東漢·鄭玄箋："止，謂飛行所止

托也。興者，小鳥知止於丘之曲阿静安之處而托息焉，喻小臣擇卿大夫有仁厚

之德者而依屬焉。"〔4〕

《詩·大雅·桑柔》："嗟爾朋友，予豈不知而作。如彼飛蟲，時亦弋獲。"

東漢·鄭玄箋："嗟爾朋友者，親而切瑳之也。而猶女也。我豈不知女所行者惡

與？直知之。女所行如是，猶鳥飛行自恣，東西南北，時亦爲弋射者所得。言

放縱久，無所拘制，則將遇伺女之間者，得誅女也。"〔5〕

上引鄭玄《詩》箋中的"飛行"分別指白茅花（"荼"）、黃鳥與鳥（"飛

蟲"）在空中飛。

《周禮·夏官·司弓矢》："司弓矢掌六弓四弩八矢之灋……凡矢，枉矢、絜

矢利火射，用諸守城、車戰；殺矢、鍭矢用諸近射、田獵；矰矢、茀矢用諸弋

射；恒矢、庳矢用諸散射。"漢·鄭玄注："此八矢者，弓弩各有四焉，枉矢、

殺矢、矰矢、恒矢，弓所用也。絜矢、鍭矢、茀矢、庳矢，弩所用也。枉矢者，

---

〔1〕 洪興祖：《楚辭補注》，第 29 頁。

〔2〕 洪興祖：《楚辭補注》，第 200—201 頁。

〔3〕《毛詩正義》，第 346 頁。

〔4〕《毛詩正義》，第 498 頁。

〔5〕《毛詩正義》，第 560 頁。

取名變星，飛行有光，今之飛矛是也，或謂之兵矢。"〔1〕

上引鄭玄《周禮》箋中的"飛行"指箭（"枉矢"）在空中飛。

在漢代文獻中，"飛行"此義最早的用例當出自西漢年初淮南王劉安集門客編撰的雜家著作《淮南子》。

《淮南子·天文訓》："毛羽者，飛行之類也，故屬於陽；介鱗者，蟄伏之類也，故屬於陰。"〔2〕

胕　腫

胕腫，即水腫，由于皮下組織的間隙有過量的液體積蓄而引起的全身或身體的一部分腫脹的症狀。《漢語大詞典》此目引僞書《黃帝内經》，書證滯後。

【胕腫】浮腫。《素問·水熱穴論》："上下溢于皮膚，故爲胕腫。胕腫者，聚水而生病也。"《素問·六元正紀大論》："溼勝則濡泄，甚則水閉胕腫。"王冰注："胕腫，肉泥按之陷而不起也。"張隱庵集注："胕腫，脹也。"（羅竹風主編《漢語大詞典》第六卷，第 1235 頁）

由《素問》與《靈樞》（各 9 卷）組成的《黃帝内經》，是現存最早的中醫理論經典著作。《素問》托名黃帝所作，著述年代已經難以稽考。一說成書於先秦，一說歷代陸續有所補訂，最終大備於唐代。所以，大型語文辭書不宜引用《黃帝内經》作爲首例書證。

目前所能見到的最早書證出自晉代郭璞的《山海經》注。

《山海經·西山經》："〔竹山〕有草焉，其名曰黃藿，其狀如樗，其葉如麻，白華而赤實，其狀如赭，浴之已疥，又可以已胕。"晋·郭璞注："治胕腫也。音符。"〔3〕

高　邈

"高邈"，高遠。《漢語大詞典》此目第一義項"高遠"書證首引三國·魏·

〔1〕《周禮注疏》，第 856 頁。

〔2〕何寧撰：《淮南子集釋》，第 171 頁。

〔3〕袁珂：《山海經校注》（最終修訂版），第 23 頁。

曹植（192—232）《與吳季重書》。第二義項"超凡逸俗"書證首引宋·王讜《唐語林》，都嫌晚。

　　【高邈】❶高遠。三國·魏·曹植《與吳季重書》："天路高邈，良久無緣。"宋·蘇舜欽《永叔石月屏圖》詩："此説亦詭異，予知未精確，物有無情自相感，不間幽微與高邈。"明·胡應麟《少室山房筆叢·九流緒論上》："何觀察之論政比乎法，崔宗伯之翼士醇乎儒，皆體氣高邈，詞義閎深，古色黝然，駸駸乎進於漢矣。"❷超凡逸俗。宋·王讜《唐語林·補遺三》："楚老風韻高邈，好山水。"❸指超凡逸俗的人，隱逸者。宋·王禹偁《酬种放徵君一百韻》："以兹近聲利，安得成高邈？"❹指年高。《古尊宿語録》卷十三："或云，此去一百二十里，有趙州觀音院，有禪師年臘高邈，道眼明白。"（羅竹風主編《漢語大詞典》第十二卷，第962頁）

　　《漢語大詞典》此目第一義項"高遠"義之"高邈"早見於東漢·王逸《楚辭章句》。

　　《楚辭·九歌·雲中君》："覽冀州兮有餘，横四海兮焉窮。"東漢·王逸注："覽，望也。兩河之間曰冀州。餘，猶他也。言雲神所在高邈，乃望於冀州，尚復見他方也。"[1]

　　《楚辭·九歌·山鬼》："杳冥冥兮羌晝晦，東風飄兮神靈雨。"東漢·王逸注："言山鬼所在至高邈，雲出其下，雖白晝猶暝晦也。"[2]

　　《漢語大詞典》此目第二義項"超凡逸俗"義之"高邈"亦早見於南朝·宋·裴松之《三國志》注。

　　《三國志·蜀志·秦宓傳》"薦儒士任定祖"裴松之注引晋·陳壽《益部耆舊傳》："（任）安，廣漢人。少事聘士楊厚，究極圖籍，游覽京師，還家講授，與董扶俱以學行齊聲。郡請功曹，州辟治中別駕，終不久居。舉孝廉茂才，太尉載辟，除博士，公車徵，皆稱疾不就。州牧劉焉表薦安味精道度，屬節高邈，揆其器量，國之元寶，宜處弼疑之輔，以消非常之咎。玄纁之禮，所宜招命。王塗隔塞，遂無聘命。年七十九，建安七年卒，門人慕仰，爲立碑銘。後丞相亮問秦宓以安所長，宓曰：'記人之善，忘人之過。'"[3]

---

[1]　洪興祖：《楚辭補注》，第59頁。
[2]　洪興祖：《楚辭補注》，第80頁。
[3]　陳壽：《三國志》，第972頁。

《三國志·吳志·虞翻傳》“歸葬舊墓，妻子得還”裴松之注引晋·虞預《會稽典録》：“近者太守上虞陳業，絜身清行，志懷霜雪，貞亮之信，同操柳下，遭漢中微，委官棄禄，遁迹黟歙，以求其志，高邈妙蹤，天下所聞，故桓文林遺之尺牘之書，比竟三高。”〔1〕

高　遠

“高遠”，本義爲又高又遠，引申爲（志向）高尚遠大。《漢語大詞典》此目第二義項“高尚遠大”書證首引《三國志》裴松之注引晋·杜篤《邴原別傳》，嫌晚。

【高遠】❶又高又遠。漢·王充《論衡·説日》：“從平地望泰山之顛，鶴如烏、烏如爵者，泰山高遠，物之小大失其實。”明·謝榛《四溟詩話》卷三：“高遠如長空片雲。”王汶石《大木匠》二：“天空高遠淨潔，空氣裏夾雜着新麥苗的青草味。”❷高尚遠大。《三國志·魏志·邴原傳》“〔邴原〕秉德純懿，志行忠方”裴松之注引晋·杜篤《邴原别傳》：“原亦自以高遠清白，頤志澹泊，口無擇言，身無擇行，故英偉之士向焉。”《晋書·隱逸傳·索襲》：“宅不彌畝而志忽九州，形居塵俗而棲心天外，雖黔婁之高遠，莊生之不願，蔑以過也。”清·梅曾亮《送韓珠船序》：“吾友韓珠船胸臆高遠，當官有聲。”❸高超深遠。晋·葛洪《抱樸子·疾謬》：“不聞清談講道之言，專以醜辭嘲弄爲先，以如此者爲高遠，以不爾者爲騃野。”明·何良俊《四友齋叢説·史十一》：“其神情高遠，絕無都城紈綺市井之習，亦一時勝士。”清·王夫之《薑齋詩話》卷二：“至如太白《烏栖曲》諸篇，則又寓意高遠，尤爲雅奏。”朱自清《論逼真與如畫》：“如元朝倪瓚的山水畫，就常不畫人，據説如此更高遠，更虛静，更自然。”❹高貴其身分，久遠其歷史。《淮南子·修務訓》：“世俗之人，多尊古而賤今，故爲道者必托之於神農、黄帝而後能入説。亂世闇主，高遠其所從來，因而貴之。”（羅竹風主編《漢語大詞典》第十二卷，第953頁）

“高尚遠大”義之“高遠”早見於東漢·王逸《楚辭章句》。

〔1〕 陳壽：《三國志》，第1326頁。

　　《楚辭·離騷》："保厥美以驕傲兮，日康娛以淫游。"東漢·王逸注："康，安也。言宓妃用志高遠，保守美德，驕傲侮慢，日自娛樂以游戲自咨，無有事君之意也。"[1]

　　《楚辭·東方朔〈七諫·哀命〉》："戲疾瀨之素水兮，望高山之蹇産。"東漢·王逸注："言己履清白，其志如水，雖遇棄放，猶志仰高遠而不懈也。"[2]

歌　曲

　　《漢語大詞典》"歌曲"目第一義項"詩歌與音樂結合，供人歌唱的作品"首例引唐·房玄齡等撰《晋書》，書證滯後。

　　【歌曲】（一 qǔ）❶詩歌與音樂結合，供人歌唱的作品。《晋書·樂志上》："舞曲有《矛渝本歌曲》、《安弩渝本歌曲》、《安臺本歌曲》、《行辭本歌曲》總四篇。其辭既古，莫能曉其句度。魏初乃使軍謀祭酒王粲改創其詞。"唐·元稹《〈樂府古題〉序》："後之審樂者，往往采取其詞，度爲歌曲，蓋選詞以配樂，非由樂以定詞也。"清·顧炎武《吴同初行狀》："其所爲詩多怨聲，近《西州》、《子夜》諸歌曲。"❷唱曲。明·費信《星槎勝覽·爪哇國》："其鸚鵡嬰哥馴能言語歌曲。"（羅竹風主編《漢語大詞典》第六卷，第 1463 頁）

　　名詞"歌曲"早見於東漢·王逸《楚辭章句》。

　　《楚辭·招魂》："《涉江》《采菱》，發《揚荷》些。"東漢·王逸注："楚人歌曲也。言己涉渡大江，南入湖池，采取菱芰，發揚荷葉。喻屈原背去朝堂，隱伏草澤，失其所也。"[3]

　　《楚辭·大招》："伏戲《駕辯》、楚《勞商》只。"東漢·王逸注："伏戲，古王者也。始作瑟。《駕辯》《勞商》，皆曲名也。言伏戲氏作瑟，造《駕辯》之曲。楚人因之作《勞商》之歌。皆要妙之音，可樂聽也。或曰：《伏戲》《駕辯》，皆要妙歌曲也。勞，絞也。以楚聲絞商音，爲之清激也。"[4]

---

[1]　洪興祖：《楚辭補注》，第 32 頁。
[2]　洪興祖：《楚辭補注》，第 252 頁。
[3]　洪興祖：《楚辭補注》，第 209 頁。
[4]　洪興祖：《楚辭補注》，第 221 頁。

《楚辭·大招》：“謳和《揚阿》，趙簫倡只。”東漢·王逸注：“徒歌曰謳。揚，舉也。阿，曲也。趙，國名也。簫，樂器也。先歌爲倡，言樂人將歌，徐且謳吟，揚舉善曲，乃俱相和。又使趙人吹簫先倡，五聲乃發也。或曰：《謳和》《揚阿》，皆歌曲也。”[1]

《楚辭·賈誼〈惜誓〉》：“二子擁瑟而調均兮，余因稱乎清商。”東漢·王逸注：“均，亦調也。清商，歌曲也。言赤松、王喬見己歡喜，持瑟調弦而歌。我因稱清商之曲最爲善也。”[2]

根　莖

“根莖”，植物的根和莖。《漢語大詞典》此目第一義項“植物的根和莖”首例引東漢·王充《論衡》，書證滯後。

> 【根莖】❶植物的根和莖。漢·王充《論衡·超奇》：“根莖衆多，則華葉繁茂。”元·麻革《〈重修證類本草〉序》：“驗其草木根莖花實之徵，與夫玉石金土蟲魚飛走之狀，以辯其藥之真贋。”❷本源；基礎。晉·葛洪《抱朴子·對俗》：“況於神仙之道，旨意深遠，求其根莖，良未易也。”《周禮·春官·大司樂》“以樂舞教國子”唐·賈公彥疏：“五莖能爲五行之道，立根莖。”唐·元結《五莖》詩序：“五莖，顓頊氏之樂歌也。其義蓋稱顓頊得五德之根莖。”❸即根狀莖。多年生植物的地下莖。參見“根狀莖”。（羅竹風主編《漢語大詞典》第四卷，第1015頁）

“根莖”早見於《毛詩故訓傳》。

《詩·邶風·谷風》：“采葑采菲，無以下體。”毛傳：“葑，須也。菲，芴也。下體，根莖也。”唐·孔穎達疏：“言采葑菲之菜者，無以下體根莖之惡，並棄其葉，以興爲室家之法，無以其妻顏色之衰，並棄其德。”[3]

---

〔1〕洪興祖：《楚辭補注》，第221頁。

〔2〕洪興祖：《楚辭補注》，第229頁。

〔3〕《毛詩正義》，第303—304頁。

共　處

《漢語大詞典》"共處"目全引當代語料爲書證，嫌太晚。

　　【共處】(－chǔ) 共同存在；相處。毛澤東《矛盾論》五："事物發展過程中的每一種矛盾的兩個方面，各以和它對立着的方面爲自己存在的前提，雙方共處於一個統一體中。"毛澤東《關於正確處理人民內部矛盾的問題》十二："至於帝國主義國家，我們也要團結那裏的人民，並且争取同那些國家和平共處，做些生意，制止可能發生的戰争。"曹禺《北京人》第二幕："他有情感上的苦悶，他希望有一個滿意的家庭，有一個真瞭解他的女人共處一生。"（羅竹風主編《漢語大詞典》第二卷，第 86 頁）

　　《漢語大詞典訂補》做了一點兒改進，從元曲中引了一個例子作爲首例。但是書證還是太滯後。

　　【共處】2-86 ◎共同存在；相處。元·劉致《端正好·上高監司》套曲："都結義過如手足，但聚會分張耳目，探聽司縣何人可共處。那問他無根脚，只要肯出頭顧，扛扶着便補。"〔1〕

　　"共處"在上古文獻中極其少見，但已經出現了一個用例。

　　《莊子·盜跖》："神農之世，卧則居居，起則于于，民知其母，不知其父，與麋鹿共處，耕而食，織而衣，無有相害之心。"〔2〕

　　"共處"在中古文獻中也不多見。中古早期和中期的用例却都出現在注釋語料中。兹舉四例：

　　《楚辭·劉向〈九嘆·遠游〉》："張絳帷以襜襜兮，風邑邑而蔽之。"東漢·王逸注："邑邑，微弱貌也。言君張朱帷，襜襜鮮明，宜與賢者共處其中，而政令微弱，適以自蔽者也。"〔3〕

---

〔1〕 漢語大詞典編纂處編：《漢語大詞典訂補》，第 164 頁。
〔2〕 《莊子集釋》，第 995 頁。
〔3〕 洪興祖：《楚辭補注》，第 312 頁。

北魏·酈道元《水經注·漸江水》引東漢·鄭玄曰：鳥鼠之山，有鳥焉，與鼠飛行而處之。又有止而同穴之山焉，是二山也。鳥名爲鵌，似鷄而黃黑色，鼠如家鼠而短尾，穿地而共處，鼠内而鳥外。"[1]

《國語·鄭語》："《訓語》有之曰：夏之衰也，褒人之神化爲二龍，以同於王庭。"三國·吳·韋昭注："褒人，褒君。共處曰同。"[2]

《山海經·西山經》："又西二百二十里，曰鳥鼠同穴之山，其上多白虎、白玉。"晋·郭璞注："今在隴西首陽縣西南，山有鳥鼠同穴，鳥名曰鵌，鼠名曰鼵。鼵如人家鼠而短尾，鵌似燕而黃色。穿地入數尺，鼠在内，鳥在外而共處。孔氏《尚書傳》曰，共爲雌雄；張氏《地理記》云，不爲牝牡也。"[3]

這一發展規律説明"共處"這個詞在魏晋時期是個非常口語化的詞。

過　歷

《漢語大詞典》未收"過歷"，而有"過曆"。

【過曆】謂超過預計的享國年數。語本《漢書·諸侯王表》："周過其曆，秦不及期，國勢然也。"宋·沈初《周以宗彊賦》："史稱乃德，盛陳過曆之期，詩大其功，茂著維城之詠。"宋·陸游《夏日》詩之四："秦不及期周過曆，始知養壽在中和。"（羅竹風主編《漢語大詞典》第十卷，第 974 頁）

"過歷"和"過曆"現在都簡化爲"过历"。但"過曆"是政治詞彙，不是使用率高的常用詞。《漢語大詞典訂補》增收了"過歷"。

【過歷】猶經過。《後漢書·五行志一》："到九年，黨事始發，傳黃門北寺，臨時惶惑，不能信天任命，多有逃走不就考者，九族拘繫，及所過歷，長少婦女皆被桎梏，應木屐之象也。"《三國志·魏志·高堂隆傳》："民詠德政，則延期過歷；下有怨歎，掇録授能。"《周書·

〔1〕　陳橋驛：《水經注校證》，第 952 頁。
〔2〕　《國語》，第 519—520 頁。
〔3〕　袁珂：《山海經校注》（最終修訂版），第 57 頁。

蕭圓肅傳》：“雖卜年七百，有德過歷而昌；數世一萬，無德不及而七。”[1]

但《漢語大詞典訂補》“過歷”目所列《三國志》《後漢書》中書證都比王逸《楚辭》注晚了一二百年。

《楚辭·天問》：“河海應龍，何盡何歷？鯀何所營？禹何所成？”東漢·王逸注：“有鱗曰蛟龍，有翼曰應龍。歷，過也。言河海所出至遠，應龍過歷游之，而無所不窮也。或曰，禹治洪水時，有應龍以尾畫地，導水所注當決者，因而治之也。”[2]

“歷，過也。”用現在的話說，“過歷”是一個由兩個同義單音詞並列而成的複音詞。王注中還是其它例證。

《楚辭·招魂》：“路貫廬江兮左長薄，倚沼畦瀛兮遥望博。”東漢·王逸注：“貫，出也。廬江、長薄，地名也。言屈原先出廬江，過歷長薄。長薄在江北，時東行，故言左也。”[3]

作者難以確定，但大致作於中古初期，甚至更早的《越絕書》中也有例證。

《越絕書·外傳記地傳》：“句踐之出入也，齊於稷山，往從田里，去從北郭門，炤龜龜山，更駕臺，馳於離丘，游於美人宫，興樂中宿，過歷馬丘。射於樂野之衢，走犬若耶，休謀石室，食於冰廚。領功銓土，已作昌土臺，藏其形，隱其情。一曰：冰室者，所以備膳羞也。”[4]

横　度

“横度”，横越。《漢語大詞典》此目首例引唐文，書證太晚。

【横度】（－dù）横越。唐·虞世南《文德皇后哀册文》：“背玄武而北轅，絶牽牛而横度。”宋·陸游《聞西師復華州》詩：“雙鷺斜飛敷水綠，孤雲横度華山青。”（羅竹風主編《漢語大詞典》第四卷，第1246頁）

---

[1] 漢語大詞典編纂處編：《漢語大詞典訂補》，第 1213 頁。
[2] 洪興祖：《楚辭補注》，第 224 頁。
[3] 洪興祖：《楚辭補注》，第 213 頁。
[4] 李步嘉校釋：《越絕書校釋》，第 224 頁。

“橫度”早見於東漢·王逸《楚辭章句》。

《楚辭·九歌·湘君》：“望涔陽兮極浦，橫大江兮揚靈。”東漢·王逸注：“靈，精誠也。屈原思念楚國，願乘輕舟，上望江之遠浦，下附郢之碕，以渫憂患，橫度大江，揚己精誠，冀能感悟懷王使還己也。”[1]

《楚辭·劉向〈九嘆·遠游〉》：“結余軫於西山兮，橫飛谷以南征。”東漢·王逸注：“飛谷，日所行道也。言乃旋我車軫，橫度飛泉之谷以南行也。”[2]

湖　澤

“湖澤”，湖泊沼澤。《漢語大詞典》此目首例引南朝·宋·范曄撰《後漢書》，書證滯後。

> 【湖澤】湖泊沼澤。《後漢書·黨錮傳·劉祐》：“時中常侍蘇康、管霸用事於内，遂固天下良田美業，山林湖澤，民庶窮困，州郡累氣。”北魏·酈道元《水經注·濟水二》：“鉅野湖澤廣大，南通洙泗，北連清濟，舊縣故城，正在澤中。”（羅竹風主編《漢語大詞典》第五卷，第 1446 頁）

“湖澤”早見於東漢·王逸《楚辭章句》。

《楚辭·九歌·湘君》：“美要眇兮宜修，沛吾乘兮桂舟。”東漢·王逸注：“沛，行貌。舟，船也。吾，屈原自謂也。言己雖在湖澤之中，猶乘桂木之船，沛然而行，常香净也。”[3]

《楚辭·九歌·湘君》：“鳥次兮屋上，水周兮堂下。”東漢·王逸注：“周，旋也。言己所居，在湖澤之中，衆鳥舍止我之屋上，流水周旋己之堂下，自傷與鳥獸魚鱉同爲伍也。”[4]

《楚辭·九歌·湘夫人》：“白蘋兮騁望，與佳期兮夕張。”東漢·王逸注：“蘋，草，秋生，今南方湖澤皆有之。”[5]

《楚辭·九章·涉江》：“乘舲船余上沅兮，齊吳榜以擊汰。”東漢·王逸注：

---

〔1〕 洪興祖：《楚辭補注》，第 61 頁。
〔2〕 洪興祖：《楚辭補注》，第 60 頁。
〔3〕 洪興祖：《楚辭補注》，第 60 頁。
〔4〕 洪興祖：《楚辭補注》，第 63 頁。
〔5〕 洪興祖：《楚辭補注》，第 65 頁。

"吳榜，船櫂也。汰，水波也。言己始去乘艑艅之船，西上沅、湘之水，士卒齊舉大櫂而擊水波，自傷去朝堂之上，而入湖澤之中也。"[1]

《楚辭·九章·懷沙》："脩路幽蔽，道遠忽兮。"東漢·王逸注："脩，長也。言己雖在湖澤之中，幽深蔽闇，道路甚遠，且久長也。"[2]

《楚辭·招魂》："湛湛江水兮上有楓，目極千里兮傷春心。"東漢·王逸注："言湖澤博平，春時草短，望見千里，令人愁思而傷心也。"[3]

《楚辭·劉向〈九嘆·憂苦〉》："三鳥飛以自南兮，覽其志而欲北。"東漢·王逸注："言己在於湖澤之中，見三鳥飛從南來，觀察其志，欲北渡江，縱恣自在也。自傷不得北歸，曾不若飛鳥也。"[4]

另，《山海經》中亦有"湖澤"用例。

《山海經·東山經》："又南五百里，曰碙山，南臨碙水，東望湖澤。有獸焉，其狀如馬，而羊目、四角、牛尾，其音如獳狗，其名曰峳峳，見則其國多狡客。"[5]

懷 念

"懷念"，關心；思念。《漢語大詞典》此目首引元代書證，滯後千年。

> 【懷念】關心；思念。《元典章新集·户部·差役》："貧富強弱悉在懷念。"碧野《蘆溝橋情思》："據説蘆溝橋和西安的灞橋一樣，古時都在橋邊折柳送別。我望着橋頭柳枝，更加懷念我年輕的朋友。"（羅竹風主編《漢語大詞典》第七卷，第 788 頁）

"懷念"早見於東漢·王逸《楚辭章句》。

東漢·王逸《楚辭·遠游章句序》："遠游者，屈原之所作也。屈原履方直之行，不容於世。上爲讒佞所譖毁，下爲俗人所困極，章皇山澤，無所告訴。乃深惟元一，修執恬漠。思欲濟世，則意中憤然，文采鋪發，遂叙妙思，托配仙人，與俱游戲，周歷天地，無所不到。然猶懷念楚國，思慕舊故，忠信之篤，

---

[1] 洪興祖：《楚辭補注》，第 129 頁。
[2] 洪興祖：《楚辭補注》，第 145 頁。
[3] 洪興祖：《楚辭補注》，第 215 頁。
[4] 洪興祖：《楚辭補注》，第 300 頁。
[5] 袁珂：《山海經校注》（最終修訂版），第 100 頁。

仁義之厚也。是以君子珍重其志，而瑋其辭焉。"[1]

荒　遠

"荒遠"，猶遙遠，亦指遙遠之地區。《漢語大詞典》此目引元人所修《宋史》及唐·李百藥所撰《北齊書》，書證滯後。

> 【荒遠】猶遙遠。《宋史·蔡挺傳》："驛路荒遠，室廬稀疏。"清魏源《聖武記》卷三："惟漠西厄魯特，恃其荒遠，抗衡狂突。"楊朔《石油城》："我萬想不到在這荒遠的大沙漠裏，竟建設起這樣一座漂亮的'石油城'。"亦指遙遠的地區。《北齊書·武成帝紀》："神武方招懷荒遠，乃爲帝聘蠕蠕太子菴羅辰女，號'鄰和公主'。"（羅竹風主編《漢語大詞典》第九卷，第 392 頁）

《漢語大詞典訂補》增補了一條東漢的書證：

> 【荒遠】9-392 ◎猶遙遠。亦指遙遠之地區。《漢故穀城長蕩陰令張君表頌》："孝武時，有張騫，廣通風俗，開定畿寓，南苞八蠻，西羈六戎，北震五狄，東勤九夷，荒遠既殯，各貢所有。"[2]

《漢故穀城長蕩陰令張君表頌》，即《張遷碑》，又稱《張遷表頌》。該碑刊刻於東漢中平三年（186），出土於明代初年，現存於山東泰山岱廟碑廊。大約比《張遷碑》早半個多世紀，"荒遠"已見於東漢·王逸《楚辭章句》。

《楚辭·離騷》："佩繽紛其繁飾兮，芳菲菲其彌章。"東漢·王逸注："菲菲，猶勃勃。芬，香貌也。章，明也。言己雖欲之四方荒遠，猶整飾儀容，佩玉繽紛而衆盛，忠信勃勃而愈明，終不以遠故改其行。"[3]

---

[1] 洪興祖：《楚辭補注》，第 163 頁。
[2] 漢語大詞典編纂處編：《漢語大詞典訂補》，第 1065 頁。
[3] 洪興祖：《楚辭補注》，第 18 頁。

昏　昧

　　"昏昧"本義爲昏暗，引申爲社會黑暗等義。《漢語大詞典》此目第一義項"光線昏暗；陰暗"書證引西晉・左思《吳都賦》。第二義項"社會黑暗"書證引西晉・潘岳（247—300）《螢火賦》，書證滯後。

　　【昏昧】❶光線昏暗；陰暗。《文選・左思〈吳都賦〉》："歊霧漨浡，雲蒸昏昧。"劉逵注："昏昧，昏暗不明也。"唐・谷神子《博異志・呂鄉筠》："君山上鳥獸叫噪，月色昏昧，舟楫大恐。"《七國春秋平話》卷上："毅觀將星昏昧，下山佐諸國，路逢孫子。"❷指社會黑暗。晉・潘岳《螢火賦》："猶賢哲之處時，時昏昧而道明。"❸失去知覺；昏沉。唐・李公佐《古〈岳瀆經〉》："〔獸〕蹲踞之狀若猿猴。但兩目不能開，兀若昏昧。"明・宋濂《題王魯公授少保致仕誥》："會病痁新起，精神昏昧。"清・陳其元《庸閑齋筆記・乞兒傳》："李公某之子，指甲中生肉管，赤色，頃刻長三尺餘，垂至地，能動，動則昏昧欲死。"❹指圖像、文字等模糊漫漶。宋・洪遵《泉志・正用品下・晉天福錢》："余按此錢徑七分，重二銖四參。銅質薄小，文字昏昧，蓋以私鑄不精也。"❺愚昧；糊塗。明・方孝孺《答鄭仲辯書》之一："雖然天其或者未絕斯道，使昏昧者獲有所知。"娟石女氏《吊國民慶祝滿政府之立憲》："蓋彼以當兹漢族昏昧忘仇之時，不乘機箝制之，他日民智既濬，大義亦明……滿人雖欲主中夏，而行立憲，胡可得也。"魯迅《集外集拾遺補編・中國地質略論》："況吾中國，亦爲孤兒……復昏昧乏識，不知其家之田宅貨匪，凡得幾許。"❻指義理模糊。瞿秋白《餓鄉紀程》二："人生的意義，昏昧極了。"（羅竹風主編《漢語大詞典》第五卷，第624頁）

　　"昏昧"本義"昏暗"及引申義"社會黑暗"的用例早見於東漢・王逸《楚辭章句》。
　　《楚辭・離騷》："時曖曖其將罷兮，結幽蘭而延佇。"東漢・王逸注："曖曖，昏昧貌。罷，極也。言時世昏昧，無有明君，周行罷極，不遇賢士，故結

芳草，長立有還意也。"〔1〕

踐躝

《漢語大詞典》"踐躝"目首例書證引明人詩賦，太晚。

> 【踐躝】踩踏，糟蹋。明·湯顯祖《感宦籍賦》："經營衣錦，踐
> 躝綦絲。在主爵而無靳，吒劑剄以何遺。"（羅竹風主編《漢語大詞典》
> 第十卷，第 495 頁）

"踐躝"早見於東漢·王逸《楚辭》注中。

《楚辭·九歌·國殤》："凌余陣兮躝余行，左驂殪兮右刃傷。"東漢·王逸
注："凌，犯也。躝，踐也。言敵家來，侵凌我屯陣，踐躝我行伍也。躝，一作
躏。殪，死也。言己所乘左驂馬死，右騑馬被刃創也。"〔2〕

交 互

《漢語大詞典》此目第二个義項"交叉錯綜"首例引南朝·梁·沈約（441—
513）《宿東園》詩，書證滯後。

> 【交互】❶交替；更替。《京氏易傳·震》："震分陰陽，交互用
> 事。"《後漢書·左雄傳》："自是選代交互，令長月易，迎新送舊，勞
> 擾無已。"唐·劉知幾《史通·斷限》："因有沿革，遂相交互，事勢當
> 然，非爲濫軼也。"茅盾《三人行》四："他的夢，他的將來，像虱子
> 似的交互地咬他的心。"❷交叉錯綜。南朝·梁·沈約《宿東園》詩：
> "野徑既盤紆，荒阡亦交互。"冰心《莊鴻的姊姊》："四壁的梅花瘦影，
> 交互橫斜。爐火熊熊，燈光燦然。"❸互相。魯迅《墳·我們現在怎樣
> 做父親》："人類總有些爲他人犧牲自己的精神，而況生物自發生以來，
> 交互關聯，一人的血統，大抵總與他人有多少關係，不會完全滅絕。"

〔1〕 洪興祖：《楚辭補注》，第 30 頁。
〔2〕 洪興祖：《楚辭補注》，第 82 頁。

（羅竹風主編《漢語大詞典》第二卷，第 328—329 頁）

《漢語大詞典訂補》在沈約詩后又補了一條宋代的書證：

> 【交互】2-328 ◎❷交叉錯綜。宋·孟元老《東京夢華録·駕幸臨水殿觀争標錫宴》：“又以旗招之，兩隊船相交互，謂之交頭。”[1]

“交叉錯綜”義的“交互”見於比沈約詩早差不多一個半世紀的郭璞注。

《山海經·中山經》：“其上有桑焉，大五十尺，其枝四衢，其葉大尺餘。”晋·郭璞注：“言枝交互四出。”[2]

《漢語大詞典》“四衢”目的第四個義項“交錯歧出貌”，就是引上面《山海經·中山經》郭璞注爲書證[3]。可知《漢語大詞典》也認爲這裏郭注中的“交互”是交錯、交叉的意思。

今 人

今人，現在的人。《漢語大詞典》此目首例引唐人文章，書證滯後。

> 【今人】現代人；當代人。與“古人”相對。唐·韓愈《與馮宿論文書》：“但不知直似古人，亦何得于今人也。”清·王士禛《池北偶談·端肅拜》：“今人止以爲婦人之禮。”郭小川《西出陽關》詩：“風砂呵風砂，只望你不把今人當古人！”（羅竹風主編《漢語大詞典》第十一卷，第 1077—1078 頁）

“今人”早見於郭璞《山海經》注。唐·韓愈（768—824）比郭璞（276—324）晚將近五百年。

《山海經·西山經》：“其中有流赭，以塗牛馬無病。”晋·郭璞注：“今人亦以朱塗牛角，云以辟惡。馬或作角。”[4]

---

〔1〕 漢語大詞典編纂處編：《漢語大詞典訂補》，第 183 頁。
〔2〕 袁珂：《山海經校注》（最終修訂版），第 160 頁。
〔3〕 羅竹風主編：《漢語大詞典》第三卷，第 603 頁。
〔4〕 袁珂：《山海經校注》（最終修訂版），第 22 頁。

舊 約

舊約，舊時的約定。《漢語大詞典》此目首例引南朝·宋·范曄（398—445）撰《後漢書》，書證滯後。

【舊約】從前的約言；從前的盟約。《後漢書·梁統傳》：“丞相王嘉輕爲穿鑿，虧除先帝舊約成律。”南唐·馮延巳《采桑子》詞：“如今別館添蕭索，滿面啼痕，舊約猶存，忍把金環別與人！”也指原先的契約。魯迅《書信集·致曹聚仁》：“前回説起的書，是繼《僞自由書》之後的《准風月談》，去年年底，早已被人約去……現在印起來，還是須照舊約的。”（羅竹風主編《漢語大詞典》第四卷，第 1015 頁）

“舊約”早見於西漢·孔安國《論語》注。

《論語·憲問》：“久要不忘平生之言。”三國·魏·何晏集解引西漢·孔安國曰：“久要，舊約也。平生，猶少時。”宋·邢昺疏：“言與人少時有舊約，雖年長貴達，不忘其言。”〔1〕

倔 奇

“倔奇”，怪異，奇異，與衆不同。《漢語大詞典》此目首引宋代書證，嫌晚。

【倔奇】生硬奇詭，與衆不同。多指詩文書畫的風格而言。宋·胡仔《苕溪漁隱叢話前集·杜少陵四》：“其句雖拙，亦不失爲倔奇也。”明·李東陽《日川會諸同年用韓昌黎園林窮勝事鐘鼓樂清時二句分韻得時字因效韓體》詩：“佳兒勝冠帶，字畫解倔奇。”清·趙翼《老柳一株腹裂二丈許而枝葉特茂詩以張之》：“形骸欲朽氣轉雄，一段倔奇狀可掬。”（羅竹風主編《漢語大詞典》第八卷，第 1302 頁）

---

〔1〕《論語注疏》，第 2511 頁。

"倔奇"的最早用例見於郭璞注。

《山海經·南山經》："又東三百八十里，曰猨翼之山，其中多怪獸，水多怪魚，多白玉，多蝮虫，多怪蛇，多怪木，不可以上。"晋·郭璞注："凡言怪者，皆謂狀貌倔奇不常也。《尸子》曰：'徐偃王好怪，没深水而得怪魚，入深山而得怪獸者，多列於庭。'"[1]

"倔奇"爲聯綿字，有"屈奇""琦""崛崎""倔奇"與"崛奇"等多種書面形式。

有"屈奇"。《漢語大詞典》收有此目。

> 【屈奇】(屈 jué) 奇異。《文子·符言》："老子曰：'聖人無屈奇之服，詭異之行。'"《漢書·廣川惠王劉越傳》："謀屈奇，起自絶。"顔師古注："屈奇，奇異也。"唐·韓愈《寄崔二十六立之》詩："西城員外丞，心迹兩屈奇。"清·王念孫《讀書雜志·淮南十四》"屈奇"："屈奇，猶瑰異耳……司馬相如《上林賦》'摧崣崛崎'，義與屈奇相近。屈奇雙聲字，似不當分爲兩義也。"章炳麟《〈南洋華僑志〉序》："〔僑人〕獨苦無藝能風義，空信讖書屈奇之文，謂胡運當自絶。"(羅竹風主編《漢語大詞典》第四卷，第 30 頁)

《淮南子·詮言訓》："聖人無屈奇之服。"高誘注："屈，短。奇，長也。服之不衷，身之災也。"[2]清·王念孫《讀書雜志·淮南内入篇第十四·屈奇》："（《淮南子·詮言訓》：）'聖人無屈奇之服，無瑰異之行。'高注曰：'屈，短。奇，長也。'念孫案：'屈奇'，猶'瑰異'耳，《周·官·閽人》：'奇服怪民不入宫。'鄭注曰：'奇服，衣非常屈奇之服。'即奇服也。司馬相如《上林賦》'摧崣崛崎'，義與'屈奇'相近。'屈奇'雙聲字，似不當分爲兩義也。"[3]

再有"琦"。《汉語大詞典》未收此詞。

西晋·竺法護譯《佛說大方等頂王經》："此三千大千世界，羅列諸寶交露琦，妙帳高閣樹木，流水浴池，五音俱發和雅悲哀，聞見此變莫不悦豫得未曾有。"(卷 1，14，p. 595，a18-21)

唐·玄應《一切經音義》卷八："屈奇：衢物反。異也。《淮南》云：屈奇

---

[1] 袁珂：《山海經校注》(最終修訂版)，第 3 頁。
[2] 何寧撰：《淮南子集釋》，第 1024 頁。
[3] 王念孫：《讀書雜志》，第 895 頁。

之服。許叔重曰：屈，短也；奇，長也。經文從玉作琦二形，非也。"[1]

又有"崛崎"。《漢語大詞典》收有此目。

> 【崛崎】陡峭；峭拔。《文選·司馬相如〈上林賦〉》："南山峨峨，
> 巖陀甗錡，摧崣崛崎。"李善注引張揖曰："崛崎，斗絶也。"呂向注：
> "摧崣、崛崎，嶮貌。"此指山勢。唐朱逖《懷素上人草書歌》："轉腕
> 摧鋒增崛崎，秋毫繭紙常相隨。"此指書法。（羅竹風主編《漢語大詞
> 典》第三卷，第851頁）

符定一《聯綿字典》："屈奇，奇異也。""（屈奇）孳乳爲崛崎。崛諧屈聲，
崎諧奇聲。"[2]《漢書·司馬相如傳》："九峻巖崿，南山峨峨，岩陀甗錡，崣崛
崎。"顔師古注引郭璞曰："崛音掘。崎音倚。"[3]

還有"崛奇"。《漢語大詞典》亦收有此目。

> 【崛奇】亦作"崱奇"。奇特，特異。唐·顧況《李供奉彈箜篌
> 歌》："弄調人間不識名，彈盡天下崛奇曲。"唐·黃滔《和王舍人崔補
> 闕題福州天王寺》："郭内青山寺，難論此崱奇。"宋·葉適《寄李季章
> 參政》詩："文章何崛奇，冬雷夏增冰。"（羅竹風主編《漢語大詞典》
> 第三卷，第851頁）

《漢詞大詞典》分別解釋了"屈奇"、"倔奇"與"崛奇"這三個詞，未説明
"屈"與"倔"、"崛"的通假關係。

唐·韓愈《寄崔二十六立之》："西城員外丞，心迹兩屈奇。"[4]宋·朱熹
《昌黎先生集考異·寄崔二十六》："屈奇。屈，或作掘，或作崛，或作倔。方
（崧卿）云：《淮南子》'聖人無屈奇之服'，高誘曰：'屈，短；奇，長也。言服
之不中。'《漢·廣川王》、《揚雄傳》，《選·西征賦》皆只用屈奇字。○今按：
《漢書》注：'屈，奇異也，其勿反。'"[5]

"屈"（窮）字中古音爲九勿切，上古屬見母物部。"倔""崛"與"掘"等

〔1〕徐時儀校注：《一切經音義三種校本合刊》，第172頁。

〔2〕符定一：《聯綿字典·寅集》，第193頁。

〔3〕班固：《漢書》，第2553—2554頁。

〔4〕《全唐詩》，第3816頁。

〔5〕朱熹：《昌黎先生集考異》，第407頁。

字的中古音皆爲衢物切，上古屬群母物部。[1] 所以"屈"與"倔""崛""掘"等字的上古音同屬物部，音近通假。"屈"（jué）通"倔"，如"屈强"；又通"崛"，如"屈起"。

可見"屈奇""倔奇"與"崛奇"實爲一詞，而"琦""崛崎"也是其變體。

開　啓

《漢語大詞典》"開啓"第一個義項"打開"首例引清代文獻，書證太晚。

【開啓】❶打開。清·昭槤《嘯亭雜録·純皇愛民》："地方偶有偏災，即命開啓倉廩，蠲免租税，六十年如一日。"褚輔成《浙江辛亥革命紀實·光復杭州之經過》："推駐絷城内之憲兵司令部執事官童保暄爲臨時總指揮，並負開啓城門之責。"何其芳《街》："書籍給我開啓了一扇金色的幻想的門。"❷謂僧人始作道場、佛事。元·王實甫《西廂記》第一本第四摺："今日二月十五日開啓，衆僧動法器者。請夫人小姐拈香。"❸開創。鄭振鐸《中國繪畫的優秀傳統》："趙孟堅的《墨蘭圖》，娟秀清高，已開啓了元人的畫格。"（羅竹風主編《漢語大詞典》第十二卷，第 56 頁）

"啓"，同"啟"。"開啟"早見於東漢·王逸《楚辭章句》。

《楚辭·天問》："四方之門，其誰從焉？西北辟啟，何氣通焉？"東漢·王逸注："言天西北之門，每常開啟，豈元氣之所通？辟，一作闢，一作開。"[2]

寬　慰

"寬慰"，安慰人使之寬心。《漢語大詞典》此目首例引《三國志》裴松之注引三國·蜀·諸葛亮（181—234）文，書證滯後。

【寬慰】亦作"寬"。寬解安慰。《三國志·蜀志·李嚴傳》"乃廢

---

[1]　參郭錫良編：《漢字古音手冊》（增訂本），第 73 頁。
[2]　洪興祖：《楚辭補注》，第 92—93 頁。

平爲民，徙梓潼郡"裴松之注引三國蜀諸葛亮《與李豐教》："願寬慰都護，勤追前闕。"宋·樂史《楊太真外傳》："諸姊及銛初則懼禍聚哭，及恩賜浸廣，御饌兼至，乃稍寬慰。"《西游補》：第一回："我見他們東橫西豎，只得寬他們一句。"《紅樓夢》第一○五回："老太太也蘇醒了，又哭的氣短神昏，躺在炕上，李紈再三寬慰。"沙汀《困獸記》七："於是，他站起來，直走向田疇去，浮上一個寬慰的微笑。"（羅竹風主編《漢語大詞典》第三卷，第 1587 頁）

"寬慰"早見於東漢·王逸《楚辭章句》。

《楚辭·九章·悲回風》："撫珮袵以案志兮，超惘惘而遂行。"東漢·王逸注："整飭衣裳，自寬慰也。失志徨遽，而直逝也。"〔1〕

《楚辭·劉向〈九嘆·憂苦〉》："獨憤積而哀娛兮，翔江洲而安歌。"東漢·王逸注："言己在山澤之中，思慮憤積，一哀一樂，故游江水之中洲，安意歌吟，自寬慰也。"〔2〕

歷　數

《漢語大詞典》"歷數"目分兩種讀音，四個義項。第四個義項"一一列舉；逐個説出"首例引宋·司馬光《資治通鑒》，書證滯後。

【歷數】亦作"厤數"。㊀（—shù）❶歲時節候的次序。《莊子·寓言》："天有歷數，地有人據。"晋·葛洪《抱朴子·博喻》："是以雖知將旦，不能究陰陽之歷數。"❷推算歲時節候的方法。《書·洪範》："五紀……五曰厤數。"孔傳："厤數節氣之度以爲厤，敬授民時。"孔穎達疏："筭日月行道所歷，計氣朔早晚之數，所以爲一歲之厤。"《後漢書·郅惲傳》："〔郅惲〕及長，理《韓詩》《嚴氏春秋》，明天文歷數。"清·王錫闡《曉庵新法·自序》："儒者不知歷數，而援虛理以立説。"❸指帝王繼承的次序。古代迷信説法，認爲帝位相承和天象運行次序相應。《論語·堯曰》："堯曰：'咨！爾舜，天之歷數在爾躬。'"漢·蔡邕《光武濟陽宮碑》："歷數在帝，踐祚允宜。"宋·范成大《秦

〔1〕　洪興祖：《楚辭補注》，第 158 頁。
〔2〕　洪興祖：《楚辭補注》，第 299—300 頁。

淮》詩：“經營暨六代，兹地稱神州，乃知歷數定，昧者徒私憂。”
明·朱元璋《免朝謁手詔》：“爾察歷數，觀天文，擇主就聘，首陳三
策，朕實嘉行。”㊁（一shǔ）❹——列舉；逐個説出。《資治通鑑·唐
代宗大曆元年》：“因歷數大臣過失。”宋·歐陽修《論臺諫官唐介等宜
早牽復札子》：“昨所能黜臺諫五人，惟是從誨入臺未久，其他四人，
出處本末，迹狀甚明，可以歷數也。”清·王夫之《薑齋詩話》卷二：
“若杜陵長篇，有歷數月日事者，合爲一章。《大雅》有此體。”《人民
文學》1977 年第 7 期：“〔鐵人〕歷數鑽工們如何苦戰。”（羅竹風主編
《漢語大詞典》第五卷，第 366 頁）

　　“歷數”（一shǔ）第四個義項“——列舉；逐個説出”用例早見於東漢·王
逸《楚辭》注中。

　　《楚辭·離騷》：“依前聖以節中兮，喟憑心而歷兹。”東漢·王逸注：“節，
度。喟，歎也。歷，數也。言己所言，皆依前世聖人之法，節其中和，喟然舒
憤懣之心，歷數前世成敗之道，而爲此詞也。”[1]

憐 哀

　　“憐哀”，憐憫、同情。《漢語大詞典》此目首例引南朝·宋·范曄撰《後漢
書》，書證滯後。

　　　　【憐哀】哀憐。《後漢書·伏隆傳》：“其後步遂殺之，時人莫不憐
　　哀焉。”（羅竹風主編《漢語大詞典》第七卷，第 741 頁）

　　“憐哀”早見於漢代文獻。

　　西漢·揚雄《方言》第十：“噴，無寫，憐也。沅澧之原凡言相憐哀謂之
噴，或謂之無寫，江濱謂之思。皆相見歡喜有得亡之意也。”[2]

　　東漢·王逸《〈招魂〉序》：“宋玉憐哀屈原，忠而斥棄，愁懣山澤，魂魄放
佚，厥命將落。”[3]

---

〔1〕　洪興祖：《楚辭補注》，第 20 頁。
〔2〕　華學誠：《揚雄方言校釋匯證》，第 651 頁。
〔3〕　洪興祖：《楚辭補注》，第 197 頁。

流　名

《漢語大詞典》"流名"首例書證引《後漢書》，偏晚。

> 　　【流名】名聲流傳。《後漢書·方術傳下·薊子訓》："於是子訓流名京師，士大夫皆承風向慕之。"三國·魏·嵇康《管蔡論》："頑惡顯著，流名千里。"《南史·傅亮傳》："向使石厚之子，日磾之孫，砥鋒挺鍔，不與二祖同戴天日，則石碏、秺侯何得流名百代。"（羅竹風主編《漢語大詞典》第五卷，第 1260 頁）

比《後漢書》早三百年成書的王逸《楚辭》注中有"流名"的用例。

《楚辭·離騷》："老冉冉其將至兮，恐脩名之不立。"東漢·王逸注："立，成也。言人年命冉冉而行，我之衰老，將以來至，恐脩身建德，而功不成名不立也。《論語》曰：君子疾没世而名不稱焉。屈原建志清白，貪流名於後世也。"[1]

《楚辭·遠游》："欲與天地參壽兮，與日月而比榮。"東漢·王逸注："言己修行衆善，冀若仙人王僑得道不死，遂與天地同其壽命，與日月比其光榮，流名於後世，不腐滅也。"[2]

"流名"在漢代的書證，除存於王逸注外，還見於漢魏之際仲長統（179—220）《昌言》。

東漢·仲長統《昌言》："二主數子之所以震威四海，布德生民，建功立業，流名百世者，唯人事之盡耳，無天道之學焉。"[3]

裸　露

"裸露"乃魏晋人語。《漢語大詞典》"裸露"目首例書證引《南史》，書證滯後。

---

〔1〕　洪興祖：《楚辭補注》，第 12 頁。
〔2〕　洪興祖：《楚辭補注》，第 309 頁。
〔3〕　孫啟治校注：《昌言校注》，第 388 頁。

【裸露】袒露；沒有東西遮蓋。《南史·王僧辯傳》："都下百姓父子兄弟相哭，自石頭至于東城，被執縛者，男女裸露，袒衣不免。"清·紀昀《閲微草堂筆記·灤陽消夏録四》："姑虐婦死，律無抵法。即訟亦不能快汝意。且訟必檢驗，檢驗必裸露，不更辱兩家門户乎?"楊沫《青春之歌》第二部第二一章："孟大環望着女人的雪白的頸脖，望着她白嫩的裸露的雙臂，嘻嘻了兩聲，突然貪饞地張大了嘴巴。"侯金鏡《漫游小五臺·密林一日》："站在裸露地帶看腳下，是一片無邊無沿蒼鬱的林海。"引申爲顯現、暴露。丁玲《韋護》第二章："他有許多思想只能給她知道，那些腦筋簡單的人是不配瞭解的，而且也只有她的那些動人的態度，才能引起他有裸露出衷心的需要。"（羅竹風主編《漢語大詞典》第九卷，第 106—107 頁）

《南史》乃唐人李延壽彙合删節《宋書》、《南齊書》、《梁書》和《陳書》而成的紀傳體史書，並非純粹的中古語料，所以《漢語大詞典》引《南史》並不妥當。"裸露"早見於郭璞的注釋中。

《山海經·大荒西經》："有蟲狀如菟，胷以後者裸不見，青如猨狀。"晋·郭璞注："言皮色青，故不見其裸露處。"[1]

與郭璞同時的竺法護（約三、四世紀間）在其譯經中也使用了"裸露"一詞。

西晋·竺法護譯《正法華經》："猶族姓子，斯經典者，爲三界護，度脱衆生危厄之難，飽滿饑虚衆情之患，寒者温煖，熱者清凉，有裸露者皆得衣被，開導衆生悉令入道。"（卷9《藥王菩薩品》，9，126，b18-21）

西晋·竺法護譯《佛説琉璃王經》："佛與弟子至迦維羅衛，見諸人民傷殘者多，又察衆女人，杌無手足耳鼻支體，身形裸露，委在坑塹，無用自蔽，世間苦痛如是。不仁之人，相害甚酷。"（卷1，14，785，b2-5）

更早的書證還有三國·魏·曹植《轉封東阿王謝表》："然桑田無業，左右貧窮，食裁餬口，形有裸露。"[2]此表上奏於太和三年（229）。

"裸"字從衣，指人赤體無衣。"裸"是"臝"的或體。《説文·衣部》："臝，袒也。从衣臝聲。裸，臝或从果。"[3]清·段玉裁注："'但'各本作'袒'，今正。《左傳》：'欲觀其裸。'正義曰：'裸謂赤體無衣也。'《大戴禮》曰：

---

〔1〕 袁珂：《山海經校注》（最終修訂版），第 334 頁。
〔2〕 趙幼文：《曹植集校注》，第 390 頁。
〔3〕 許慎：《説文解字》，第 172 頁。

'倮蟲三百六十，聖人爲之長。'《王制》：'臝股肱。'注曰：'搴衣出其臂脛也。'按，人部曰：'但，裼也。'謂免上衣露裼衣，此裸裎皆訓但者，裸裎者但之尤甚者也。"[1]《説文·人部》："但，裼也。"但（tǎn）是"袒"的古字，意爲脱去上衣，露出内衣或身體。脱衣到了赤身露體的程度，就是"裸"。所以魏晋時期的"裸露"用例多指人光着身子，没穿衣服。而郭璞《山海經》注中的"裸露"與解衣露體無關，説明其時詞義已引申爲露在外头、無遮蓋包裹。

媒　人

"媒人"，説合男女婚事的人。《漢語大詞典》此目引《孔雀東南飛》爲首例，書證嫌晚。

　　【媒人】説合婚姻的人。《玉臺新詠·古詩〈爲焦仲卿妻作〉》："阿母白媒人：'貧賤有此女，始適還家門。不堪吏人婦，豈合令郎君？'"南朝·梁·沈約《奏彈王源》："源人身在遠，輒攝媒人劉嗣之到臺辨問。"清·李漁《風箏誤·囑鷂》："你從前既把媒人做，還仗你把姻親訂妥。"老舍《龍鬚溝》第二幕："我的老婆是媒人給説的。"（羅竹風主編《漢語大詞典》第一卷，第1342頁）

《孔雀東南飛》是漢代樂府民歌中的長篇叙事詩，最早見於徐陵《玉台新詠》，題作《古詩〈爲焦仲卿妻作〉》。宋代郭茂倩《樂府詩集》則題爲《焦仲卿妻》，稱之爲"古辭"。近人則多取本詩首句擬題，作《孔雀東南飛》。一般認爲，這首詩大致創作於東漢獻帝建安年間（196—220），是詩人據廬江郡（今屬安徽）發生的一個婚姻悲劇寫成的。

出現在東漢·王逸《楚辭章句》的兩個"媒人"用例，比《孔雀東南飛》早大約一個世紀，是最早的書證。

《楚辭·離騷》："理弱而媒拙兮，恐導言之不固。"東漢·王逸注："弱，劣也。拙，鈍也。言己欲效少康，留而不去，又恐媒人弱鈍，達言於君不能堅固，復使回移也。"[2]

《楚辭·九歌·湘君》："心不同兮媒勞，恩不甚兮輕絶。"東漢·王逸注：

---

〔1〕　段玉裁：《説文解字注》，第693頁。
〔2〕　洪興祖：《楚辭補注》，第34頁。

"言婚姻所好，心意不同，則媒人疲勞，而無功也。屈原自喻行與君異，終不可合，亦疲勞而已也。言人交接初淺，恩不甚篤，則輕相與離絕。言己與君同姓共祖，無離絕之義也。"[1]

謬 錯

《漢語大詞典》"謬錯"目書證首引《後漢書》，嫌晚。

【謬錯】 舛誤；錯誤。《後漢書・申屠剛傳》："臣聞王事失則神祇怨怒，姦邪亂正，故陰陽謬錯。"（羅竹風主編《漢語大詞典》第五卷，第 882 頁）

《後漢書・申屠剛傳》的書證出自申屠剛在漢平帝（公元 1 年—公元 6 年在位）時呈給朝廷的對策。但現在無法確認南朝・宋・范曄（398—445）所引就是原文。"謬錯"見於比《後漢書》早一百多年的郭璞（276—324）《山海經》注。

《山海經・西山經》："其下多竹、箭，其陰多赤銅，其陽多嬰垣之玉。"晉・郭璞注："垣或作短，或作根，或作埋，傳寫謬錯，未可得詳。"[2]

佩 帶

"佩帶"，將物品繫掛在身上。《漢語大詞典》此目第一義項引現代文學作品，書證太晚。

【佩帶】 ❶佩掛；繫帶。冰心《瞻仰毛主席紀念堂》："他的胸前佩帶着上面有'爲人民服務'的紀念章。"又如：佩帶袖章；佩帶手槍。❷感銘。《北齊書・李元忠傳》："久相嘉尚，嗟詠無極。恒思標賞，有意無由。忽辱蒲桃，良深佩帶。"參見"佩戴"。（羅竹風主編《漢語大詞典》第一卷，第 1342 頁）

---

〔1〕 洪興祖：《楚辭補注》，第 62 頁。
〔2〕 袁珂：《山海經校注》（最終修訂版），第 24 頁。

《漢語大詞典訂補》增補了一條唐代的書證：

【佩帶】1-1342 ◎❶佩掛；繫帶。唐·段成式《酉陽雜俎·禮異》："梁諸臣從西門入，著具服……雙雙佩帶劍。"〔1〕

"佩掛、繫帶"義的"佩帶"早見於東漢·王逸《楚辭章句》。

《楚辭·劉向〈九嘆·惜賢〉》："登長陵而四望兮，覽芷圃之蠡蠡。"東漢·王逸注："圃，野樹也。《詩》云：東有圃草。蠡蠡，猶歷歷，行列貌也。言己登高大之陵，周而四望，觀香芷之圃，歷歷而有行列，傷人不采而佩帶也。言己亦修德行義，動有節度，而不見進用也。"〔2〕

被　服

"被（pī）服"，穿着。"被"是"披"的古字。《漢語大詞典》此目引《文選·古詩十九首》詩句，書證嫌晚。

【被（pī）服】穿着。《古詩十九首·東城高且長》："被服羅裳衣，當户理清曲。"南朝·宋·鮑照《擬行路難》詩之三："中有一人字金蘭，被服纖羅采芳藿。"《宋史·王全斌傳》："京城大雪，太祖設氈帷於講武殿，衣紫貂裘帽以視事，忽謂左右曰：'我被服若此，體尚覺寒，念西征將帥犯霜雪，何以堪處。'即解裘帽，遣中黃門馳賜全斌。"（羅竹風主編《漢語大詞典》第九卷，第 57 頁）

無名氏《古詩十九首》是東漢文人五言抒情詩的成熟代表。它們不是一人一時之作，也不是一個有機構成的組詩。游國恩等認爲："據我們看，這批古詩雖不是一人所作，但風格内容大體相同。其產生的時代，先後距離必不甚遠。再從文人五言詩的興起和發展以及有關歷史事實綜合考察，估計《古詩十九首》的時代大概不出於東漢後期數十年之間，即至早當在順帝末年，至晚亦在獻帝

〔1〕 漢語大詞典編纂處編：《漢語大詞典訂補》，第 1065 頁。
〔2〕 洪興祖：《楚辭補注》，第 18 頁。

以前（約 140—190）。"〔1〕

"被服"的最早用例見於東漢·王逸《楚辭章句》，而且數量較多，有十餘處。

《楚辭·離騷》："荃不察余之中情兮，反信讒而齋怒。"東漢·王逸注："荃，香草，以諭君也。人君被服芬香，故以香草爲諭。惡數指斥尊者，故變言荃也。"〔2〕

《楚辭·離騷》："製芰荷以爲衣兮，集芙蓉以爲裳。"東漢·王逸注："芙蓉，蓮華也。上曰衣，下曰裳。言己進不見納，猶復裁製芰荷，集合芙蓉，以爲衣裳，被服愈潔，脩善益明。"〔3〕

《楚辭·九歌·東皇太一》："靈偃蹇兮姣服，芳菲菲兮滿堂。"東漢·王逸注："菲菲，芳貌也。言乃使姣好之巫，被服盛飾，舉足奮袂，偃蹇而舞。芬芳菲菲，盈滿堂室也。"〔4〕

《楚辭·九歌·大司命》："靈衣兮被被，玉佩兮陸離。"東漢·王逸注："被被，長貌，一作披。言己得依隨司命，被服神衣，被被而長，玉佩衆多，陸離而美也。"〔5〕

《楚辭·九歌·少司命》："荷衣兮蕙帶，儵而來兮忽而逝。"東漢·王逸注："言司命被服香净，往來奄忽，難當值也。"〔6〕

《楚辭·九辯》："竊悲夫蕙華之曾敷兮，紛旖旎乎都房。"東漢·王逸注："蕙草芬芳，以興在位之貴臣也。被服盛飾於宮殿也。旖旎，盛貌。《詩》云：'旖旎其華。'"〔7〕

《楚辭·招魂》："被文服纖，麗而不奇些。"東漢·王逸注："文，謂綺繡也。纖，謂羅縠也。麗，美好也。不奇，奇也。猶《詩》云：不顯文王。不顯，顯也。言美女被服綺繡，曳羅縠，其容靡麗，誠足奇怪也。一云：被兹文服，纖麗不奇。"〔8〕

《楚辭·招魂》："二八齊容，起鄭舞些。"東漢·王逸注："齊，同。鄭舞，鄭國之舞也。言二八美女，其儀容齊一，被服同飾，奮袂俱起而鄭舞也。或曰：

〔1〕 游國恩等主編：《中國文學史（修訂本）》，第 210 頁。
〔2〕 洪興祖：《楚辭補注》，第 9 頁。
〔3〕 洪興祖：《楚辭補注》，第 17 頁。
〔4〕 洪興祖：《楚辭補注》，第 56—57 頁。
〔5〕 洪興祖：《楚辭補注》，第 70 頁。
〔6〕 洪興祖：《楚辭補注》，第 72 頁。
〔7〕 洪興祖：《楚辭補注》，第 187 頁。
〔8〕 洪興祖：《楚辭補注》，第 210 頁。

鄭舞，鄭重屈折而舞也。"〔1〕

《楚辭·東方朔〈七諫·怨世〉》："服清白以逍遥兮，偏與乎玄英異色。"東漢·王逸注："玄英，純黑也，以喻貪濁。言己被服芬香，履修清白，偏與貪濁者異行，不可同趣也。色，一作采。"〔2〕

《楚辭·劉向〈九嘆·逢紛〉》："薛荔飾而陸離薦兮，魚鱗衣而白蜺裳。"東漢·王逸注："陸離，美玉也。薦，卧席也。飾，一作餙。薦，古作虋。魚鱗衣，雜五綵爲衣，如鱗文也。言所居清潔，被服芬芳，德體如玉，文綵燿明也。"〔3〕

《楚辭·劉向〈九嘆·遠逝〉》："游清靈之颯戾兮，服雲衣之披披。"東漢·王逸注："颯戾，清凉貌。靈，一作霧。披披，長貌也。言積德不止。乃上游清冥清凉之庭，被服雲氣而通神明也。服，一作般。"〔4〕

《楚辭·劉向〈九嘆·愍命〉》："誠惜芳之菲菲兮，反以兹爲腐也。"東漢·王逸注："腐，臭也。言己自惜被服芳香，菲菲而盛。君反以此爲腐臭不可用。"〔5〕

《楚辭·劉向〈九嘆·遠游〉》："服覺皓以殊俗兮，貌揭揭昌巍巍。"東漢·王逸注："覺，較也。《詩》云：有覺德行。皓，猶明也。揭揭，高貌也。巍巍，大貌也。言己被服衆芳，履行忠正，較然盛明，志願高大，與俗人異也。"〔6〕

前　賢

《漢語大詞典》"前賢"首例書證引西晋·陸機（261—303）辭賦，稍晚。

【前賢】前代的賢人或名人。晋·陸機《豪士賦》："巍巍之盛，仰邈前賢。洋洋之風，俯冠來籍。"北齊·顔之推《顔氏家訓·養生》："單豹養於内而喪外，張毅養於外而喪内，前賢所戒也。"唐·杜甫《戲爲六絶句》之一："今人嗤點流傳賦，不覺前賢畏後生。"清·龔自珍《歌哭》詩："西鄰弔罷東鄰賀，歌哭前賢較有情。"郁達夫《離亂

---

〔1〕洪興祖：《楚辭補注》，第210頁。
〔2〕洪興祖：《楚辭補注》，第244頁。
〔3〕洪興祖：《楚辭補注》，第284頁。
〔4〕洪興祖：《楚辭補注》，第293頁。
〔5〕洪興祖：《楚辭補注》，第305頁。
〔6〕洪興祖：《楚辭補注》，第309頁。

雜詩》之十一：“長歌正氣重來讀，我比前賢路已寬。”（羅竹風主編
《漢語大詞典》第二卷，第 135—136 頁）

比陸機《豪士賦》早一百餘年的王逸《楚辭》注中有“前賢”的用例。

《楚辭·離騷》：“謇吾法夫前脩兮，非世俗之所服。”東漢·王逸注：“言我
忠信謇謇者，乃上法前世遠賢，固非今時俗人之所服行也。一云，謇，難也，
言己服飾雖爲難法，我仿前賢以自修潔，非今世俗人所服佩。”[1]

比陸機辭賦早的中古注釋著作中的“前賢”書證還有：

《三國志·蜀志·劉封傳》“達（孟達）既懼罪，又忿恚封，遂表辭先主，
率所領降魏。”裴松之注引三國·魏·魚豢《魏略》録孟達《辭先主表》：“況臣
卑鄙，無元功巨勳，自系於時，竊慕前賢，早思遠恥。”[2]

入　土

“入土”的本義爲進入土中。《漢語大詞典》“入土”條第一個義項“埋进土
中”非其本义。

【入土】❶埋進土中。宋·方夔《田家詩》：“良苗已入土，田閒
水沄沄。”❷埋入墳墓，安葬。宋·蘇軾《東坡志林》（稗海本）卷十
二：“艾人俯而應曰：‘汝已半截入土，猶争高下乎？’”《醒世恒言·劉
小官雌雄兄弟》：“小廝雙膝跪下哭告道：‘兒不幸，前年喪母，未能入
土。’”姚雪垠《長夜》二三：“將來土匪一收編，大小弄個官兒到手，
讓苦了一輩子的老母親臨到入土前享幾天清福。”（羅竹風主編《漢語
大詞典》第一卷，第 1058 頁）

“入”的本義爲進入。《説文·入部》：“入，内也。象從上俱下也。”[3]許慎
所謂“從上俱下”語焉不詳。清·段玉裁：“‘内也’，自外而中也。‘象從上俱
下也’，上下者，外中之象。”[4]自外而中，由外至内即進入。而“埋”是“（用

---

〔1〕 洪興祖：《楚辭補注》，第 13 頁。
〔2〕 陳壽：《三國志》，第 993 頁。
〔3〕 許慎：《説文解字》，第 109 頁。
〔4〕 段玉裁：《説文解字注》，第 396 頁。

土、沙、雪、落葉等）蓋住"。[1] 所以"入土"的字面義意應當是進入土中，而不是"埋進土中"。

漢·王充《論衡·藝增》："《武成》言'血流浮杵'，亦太過焉。死者血流，安能浮杵？案武王伐紂於牧之野，河北地高，壤靡不乾燥，兵頓血流，輒燥入土，安得杵浮？且周、殷士卒，皆賚盛糧，無杵臼之事，安得杵而浮之？言血流杵，欲言誅紂，惟兵頓士傷，故至浮杵。"[2]

王充質疑《尚書·武成》牧野之戰"血流漂杵"的說法，他說黃河以北地勢高，土壤乾燥，傷亡士兵的血會滲入乾土之中，絕不至於血流成河，漂起杵來。此段文字中的"入土"即是進入土中，而不是"埋進土中"，其意甚明。

但多數"入土"之物並不能主動進入土中，而是被動埋進土裏的，所以"埋进土中"在多數情況下也能説得通。

漢·桓譚《新論·祛蔽》："又草木五穀，以陰陽氣生於土，及其長大成實，實復入土，而後能生，猶人與禽獸昆蟲，皆以雄雌交接相生，生之有長，長之有老，老之有死，若四時之代謝矣。而欲變易其性，求爲異道，惑之不解者也。"[3]

"入土"是漢時語，上面已舉兩例。《漢語大詞典》引宋人書證，晚了近千年。下面再列南北朝時期道教書《真誥》中的兩個例子。

南朝·梁·陶弘景《真誥·稽神樞第一》："句曲之山有名菌山，此山至佳，亦有金，乃可往採，入土不過一二尺耳。吾昔臨去時，曾埋金於此。欲服金者，可往取，但當不中以營私累耳。"[4]

又《真誥·稽神樞第一》："大茅山有玄帝時銅（陶弘景注：古鼎字），鼎可容四五斛許，偎刻甚精好，在山獨高處，入土八尺許，上有盤石掩鼎上。玄帝時，命東海神使埋藏於此。"[5]

《漢語大詞典》"入土"條第二個義項"埋入墳墓，安葬"舉宋代書證，太晚。早在中古注釋語言中就有用例。

《穆天子傳》卷六："辛酉，大成，百物皆備。壬戌，葬。史録續鼓鍾，以赤下棺，七萃之士□土女錯踴九，□喪下。"晋·郭璞注："下謂入土。"[6]

約成書於東漢中晚期的道教經典《太平經》也有用例，可把書證年代提前

[1] 中國社會科學院語言研究所詞典編輯室編：《現代漢語詞典》（第 6 版），第 865 頁。
[2] 黃暉撰，劉盼遂集解：《論衡校釋》，第 391 頁。
[3] 朱謙之：《新輯本桓譚新論》，第 34 頁。
[4] ［日］吉川忠夫等編，朱越利譯：《真誥校注》，第 365 頁。
[5] ［日］吉川忠夫等編，朱越利譯：《真誥校注》，第 365 頁。
[6] 《穆天子傳》，第 37 頁。

至中古之初。

《太平經·大功益年書出歲月戒》："地神召問，其所爲辭語同不同，復苦思治之，治後乃服。上名命曹上對，算盡當入土，愆流後生，是非惡所致邪?"[1]

《太平經·大功益年書出歲月戒》："故人來悔易勢，當時鋒通，以爲命可再得也。不意天遣大神，占之尤惡。先入土，用是自慰，隱忍不敢當惡。"[2]

《太平經·七十二色死尸誡》："會欲殺人，簿領爲證驗。乃令入土，輒見考治，文書相關，何有脫者。"[3]

《太平經·見誡不觸惡訣》："是惡之人何獨劇，自以爲可久與同命。不意天神促之，使下入土；入土之後，何時復生出乎?"[4]

《太平經·不可不祠訣》："天聽假期至，不爲不中，謝天下地，取召形骸入土，魂神於天獄考，更相推排，死亡相次。"[5]

《太平經》中的"入土"有"埋入墳墓，安葬"的意思，但又有其特殊的宗教内涵。早期道教繼承了上古社會鬼神崇拜的傳統。《太平經》認爲人有靈魂，形魂合一，則爲人，形魂分離，則爲鬼。《太平經》卷一百三十七至一百五十三："陽者守一，陰者守二，故名殺也。故晝爲陽，人魂常並居；冥爲陰，魂神争行爲夢，想失其形，分爲兩，至於死亡。精神悉失，而形獨在。"[6]鬼是離開形的魂。人死其鬼魂便進入一個幽冥世界，《太平經》中稱爲"黄泉"或"土府"。那裏是對人死後進入地下的鬼魂進行審查，懲處惡人的超驗行政機構。《太平經》中的"入土"有人死後埋入墳墓、安葬的意思，也指鬼魂進入"黄泉"或"土府"。

"入土"還有一義，諸書未收。"入土"還可表示（水的）深度。

南朝·梁·陶弘景《真誥·稽神樞第四》："未至廟第一高山西頭龍尾北汧，洪水一所，發地長六丈餘，廣五丈，入土六尺，水流勢撻地二百餘步，去路三里。對廟後第二高山西頭汧，洪水一所，發地長四丈餘，廣三尺餘，入土四尺，水勢撻地三百餘步，去路二里。近廟後汧脅，一所洪水，發地長五丈餘，廣四丈餘，入地二尺餘，水勢流入汧中，去廟一百五十步。"[7]這段文字講蔣山北有三外大水，一處"入土六尺"，一處"入土四尺"，一處"入地二尺餘"。"入土"

---

[1] 王明編：《太平經合校》，第 526 頁。
[2] 王明編：《太平經合校》，第 535 頁。
[3] 王明編：《太平經合校》，第 568 頁。
[4] 王明編：《太平經合校》，第 600 頁。
[5] 王明編：《太平經合校》，第 605—606 頁。
[6] 王明編：《太平經合校》，第 716 頁。
[7] ［日］吉川忠夫等編，朱越利譯：《真誥校注》，第 467 頁。

和“入地”均表示水面到地面的距離。

瑞 鳥

《漢語大詞典》“瑞鳥”首引僞書《禽經》，不當。

> 【瑞鳥】象徵吉祥之鳥，如鸞、鳳等。《禽經》：“鸞，瑞鳥，一曰雞趣。”張華注：“鸞者鳳鳥之亞……《禮斗儀》曰：‘天下太平安寧則見。’”唐·宋之問《龍門應制》詩：“微風一起祥花落，仙樂初鳴瑞鳥來。”《新唐書·文藝傳中·吕向》：“向上言：‘鴟梟不鳴，未爲瑞鳥；豺虎雖伏，弗曰仁獸。’”（羅竹風主編《漢語大詞典》第四卷，第604頁）

《禽經》是僞書，其注也非《博物志》的作者西晉張華（232—300）所作。鄧瑞全、王冠英編著《中國僞書綜考》：“《禽經》一卷。作者僞。原題周晉師曠撰。曠字子野，晉國人。宋代陸佃《埤雅》始見引用該書，故一般認爲是唐末宋初冒名之作。……有晉張華注，因注引南朝顧野王《瑞應圖》、任昉《述異記》，乃及見梁代之書，其僞可知。”[1]

“瑞鳥”的最早用例出現於郭璞《山海經》注。

《山海經·西山經》：“有鳥焉，其狀如翟而五采文，名曰鸞鳥，見則天下安寧。”晉·郭璞注：“舊説鸞似雞，瑞鳥也，周成王時西戎獻之。”[2]

---

〔1〕 鄧瑞全、王冠英編著：《中國僞書綜考》，第474頁。

〔2〕 袁珂：《山海經校注》（最終修訂版），第31頁。

深 僻

“深僻”，幽深偏僻。《漢語大詞典》此目第一義項書證首引唐詩，嫌晚。

【深僻】❶幽深偏僻。唐·元稹《天壇上境》詩：“野人性僻窮深僻，芸署官閑不似官。”唐·康駢《劇談録·嚴史君遇終南山隱者》：“計其道路，去京不啻五六百里，然而林岫深僻，風景明麗。”宋曾鞏《請西北擇將東南益兵札子》：“然今東南之隅，地方萬里，有山海江湖險絶之勢，溪洞林麓深僻之虞。”❷艱深冷僻。唐·皎然《詩式·詩有四離》：“雖期道情，而離深僻；雖用經史，而離書生。”《宋史·范杲傳》：“〔范杲〕爲文深僻難曉，後生多慕效之。”（羅竹風主編《漢語大詞典》第五卷，第 1432 頁）

“幽深偏僻”義之“深僻”早見於東漢·王逸《楚辭章句》。

《楚辭·離騷》：“紛總總其離合兮，忽緯繣其難遷。”東漢·王逸注：“緯繣，乖戾也。遷，徙也。言蹇脩既持其佩帶通言，而讒人復相聚毀敗，令其意一合一離，遂以乖戾而見距絶。言所居深僻，難遷徙也。”[1]

省 閤

“省閤”同“省閣”，宮門。《漢語大詞典》此目第一義項書證首引南朝·宋·范曄（398—445）撰《後漢書》，嫌晚。

【省閤】亦作“省閣”。❶宮門。《後漢書·獻帝紀》：“帝疑賦卹有虛，乃親於御坐前量試作糜，乃知非實，使侍中劉艾出讓有司。於是尚書令以下皆詣省閤謝，奏收侯汶考實。”王先謙集解引劉攽曰：“閤，當作閣。閣，門也。”又《東平憲王蒼傳》：“其後諸王入宮，輒以輦迎，至省閤乃下。”❷指中樞機構。《後漢書·楊賜傳》：“賜被召會議詣省閤，切諫忤旨，因以寇賊免。”唐·王維《責躬薦弟表》：“陛

---

[1] 洪興祖：《楚辭補注》，第 26—27 頁。

下矜其愚弱，托病被囚，不賜疵瑕，累遷省閣。"清·姚鼐《題吳竹橋
湖田書屋圖》詩："昔君辭省閣，余亦卧江濱。"（羅竹風主編《漢語大
詞典》第七卷，第 1178 頁）

"省閣"早見於東漢·王逸《楚辭章句》。

《楚辭·離騷》："欲少留此靈瑣兮，日忽忽其將暮。"東漢·王逸注："靈以
喻君。瑣，門鏤也，文如連瑣，楚王之省閣也。一云：靈，神之所在也。瑣，
門有青瑣也。言未得入門，故欲小住門外。言己誠欲少留於君之省閣，以須政
教，日又忽去，時將欲暮，年歲且盡，言己衰老也。"[1]

盛　寒

《漢語大詞典》"盛寒"目引唐人注釋作品爲書證，嫌晚。

【盛寒】嚴寒；極寒。《禮記·月令》："〔孟春之月〕魚上冰。"
唐·孔穎達疏："魚當盛寒之時，伏於水下，逐其温暖。"宋·宋敏求
《春明退朝録》卷上："江南平，留汴水以待李國主，舟行盛寒，河流
淺涸。"《明史·王竑傳》："災傷疊見，方春盛寒。"（羅竹風主編《漢
語大詞典》第七卷，第 1429 頁）

"盛寒"早見於東漢·王逸《楚辭章句》。

《楚辭·九歌·湘君》："桂櫂兮蘭枻，斵冰兮積雪。"東漢·王逸注："斵，
斫也。言己乘船，遭天盛寒，舉其櫂楫，斵斫冰凍，紛然如積雪，言己勤苦也。
一云斵曾冰。"[2]

《楚辭·九章·涉江》："霰雪紛其無垠兮，雲霏霏而承宇。"東漢·王逸注：
"涉冰凍之盛寒。室屋沈没，與天連也。"[3]

---

[1]　洪興祖：《楚辭補注》，第 26—27 頁。
[2]　洪興祖：《楚辭補注》，第 62 頁。
[3]　洪興祖：《楚辭補注》，第 130 頁。

率 厲

《漢語大詞典》"率厲"目下有兩個義項。第二義項"激勵，勉勵"引了《後漢書》作爲書證，嫌晚。

> 【率厲】亦作"率勵"。❶率領督促。《東觀漢記·竇融傳》："〔融〕率厲五郡精兵，羌胡畢集，兵不血刃，而虜土崩瓦解。"晋·潘岳《馬汧督誄》："忠勇果毅，率厲有方，固守孤城，危逼獲濟。"《陳書·魯廣達傳》："廣達躬擐甲冑，手執枹鼓，率勵敢死，冒刃而前。"❷激勵，勉勵。《後漢書·祭肜傳》："肜乃率勵偏何，遣往討之。"宋·司馬光《所舉孫準有罪自劾第二札子》："乞如臣所奏，從貢舉非其人律施行，所貴率厲群臣，審慎所舉。"（羅竹風主編《漢語大詞典》第二卷，第 383 頁）

表示"激勵，勉勵"義的"率厲"最早見於東漢·王逸《楚辭》注中。

《楚辭·離騷》："雖不周於今之人兮，願依彭咸之遺則。"東漢·王逸注："彭咸，殷賢大夫，諫其君不聽，自投水而死。遺，餘也。則，法也。言己所行忠信，雖不合於今之世，願依古之賢者彭咸餘法，以自率厲也。"[1]

水 精

《漢語大詞典》"水精"目第三个義項"水晶"書證首引《後漢書》，嫌晚。

> 【水精】❶水的精氣。漢·王充《論衡·講瑞》："山頂之溪，不通江湖，然而有魚，水精自爲之也。"❷指辰星。《左傳·襄公二十八年》："歲在星紀。"唐·孔穎達疏："五星者五行之精也。厤書稱：木精曰歲星，火精曰熒惑，土精曰鎮星，金精曰大白，水精曰辰星。"❸水晶。無色透明的結晶石英，是一種貴重礦石。《後漢書·西域傳·大秦》："〔大秦〕宮室皆以水精爲柱，食器亦然。"唐·杜甫《麗人行》：

---

[1] 洪興祖：《楚辭補注》，第 13 頁。

"紫駝之峰出翠釜，水精之盤行素鱗。"宋·洪邁《夷堅支志丁·靈山水精》："水精出於信州靈山之下，唯以大爲貴，及其中現花竹象者。"參閱明李時珍《本草綱目·金石二·水精》。❹水中精怪。晋·常璩《華陽國志·蜀志》："外作石犀五頭，以厭水精。"（羅竹風主編《漢語大詞典》第五卷，第 882 頁）

"水精"早見於郭璞《山海經》注。《後漢書》的作者爲南朝·宋·范曄（398—445）比郭璞（276—324）晚一百多年。

《山海經·南山經》："又東三百里，曰堂庭之山，多棪木，多白猿，多水玉，多黄金。"晋·郭璞注："水玉，今水精也。相如《上林賦》曰：'水玉磊砢。'赤松子所服；見《列仙傳》。"[1]

《漢語大詞典》"水玉"目的第一個義項"水晶的古稱"，也引用了上面《山海經·南山經》郭璞注爲首個書證。[2]

水　蛇

水蛇是生活於水邊的蛇類的統稱。《漢語大詞典》此目書證首引《本草綱目》，嫌太晚。

【水蛇】生活於水中的蛇。明·李時珍《本草綱目·鱗二·水蛇》："水蛇所在有之，生水中。大如鱔，黄黑色，有纈紋，嚙人不甚毒。"參閱唐·段成式《酉陽雜俎·廣動植一》。（羅竹風主編《漢語大詞典》第五卷，第 873 頁）

水　蛇

---

[1] 袁珂：《山海經校注》（最終修訂版），第 2 頁。

[2] 羅竹風主編：《漢語大詞典》第五卷，第 857 頁。

蛇類約有 2500 種，在中國約有 200 種。世界性分布主要分布於熱帶和亞熱帶。樹栖、穴居、淡水和海水中均有。古人當然早就發現了生活於水中的水蛇。唐·段成式《酉陽雜俎·廣動植一》："蛇有水、草、木、土四種。"[1] 但中古及上古的文獻中，"水蛇"這個詞却很少見。郭璞的《山海經》注中有一例。

《山海經·西山經》："浴水出焉，東流注于河，其中多藻玉，多白蛇。"晉·郭璞注："水蛇。"[2]

《論衡》有"水虵"一詞。"虵"是"蛇"的俗字。《玉篇·蟲部》："虵，正作蛇。"

漢·王充《論衡·龍虛》："物在世間，各有所乘，水虵乘霧，龍乘雲，鳥乘風。"黄暉校釋："螣虵乘霧，諸書或云神虵，或云騰虵，或云飛虵，或云蟒虵。'水虵'未聞。疑'水'字衍，下文並以三字爲句。"[3]

這樣看來，"水虵"恐怕不是王充的原文。所以，《漢語大詞典》"水蛇"這個詞的書證應首引郭璞的《山海經》注。

宿　鳥

"宿鳥"，歸巢的鳥。《漢語大詞典》此目書證首引唐詩，書證滯後。

　　【宿鳥】歸巢栖息的鳥。唐·吳融《西陵夜居》詩："林風移宿鳥，池雨定流螢。"宋·蘇軾《和人回文》詩之四："煙鎖竹枝寒宿鳥，水沉天色霽橫參。"明·張四維《雙烈記·引狎》："欄杆空佇立，宿鳥歸飛急。"清·顧炎武《三月十九日有事於欑宫時聞緬國之報》詩："宿鳥乍歸陵樹穩，春花初放果園香。"（羅竹風主編《漢語大詞典》第三卷，第 1524 頁）

"宿鳥"早見於西漢·孔安國《論語》注。

《論語·述而》："子釣而不綱，弋不射宿。"三國·魏·何晏集解引西漢·孔安國曰："釣者，一竿釣。綱者，爲大網以横絶流。以繳繫釣，羅屬著綱。

---

〔1〕　劉傳鴻：《〈酉陽雜俎〉校證：兼字詞考釋》，第 256 頁。

〔2〕　袁珂：《山海經校注》（最終修訂版），第 30 頁。

〔3〕　黄暉撰，劉盼遂集解：《論衡校釋》，第 291 頁。

弋，繳射也。宿，宿鳥。"〔1〕

團　扇

《漢語大詞典》"團扇"目第一義項"圓形有柄的扇子"首引唐詩，書證滯後。

團　扇
（江蘇金壇南宋
周瑀墓）

【團扇】❶圓形有柄的扇子。古代宮內多用之，又稱宮扇。唐·王昌齡《長信秋詞》之三："奉帚平明金殿開，且將團扇暫徘徊。"元·梁寅《玉階怨》詩："團扇且棄置，夕氣凉轉添。"《紅樓夢》第二七回："忽見前面一雙玉色蝴蝶，大如團扇。"劉大白《秋扇》詩："一陣秋風，收拾起多少團扇。"❷樂府歌曲名。（1）指《團扇郎歌》。宋·賀鑄《訴衷情》詞："臨風再歌《團扇》，深意屬何人？"宋·王灼《碧雞漫志·歌曲存亡》："至唐武后時，舊曲存者，如《白雪》《公莫舞》《巴渝》《白苧》《子夜》《團扇》等，六十三曲。"參見"團扇歌"。（2）指漢·班婕妤所作《怨歌行》。因詩中有"新裂齊紈素，鮮潔如霜雪。裁爲合歡扇，團團似明月"等詩句，故名。南朝·梁·鍾嶸《詩品·漢婕妤班姬》："《團扇》短章，詞旨清捷，怨深文綺。"（羅竹風主編《漢語大詞典》第三卷，第662頁）

"團扇"這種器物早見於比王昌齡（？—約756）詩早四百多年的郭璞《山海經》注。

《山海經·南山經》："又東五百里，曰雞山，其上多金，其下多丹䨼。黑水出焉，而南流注于海。其中有鱄魚，其狀如鮒而彘毛，其音如豚，見則天下大旱。"晋·郭璞注："（鱄）音團扇之團。"〔2〕

團扇的扇面呈橢圓形或圓形，多以細絹製成，下有柄，或長或短。團扇的出現，至少是在西漢時期。《漢語大詞典》所引班婕妤的《怨歌行》可以爲證。

---

〔1〕《論語注疏》，第2483頁。
〔2〕袁珂：《山海經校注》（最終修訂版），第16頁。

古代詩詞中提到的"團扇"也多與班婕妤的典故有關。其實，班婕妤是不是《怨歌行》（或稱爲《怨詩》）的作者，歷來是有爭議的。《文選》李善注引《歌錄》云："《怨歌行》，古辭。"但魏晉六朝人，如陸機、徐陵等皆以爲是班婕妤作。《玉台新咏·班婕妤〈怨詩·序〉》："昔漢成帝班婕妤失寵，供養於長信宮，乃作賦自傷，並爲《怨詩》一首。"這首詩的内容與班婕妤的身世暗合，所以屬之班作，也算是信而有據。班婕妤是西漢扶風安陵人，班況的女兒。婕妤是宮中女官名。她很有才情，文學造詣極高。漢成帝即位初，被選入後宮，始爲少使，俄而大幸，升爲婕妤。自趙飛燕姐妹入宮後，逐漸受到冷

落。鴻嘉三年，爲了躲避趙飛燕姐妹的迫害，班婕妤主動請求到長信宮供養太后。《怨歌行》的作者自比秋扇，感嘆道："常恐秋節至，涼飆奪炎熱。弃捐篋笥中，恩情中道絶。"絹制的團扇，在炎熱的夏季與主人形影不離。可待到凉秋時節，就被視爲無用之物而弃置於箱中。宮中女子的命運完全取決於皇帝的好惡，隨時有可能被拋弃，正和團扇相似。孤寂中的班婕妤覺得自己仿佛就是在秋風中被拋弃的團扇。後世以"班姬詠扇"用作女子色衰失寵的典故，又稱"班女扇""班姬扇""班家扇""班扇"。班婕妤晚景凄涼。漢成帝死後，她要求到成帝陵守墓，在那裏孤單地離開了人世。《漢語大詞典》所引王昌齡的《長信秋詞》描繪的就是班婕妤失寵後的哀怨情懷。

托　附

《漢語大詞典》"托附"目第二義項"依附"引晉人常璩《華陽國志》爲例，書證滯後。

【托附】❶受托。晉·常璩《華陽國志·李特雄壽勢志》："臣托附深重，忘疲病之穢，實感殊遇。"一本作"托附"。❷依附。北魏·溫子昇《爲廣陽王淵上書靈太后》："往者元乂執權，移天徙日，而徵托

附，無翼而飛。"《舊唐書·李迴秀傳》："然頗托附權倖，傾心以事張易之、昌宗兄弟，由是深爲讜正之士所譏。"宋·蘇軾《與人書》："示諭《燕子樓記》，某於公契義如此，豈復有所惜？況得托附老兄與此勝境，豈非不肖之幸！"（羅竹風主編《漢語大詞典》第十一卷，第 41 頁）

"托附"的最早用例見於東漢·王逸《楚辭》注。

《楚辭·九歌·湘夫人》："築室兮水中，葺之兮荷蓋。"東漢·王逸注："屈原困於世，願築室水中，托附神明而居處也。一本云以荷蓋。"[1]

《楚辭·招魂》："歸來兮！不可旨托些。"東漢·王逸注："言魂靈宜急來歸，此誠不可以托附而居之也。一無'兮'字。一云：歸來歸來。"[2]

未　詳

"未詳"一詞始見於魏晉人語中，意爲不知、不明。《漢語大詞典》此目第一義項"不知道或瞭解得不清楚"首引《宋書》書證，嫌晚。

【未詳】❶不知道或瞭解得不清楚。《宋書·禮志二》："至尊爲服緦三月，成服，仍即公除。至三月竟，未詳當除服與不？"北魏·酈道元《水經注·涑水》："水自山北流，五里而伏，云'潛通澤渚'，所未詳也。"❷不够詳盡。南朝·梁·陸倕《新刻漏銘序》："衛宏載傳呼之節，較而未詳；霍融叙分至之差，詳而不密。"明·沈德符《野獲編·科場·現在大臣子弟登第》："此皆成化以前之事也，乃成化以後，弇州所紀亦未詳。"（羅竹風主編《漢語大詞典》第四卷，第 691 頁）

《説文·言部》："詳，審議也。"[3]"詳"的本義爲審慎，引申爲知道、瞭解、清楚。《漢語大詞典》所引《宋書·禮志二》書證爲宋孝武帝孝建三年（456）三月有司奏章中語，嫌晚。

晉·陳壽（233—297）《三國志·魏志·何夔傳》："自軍興以來，制度草

---

〔1〕 洪興祖：《楚辭補注》，第 66 頁。
〔2〕 洪興祖：《楚辭補注》，第 199 頁。
〔3〕 許慎：《説文解字》，第 52 頁。

創，用人未詳其本，是以各引其類，時忘道德。"〔1〕

《三國志·吳志·張溫傳》："（張）溫少脩節操，容貌奇偉。權聞之，以問公卿曰：'溫當今與誰爲比？'大發（司）農劉基曰：'可與全琮爲輩。'太常顧雍曰：'基未詳其爲人也。溫當今無輩。'權曰：'如是，張允不死也。'"〔2〕

《三國志·吳志·陸抗傳》："（王）蕃、（李）勖永已，悔亦靡及，誠望陛下赦召玄出，而頃聞薛瑩卒見逮録。瑩父綜納言先帝，傅弼文皇，及瑩承基，内屬名行，今之所坐，罪在可宥。臣懼有司未詳其事，如復誅戮，益失民望，乞垂天恩，原赦瑩罪，哀矜庶獄，清澄刑網，則天下幸甚！"〔3〕

在魏晉人中使用"未詳"最多的當屬晉·郭璞（276—324），在《爾雅注》中就有九十餘個"未詳"，這也可見其爲學的求實態度。郭氏《方言注》《山海經注》《穆天子傳注》等注釋中也多有"未詳"字樣。兹列《爾雅·釋詁》卷一郭注中的四例以爲證。

《爾雅·釋詁》："儀、若、祥、淑、鮮、省、臧、嘉、令、類、綝、彀、攻、穀、介、徽，善也。"晉·郭璞注："《詩》曰：'儀刑文王。'《左傳》曰：禁禦不若。詩曰：'永錫爾類'，'我車既攻'，'介人維藩'，'大姒嗣徽音'。省、綝、彀，未詳其義。餘皆常語。"〔4〕

《爾雅·釋詁》："靖、惟、漠、圖、詢、度、咨、諏、究、如、慮、謨、猷、肇、基、訪，謀也。"晉·郭璞注："《國語》曰：'詢于八虞，咨于二虢，度于閎夭，謀于南宫，諏于蔡、原，訪于辛、尹。'通謂謀議耳。如、肇所未詳，餘皆見《詩》。"〔5〕

《爾雅·釋詁》："矢、雉、引、延、順、薦、劉、繹、尸、旅，陳也。"晉·郭璞注："《禮記》曰：'尸，陳也。'雉、順、劉，皆未詳。"〔6〕

《爾雅·釋詁》："永、羕、引、延、融、駿，長也。"晉·郭璞注："宋、衛、荆、吳之間曰融。羕所未詳。"〔7〕

與郭璞同時的注家郭象（約252—312）的注釋中也有這種用例。

《莊子·逍遥游》："化而爲鳥，其名爲鵬。"晉·郭象注："鵬鯤之實，吾所未詳也。"〔8〕

---

〔1〕 陳壽：《三國志》，第381頁。

〔2〕 陳壽：《三國志》，第1329頁。

〔3〕 陳壽：《三國志》，第1358—1359頁。

〔4〕《爾雅注疏》，第2568頁。

〔5〕《爾雅注疏》，第2569頁。

〔6〕《爾雅注疏》，第2570頁。

〔7〕《爾雅注疏》，第2570頁。

〔8〕《莊子集釋》，第3頁。

烏　黑

《漢語大詞典》釋"烏黑"爲深黑。

> 【烏黑】深黑。清・和邦額《夜譚隨録・襪襪》："夜間果見一物,通體烏黑。"魯迅《花邊文學・偶感》："每一新制度,新學術,新名詞,傳入中國,便如落在黑色染缸,立刻烏黑一團。"（羅竹風主編《漢語大詞典》第七卷,第 72 頁）

《漢語大詞典》引清代書證,過晚。"烏"與"黑"連用,早見於《毛傳》。《詩・邶風・北風》："莫赤匪狐,莫黑匪烏。"毛傳："狐赤烏黑,莫能別也。"漢・鄭玄箋："赤則狐也,黑則烏也,猶今君臣相承,爲惡如一。"[1] 錢鍾書按："今諺所謂'天下烏鴉一般黑'。"[2]

毛傳所謂"烏黑"還不是一個詞,而是一個句子,猶說"烏鴉是黑的"。

烏鴉全身都覆蓋着黑色羽毛,"烏"由此可引申出黑義。在中古出現的"烏衣""烏鬢"及"烏雲"等詞中,"烏"都爲黑義。

《三國志・魏志・鄧艾傳》："值歲凶旱,艾爲區種,身被烏衣,手執耒耜,以率將士。"[3]

晋・左思《白髮賦》："甘羅自以辯惠見稱,不以髮黑而名著;賈生自以良才見異,不以烏鬢而後舉。"[4]

南朝・梁簡文帝《金錞賦》："望烏雲之臨敵,聞條風之入營。"[5]

而"烏黑"凝結成詞,則是在隋唐時期。最早見於佛教譯經。

隋・闍那崛多譯《佛本行集經・剃髮染衣品》："若當來世,乘彼馬王,而其馬王,遍體紺青,頭烏黑色,駿尾甚長,被金鞍韀,鏤寶鞦,純金纓珞,莊嚴其身,以金網羅彌覆其上。"（卷 17, 3, p. 734, b12-15）

隋・闍那崛多譯《佛本行集經・問阿羅邏品》："此者不然,盛年少壯,正是快意受五欲時,少病少惱,氣力充足,頭髮烏黑,身體柔軟,勇猛具足,無

---

[1] 《毛詩正義》,第 310 頁。
[2] 錢鍾書:《管錐編（一）》,第 171 頁。
[3] 陳壽:《三國志》,第 782 頁。
[4] 嚴可均校輯:《全上古三代秦漢三國六朝文》,第 1890 頁。
[5] 嚴可均校輯:《全上古三代秦漢三國六朝文》,第 2997 頁。

所乏少。"(卷 21，3，p. 752，b29-c3)

隋·闍那崛多譯《佛本行集經·向菩提樹品》："五百白馬，頭耳烏黑，騣尾悉朱，長而披散。"(卷 26，3，p. 773，b28-c1)

隋·闍那崛多譯《佛本行集經·尸棄佛本生地品》："爾時，鹿王遥見獵師執杖而來，即便以偈告牝鹿言：'此是獵師將來至，身體烏黑著鹿衣，今來必剥我皮膚，斬截支節而將去。'"(卷 51，3，p. 887~888，b12-15~a1)

中土文獻中，"烏黑"的最早用例見於唐代。

唐·孫思邈《孫真人備急千金要方·丁腫》："二曰石丁，其狀皮肉相連，色烏黑如黑豆，甚硬，刺之不入，肉内陰陰微疼。"[1]

無地自容

《漢語大詞典》收有"無地自容"一目：

> 【無地自容】没有地方藏身。多以形容羞愧至極或處境窘迫。宋·司馬光《謝賜獎諭敕書並帶馬表》："膺兹覬賚，辭之則涉於僑慢，受之則寔爲尸素，有靦面目，無地自容。"宋·陳亮《謝陳參政啓》："自天有命，無地自容。"《明史·西域傳二·阿端衛》："殘寇窮迫，無地自容，宜遣人宥其罪，命復故業。"郭沫若《集外·想起了斫櫻桃樹的故事》："我們的過錯確是無辭可辯的。我自己感覺着無地自容。"（羅竹風主編《漢語大詞典》第七卷，第 107 頁）

《漢語大詞典》此條釋義不誤，但本義未舉證，引申義舉宋代書證也嫌過晚。

劉潔修《漢語成語源流大辭典》則在"無地自容"一條下設立了兩個義項。

> 【無地自容】wú dì zì róng。①語意或本《孔子家語·八·屈節解》：季孫聞之，赧然而愧，曰："地若可入，吾豈忍見宓子哉！"漢·賈誼《新書·審微》作"使穴可入"。又本《史記·魏公子傳》七七 2382：客有説公子曰："……公子乃自驕而功之，竊爲公子不取也。"於是公子立自責，似若無所容者。後來用［無地自容］，形容羞愧或恐

懼到了極點。多就處於尷尬或窘迫的境地而言。《敦煌變文集·唐太宗入冥記》二 210：皇帝聞此語，無地自容。│《太平廣記·一九·李林甫》引《逸史》：（安祿山）每語之曰："我對天子，亦不恐懼，唯見李相公，若無地自容，何也?"……②沒有地方存身或藏身。指處於走投無路的境地。《明史·三三〇·西域傳二·阿端衛》：（帝敕史昭曰）殘寇窮迫，無地自容，宜遣人宥其罪，命複故業。│《（清）顏元集·存人編·一·喚迷途·第一喚》：一項是禍患迫身，逃走在外，或兵亂離家，無地自容，度爲僧道。……[1]

劉潔修把"無地自容"的本義和引申義分爲兩個義項，這當然比《漢語大詞典》更細致。但由於沒有找到"無地自容"本義更早的書證，所以劉氏《漢語成語源流大辭典》將本義編爲第二義項，而把引申義卻放在了第一個義項的位置上。

其實，在中古注疏中就有"無地自容"一詞，且是本義書證。

《書·召誥》："夫知保抱攜持厥婦子，以哀籲天，徂厥亡出執。"孔傳："言困於虐政，夫知保抱其子，攜持其妻，以哀號呼天，告冤無辜，往其逃亡，出見執殺，無地自容，所以窮。"唐·孔穎達疏："多行無禮暴虐，於時之民困於虐政，夫知保抱攜持其婦子，以哀號呼天，告冤枉無辜，往其逃亡，出見執殺，言無地自容以困窮也。"[2]

即使孔安國傳是僞書，也是晉人語料。孔傳"無地自容"即是沒有地方存身或藏身之義。唐·孔穎達解"無地自容所以窮"爲"言無地自容以困窮也"，則是依孔傳指出了"無地自容"的引申義。

所以《漢語大詞典》應在"無地自容"條下設兩個義項。第一義項爲本義：沒有地方存身或藏身。書證用《書·召誥》孔傳。第二義項爲引申義：極言羞愧或恐懼的程度。

在現代漢語中，"無地自容"還有這兩種意義，但目前所有的現代漢語詞典都未設兩個義項。《現代漢語詞典》（第 6 版）：

【無地自容】wú dì－ zì róng 沒有地方可以讓自己藏起來，形容十分羞慚。[3]

[1] 劉潔修：《漢語成語源流大辭典》，第 1224 頁。

[2] 《尚書正義》，第 212 頁。

[3] 中國社會科學院語言研究所詞典編輯室編：《現代漢語詞典》（第 6 版），第 1373 頁。

　　漢語大詞典出版社 2000 年出版的《現代漢語大詞典》只刪去了《漢語大詞典》"無地自容"條前三條古代書證,其餘全部襲用。《現代漢語詞典》是中型詞典,不列書證也情有可原。但《現代漢語大詞典》如果不列本義書證,就辜負了書名里的"大"字。下面舉一條"無地自容"本義書證。

　　《中國大百科全書·農業卷Ⅰ》"家畜行為"條:"據研究報道,一個幾隻雞的群體其級別的形成始於 10 周齡左右。因等級而造成的應激大群較小群爲甚,並因廐舍的擁擠而加劇。處於最低層者往往吃不飽,甚至無地自容。"〔1〕

繫 屬

　　"繫屬",聯綴。《漢語大詞典》"繫屬"目第一義項引南北朝時期《顏氏家訓》,書證滯後。

　　【繫屬】(－zhǔ)❶聯綴。北齊·顏之推《顏氏家訓·歸心》:"精若是石,不得有光,性質又重,何所繫屬"《易·繫辭上》"聖人設卦觀象,明吉凶,剛柔相推而生變化"唐·孔穎達疏:"卦象爻象,有吉有凶。若不繫辭,其理未顯,故繫屬吉凶之文辭於卦爻之下,而明此卦爻吉凶也。"郭沫若《屈原簡述》:"太陽、月亮和星星究竟何所繫屬,它們都不掉下來?"❷羈縻籠絡。明·唐順之《條陳薊鎮補兵足食事宜》:"如此百方體悉,庶足繫屬其心。"(羅竹風主編《漢語大詞典》第九卷,第 1027 頁)

　　"繫屬"是并列結構。"繫"和"屬"都有"聯綴"的意思。《類篇·系部》:"繫,聯也。"《说文·尾部》:"屬,連也。"

　　"聯綴"義的"繫屬"最早見於東漢·王逸《楚辭·天問》注。

　　《楚辭·天問》:"九天之際,安放安屬?"東漢·王逸注:"九天,東方皞天,東南方陽天,南方赤天,西南方朱天,西方成天,西北方幽天,北方玄天,東北方變天,中央鈞天。其際會何分,安所繫屬乎?"〔2〕

　　《楚辭·天問》:"日月安屬?列星安陳?"東漢·王逸注:"言日月衆星,安

---

〔1〕　中國大百科全書出版社編輯部編:《中國大百科全書·農業卷Ⅰ》"家畜行為"條,第 443 頁。

〔2〕　洪興祖:《楚辭補注》,第 87 頁。

所繫屬，誰陳列也。"〔1〕

《漢語大詞典》引用的郭沫若《屈原簡述》中的例句（"太陽、月亮和星星究竟何所繫屬，它們都不掉下來？"），其實就是翻譯和發揮了王逸的注釋。

閒 暇

《漢語大詞典》"閒暇"目第一義項中的"閑空"義引晋·袁宏《後漢紀》，書證滯後。

> 【閒暇】亦作"閑暇"。❶平安無事。《孟子·公孫丑上》："今國家閒暇，及是時般樂怠敖，是自求禍也。"宋·李綱《奉詔條具邊防利害奏狀》："大概近年所操之説有二：閑暇則以和議爲得計，而以治兵爲失策；倉卒則以退避爲愛君，而以進禦爲誤國。"姚雪垠《李自成》第一卷第二七章："年年春天，李自成都是在馬鞍上和戰爭中度過，從沒有像今年春天這麽安静和閑暇。"亦泛指閑空；没有事的時候。晋·袁宏《後漢紀·光武帝紀》："望聞烏氏有龍池之山，微徑南通，與漢相連，其旁有奇人，聊及閒暇，廣求其真。"唐·白居易《長恨歌》："承歡侍宴無閑暇，春從春游夜專夜。"❷悠閑從容。漢·賈誼《鵬鳥賦》："庚子日斜兮，鵬集予舍，止于坐隅兮，貌甚閒暇。"宋·葉適《温州州學會拜》："人人勸酌，長幼盡醵，多閑暇自得，無勉强急迫之意。"蕭軍《八月的鄉村》一："平時小煙袋很少離開他底嘴。當他底小煙袋咬在嘴上的時候，他快活、閒暇。"（羅竹風主編《漢語大詞典》第十二卷，第88頁）

"閑空"義的"閒暇"早見於東漢·王逸《楚辭章句》。

《楚辭·九歌·湘君》："交不忠兮怨長，期不信兮告余以不閒。"東漢·王逸注："閒，暇也。言君嘗與己期，欲共爲治，後以讒言之故，更告我以不閒暇，遂以疏遠己也。"〔2〕

《楚辭·九歌·山鬼》："怨公子兮悵忘歸，君思我兮不得閒。"東漢·王逸

---

〔1〕 洪興祖：《楚辭補注》，第88頁。
〔2〕 洪興祖：《楚辭補注》，第62頁。

注：“言懷王時思念我，顧不肯以閒暇之日，召己謀議也。”[1]

《楚辭·東方朔〈七諫·謬諫〉》：“願承閒而效志兮，恐犯忌而干諱。”東漢·王逸注：“所畏爲忌，所隱爲諱。干，觸也。言己願承君閒暇之時，竭效忠言，恐犯上忌，觸衆人諱，而見刑誅也。”[2]

《楚辭·劉向〈九歎·逢紛〉》：“願承閒而自恃兮，徑淫曀而道塵。”東漢·王逸注：“淫曀，闇昧也。《詩》云：不日有曀。言己思承君閒暇，心中自恃，冀得竭忠，而徑路闇昧，遂以壅塞。”[3]

險 僻

《漢語大詞典》“險僻”目第一義項“險阻偏僻”引《明史》，書證滯後。

> 【險僻】❶險阻偏僻。《明史·把匝剌瓦爾密傳》：“太祖以雲南險僻，不欲用兵。”❷生僻；不多見。明·王守仁《傳習録》卷中：“此本不是險僻難見的道理。”清·李漁《閑情偶寄·詞曲上·音律》：“以其一韻之中，可用者不過數字，餘皆險僻艱生，備而不用者也。”（羅竹風主編《漢語大詞典》第十一卷，第1117頁）

“險阻偏僻”義的“險僻”早見於郭璞《山海經》注。

《山海經·西山經》：“又西六十里，曰太華之山，削成而四方，其高五千仞，其廣十里，鳥獸莫居。”晋·郭璞注：“仞，八尺也。上有明星玉女，持玉漿，得上服之，即成仙。道險僻不通。《詩含神霧》云。”[4]

香 浄

“香浄”，味香潔淨。《漢語大詞典》此目書證引《南史》，書證滯後。

---

[1] 洪興祖：《楚辭補注》，第81頁。
[2] 洪興祖：《楚辭補注》，第252頁。
[3] 洪興祖：《楚辭補注》，第283頁。
[4] 袁珂：《山海經校注》（最終修訂版），第20頁。

【香净】香美潔淨。《南史·齊豫章文獻王嶷傳》："躬營飲食，未嘗不迎時先辦。雖豐儉隨事，而香净適口。"（羅竹風主編《漢語大詞典》第十二卷，第 429 頁）

"香净"早見於東漢·王逸《楚辭章句》。

《楚辭·離騷》："朝飲木蘭之墜露兮，夕餐秋菊之落英。"東漢·王逸注："墜，墮也。英，華也。言己旦飲香木之墜露，吸正陽之津液；暮食芳菊之落華，吞正陰之精蕊，動以香净，自潤澤也。"[1]

《楚辭·九歌·湘君》："美要眇兮宜修，沛吾乘兮桂舟。"東漢·王逸注："沛，行貌。舟，船也。吾，屈原自謂也。言己雖在湖澤之中，猶乘桂木之船，沛然而行，常香净也。"[2]

《楚辭·九歌·少司命》："荷衣兮蕙帶，儵而來兮忽而逝。"東漢·王逸注："言司命被服香净，往來奄忽，難當值也。"[3]

香　囊

"香囊"，裝香料的小囊。《漢語大詞典》此目第一義項首例引三國·魏·繁欽（？—218）詩，書證滯後。

銅　香　囊
（南城明墓）

【香囊】❶盛香料的小囊。佩於身或懸於帳以爲飾物。三國·魏·繁欽《定情》詩："何以致叩叩，香囊繫肘後。"宋·秦觀《滿庭芳》詞："香囊暗解，羅帶輕分。"《紅樓夢》第八七回："小几上却攔着剪破了的香囊和兩三截兒扇袋並那鉸拆了的穗子。"曉立《節序·風俗和藝術》："五月初五端午節，艾葉遍插，龍舟競渡，孩子們額頭點上雄黄，姑娘們巧手做着各種彩色粽子、香囊。"❷有香味的取暖器。唐·白居易《江南喜逢蕭九徹因話長安舊游戲贈五十韻》："拂胸輕粉絮，暖手小香囊。"唐·王建《秋夜曲》之

---

〔1〕 洪興祖：《楚辭補注》，第 12 頁。
〔2〕 洪興祖：《楚辭補注》，第 60 頁。
〔3〕 洪興祖：《楚辭補注》，第 72 頁。

一：“香囊火死香氣少，向帷合眼何時曉。”❸借指荔枝。閩·徐夤
《荔枝》詩之一：“朱彈星丸粲日光，綠瓊枝散小香囊。”❹指麝的藏香
器官。《文匯報》1991.2.6：“而且偏偏又只有雄麝藏有香囊，平均殺
死3頭麝才能獲取一個香囊，致使麝急劇減少。”（羅竹風主編《漢語大
詞典》第十二卷，第441頁）

“香囊”最早見於東漢·王逸《楚辭章句》。

《楚辭·離騷》：“蘇糞壤以充幃兮，謂申椒其不芳。”東漢·王逸注：“蘇，
取也。充，猶滿也。壤，土也。幃謂之縢。縢，香囊也。言蘇糞土以滿香囊，
佩而帶之，反謂申椒臭而不香，言近小人遠君子也。”[1]

懈倦

“懈倦”，鬆懈倦怠。《漢語大詞典》引梁·沈約（441—513）撰《宋書》爲
第一義項“鬆懈倦怠”書證，嫌晚。

【懈倦】❶鬆懈倦怠。《宋書·彭城王義康傳》：“義康亦自强不
息，無有懈倦。”金·王若虛《太一三代度師蕭公墓表》：“子華故有淹
疾，師侍奉惟謹，前後十年無懈倦之色。”湯增璧《崇俠篇》：“數年薪
膽，無一息懈倦。”❷鬆軟疲困。《東周列國志》第三七回：“今鬱鬱宮
中，四肢懈倦，將有痿痹之疾。”（羅竹風主編《漢語大詞典》第七卷，
第764頁）

《漢語大詞典訂補》增補了《太平經》中的書證。

【懈倦】7-764 ◎ ❶鬆懈懶散。《太平經·天報信成神訣》：“諸大
神自遥見其行，雖家無之日，前以有言，宜勿憂之。常念與天上諸神
相對，是善所致也，宜勿懈倦也。”[2]

《太平經》是道教初期的重要經典。王明認爲：“《太平經》編撰於西元二世

〔1〕 洪興祖：《楚辭補注》，第36頁。
〔2〕 漢語大詞典編纂處編：《漢語大詞典訂補》，第890頁。

紀前期——後漢安帝、順帝之際。"〔1〕一般認爲該書非一時一人所作,大約成書於東漢中晚期。

"鬆懈倦怠"義之"懈倦"最早的用例見於東漢·王逸《楚辭》注。

《楚辭·離騷》:"矯菌桂以紉蕙兮,索胡繩之纚纚。"東漢·王逸注:"胡繩,香草也。纚纚,索好貌。言己行雖據履根本,猶復矯直菌桂芬香之性,紉索胡繩,令之澤好,以善自約束,終無懈倦也。"〔2〕

《楚辭·嚴忌〈哀時命〉》:"欿愁悴而委惰兮,老冉冉而逮之。"東漢·王逸注:"欿,愁貌也。委惰,懈倦也。言己欲行忠信而不得進,欿然愁悴,意中懈倦,年復已過,爲老所及,而志不立也。"〔3〕

《楚辭·王褒〈九懷·陶壅〉》:"息陽城兮廣夏,衰色罔兮中怠。"東漢·王逸注:"志欲懈倦,身罷勞也。"〔4〕

在中古注釋中還有其他用例,如:

《國語·周語中》:"飫以顯物,宴以合好,故歲飫不倦,時宴不淫,月會、旬修,日完不忘。"三國·吳·韋昭注:"歲行飫禮,不至於懈倦也。"〔5〕

凶夭

"凶夭"泛指一切災禍不幸。"凶"與"吉"相對;"夭"與"壽"相對。不吉不壽,是爲"凶夭"。

《漢語大詞典》"凶夭"目:

> 【凶夭】謂死喪夭亡。唐·白居易《逸老》詩:"勞我以少壯,息我以衰老;順之多吉壽,違之或凶夭。"(羅竹風主編《漢語大詞典》第二卷,第 462 頁)

"凶夭"早見於中古注釋文獻。

《山海經·大荒西經》:"有軒轅之國。江山之南棲爲吉。"晋·郭璞注:"即

---

〔1〕 王明:《道家和道教思想研究》,第 108 頁。
〔2〕 洪興祖:《楚辭補注》,第 13 頁。
〔3〕 洪興祖:《楚辭補注》,第 260 頁。
〔4〕 洪興祖:《楚辭補注》,第 12—13 頁。
〔5〕 《國語》,第 65 頁。

窮山之際也。山居爲棲。吉者言無凶夭。"〔1〕

"凶夭"是"吉壽"的對語。如《漢語大詞典》引唐·白居易《逸老》："順之多吉壽，違之或凶夭。"古書中有"吉""凶""壽""夭"並列者。

《吕氏春秋·序意》："凡《十二紀》者，所以紀治亂存亡也，所以知壽夭吉凶也。"〔2〕

宋·陸游《入蜀記》卷一："（吳）隱初不學問，至是間與人言易數，皆造精微，亦能先知人吉凶壽夭，見者莫能測也。"〔3〕

也有錯綜其文者。

《文選·班固〈幽通賦〉》："形氣發於根柢兮，柯葉彙而零茂。"李善注引三國·魏·張晏曰："言人禀氣於父母，吉凶夭壽，非獨在人。譬諸草木，華葉盛與零落，由本根也。"〔4〕

清·俞樾《古書疑義舉例·錯綜成文例》："古人之文，有錯綜其辭以見文法之變者。如《論語》：'迅雷風烈'；《楚辭》：'吉日兮辰良'；《夏小正》：'剝棗栗零'皆是也。"〔5〕"吉凶夭壽"亦是一例。

厭　夢

《漢語大詞典》"厭夢"引唐詩爲首例書證，嫌晚。

> 【厭（yǎn）夢】惡夢。唐·李白《寄遠》詩之十二："寒燈厭夢魂欲絕，覺來相思生白髮。"（羅竹風主編《漢語大詞典》第一卷，第944頁）

"厭"是"魘"的古字，做惡夢。《廣韻·琰韻》："厭，厭魅也。""厭夢"是動詞，也是做惡夢的意思。《漢語大詞典》依古字書釋爲"惡夢"，不當。

"厭夢"是魏晉時口語，早期的用例之一出現在郭璞《山海經》注中。

《山海經·西山經》："〔翼望之山〕有鳥焉，其狀如烏，三首六尾而善笑，

〔1〕　袁珂：《山海經校注》（最終修訂版），第 338 頁。
〔2〕　陳奇猷：《吕氏春秋新校釋》，第 654 頁。
〔3〕　陸游：《陸游集》，第 2408 頁。
〔4〕　蕭統編：《文選》，第 639—640 頁。
〔5〕　俞樾等：《古書疑義舉例五種》，第 7 頁。

名曰鵺鶋，服之使人不厭，又可以禦凶。”晉·郭璞注：“不厭夢也。”[1]

更早的用例見於《鍼灸甲乙经》。其作者是皇甫謐（215—282），他比郭璞（276—324）大 61 歲。

晉·皇甫謐《鍼灸甲乙经·動作失度内外傷發崩中瘀血嘔血唾血》：“善厭夢者，商丘主之。”張燦玾等校注：“厭，《銅人》卷五作‘魘’。按厭與魘通。《廣韻·葉韻》：‘魘，惡夢。’《篇海類編·人物類》：‘魘，睡中魘也，氣窒心懼而神亂則魘。’”[2]《鍼灸甲乙经》認爲常做惡夢的病人，可以通過鍼灸商丘（穴位名，位於突起之内踝前凹陷處）穴得到治療。

顔　貌

“顔貌”，容貌、相貌。《漢語大詞典》“顔貌”目首例引晉·葛洪《抱朴子》，書證滯後。

> 【顔貌】亦作“顔皃”。容儀，面貌。晉·葛洪《抱朴子·行品》：“士有顔貌修麗，風表閒雅，望之溢目，接之適意，威儀如龍虎，盤旋成規矩，然心蔽神否，才無所堪。”《文選·顔延之〈秋胡詩〉》“日落游子顔”唐·吕向注：“每及歲暮，常悽慘煩憂，恐秋胡顔皃日就銷落。”清·劉獻廷《廣陽雜記》卷二：“顔貌如生，端坐拱手，指爪甚長。”蕭三《片三潛的手》詩：“但是你的聲音和顔貌，一切都如在我眼前。”（羅竹風主編《漢語大詞典》第十二卷，第 339 頁）

“顔貌”早見於中古注釋。

《楚辭·離騷》：“及榮華之未落兮，相下女之可詒。”東漢·王逸注：“榮華，喻顔色。落，墮也。相，視也。詒，遺也。言己既脩行仁義，冀得同志，願及年德盛時，顔貌未老，視天下賢人，將持玉帛而聘遺之，與俱事君也。”[3]

《楚辭·九歌·雲中君》：“靈連蜷兮既留，爛昭昭兮未央。”東漢·王逸注：“爛，光貌也。昭昭，明也。央，已也。言巫執事肅敬，奉迎導引，顔貌矜莊，

---

〔1〕 袁珂：《山海經校注》（最終修訂版），第 50—51 頁。
〔2〕 張燦玾等校注：《鍼灸甲乙经》，第 1766—1767 頁。
〔3〕 洪興祖：《楚辭補注》，第 31 頁。

形體連蜷，神則歡喜，必留而止。見其光容爛然昭明，無極已也。"[1]

《楚辭·九辯》："白日晼晚其將入兮，明月銷鑠而減毁。"東漢·王逸注："年時欲暮，才力衰也。形容減少，顏貌醜也。"[2]

《左傳·昭公二十八年》："今子少不颺，子若無言，吾幾失子矣。"晋·杜預注："顏貌不揚顯。"[3]

嚴　裝

《漢語大詞典》"嚴裝"有兩個義項，第二個義項"整理行裝"引唐詩爲首例書證，嫌晚。

> 【嚴裝】❶裝束整齊。《後漢書·清河孝王慶傳》："每朝謁陵廟，常夜分嚴裝，衣冠待明。"魯迅《所聞》詩："華燈照宴敞豪門，嬌女嚴裝侍玉樽。"❷整理行裝。唐·高適《贈別王十七管記》詩："折劍留贈人，嚴裝遂云邁。"清·納蘭性德《秋日送徐建庵座主歸江南》詩之二："嚴裝欲發頻相顧，回始重拈教詠詩。"（羅竹風主編《漢語大詞典》第三卷，第 550 頁）

"整理行裝"義的"嚴裝"早見於東漢·王逸《楚辭章句》。

《楚辭·離騷》："鸞皇爲余先戒兮，雷師告余以未具。"東漢·王逸注："鸞，俊鳥也。皇，雌鳳也。以喻仁智之士。雷爲諸侯，以興於君。言己使仁智之士，如鸞皇，先戒百官，將往適道，而君怠墮，告我嚴裝未具。"[4]

妖　訛

妖訛，怪誕虛妄。《漢語大詞典》此目引葛洪《抱朴子》爲首例書證，稍晚。

---

[1]　洪興祖：《楚辭補注》，第 58 頁。
[2]　洪興祖：《楚辭補注》，第 192 頁。
[3]　《春秋左傳正義》，第 2119 頁。
[4]　洪興祖：《楚辭補注》，第 125 頁。

　　【妖訛】怪誕虛妄。晋·葛洪《抱朴子·明本》："既不信道，好爲訕毀，謂真正爲妖訛，以神仙爲誕妄。"《北史·藝術傳序》："或變亂陰陽，曲成君欲；或假托神怪，熒惑人心，遂令時俗妖訛，不獲返其真性。"五代·徐夤《寓題雜懷》詩："大道真風早晚還，妖訛成俗汙乾坤。"亦指怪誕乖謬之言。《三國志·吳志·孫皓傳》"不白妖言，送付建安作船"裴松之注引《會稽邵氏家傳》："今妖訛横興，干國亂紀，疇以嘖嗜之語，本非事實，雖家誦人詠，不足有慮。"《舊唐書·高祖紀》："進違戒律之文，退無禮典之訓。至乃親行劫掠，躬自穿窬，造作妖訛，交通豪猾。"（羅竹風主編《漢語大詞典》第四卷，第306頁）

　　《抱朴子》的作者葛洪（283—343/363）是東晋著名道士，比郭璞（276—324）小7歲。郭氏《山海經》注中亦有"妖訛"。

　　《山海經·西山經》："〔章莪之山〕有鳥焉，其狀如鶴，一足，赤文青質而白喙，名曰畢方，其鳴自叫也，見則其邑有讹火。"晋·郭璞注："讹亦妖訛字。"[1] 讹，同"訛"。

遺 榮

　　《漢語大詞典》"遺榮"目第一義項引晋·張協《詠史》詩爲首例書證，無誤。但是在中古注釋的語料中有更好的書證。

　　【遺榮】❶謂抛棄榮華富貴；超脱塵世。晋·張協《詠史》："達人知止足，遺榮忽如無。"唐·柳宗元《柳常侍行狀》："味道腴以代膏粱，含德輝而輕紱冕，遺榮養素，恬淡如也。"清·錢柏齡《酬朱穆公天台見懷四韻》："遠媿遺榮客，深居桐柏山。"❷指身後之榮譽。漢·趙曄《吳越春秋·夫差内傳》："吳王不自殺，越王復使謂曰：'何王之忍辱厚恥也。世無萬歲之君，死生一也。今子尚有遺榮，何必使吾師衆加刃於王。'"《宋書·范曄傳》："恩非望始，没有遺榮，終古以來，未有斯比。"唐·張説《贈陳州刺史義陽王神道碑》："王生不得志，没受遺榮。"❸猶殘花。明·劉基《題錢舜舉折枝山茶》詩："歲暮寒氣

---

〔1〕　袁珂：《山海經校注》（最終修訂版），第46—47頁。

結，百卉無遺榮。懿此獨不凋，方冬燁紅英。"（羅竹風主編《漢語大詞典》第十卷，第1217頁）

"遺榮"見於晋·郭象《莊子》注。

《莊子·列禦寇》："秦王有病召醫。破癰潰痤者得車一乘，舐痔者得車五乘，所治愈下，得車愈多。子豈治其痔邪？何得車之多也？子行矣！"晋·郭象注："夫事下然後功高，功高然後禄重，故高遠恬淡者，遺榮也。"[1]

西晋文學家張協（？—307？），生卒年不詳，大約與郭象（約252—312）同時。而郭象的《莊子》注是散文，不是詩歌，且流傳更廣，所以《大詞典》選用郭象注爲首例書證更爲適宜。

意　中

"意中"，心中。漢時常用語。

《漢語大詞典》"意中"目第一義項"心裏"引唐詩爲首例書證，嫌晚。

> 【意中】（—zhōng）❶心裏。唐·白居易《寄題周至廳前雙松》詩："有時晝掩關，雙影對一身；盡日不寂寞，意中如三人。"《警世通言·趙太祖千里送京娘》："裏面一個老婆婆，開出來看了一看，意中甚是惶懼。"茅盾《子夜》九："我希望我在我們的假面跳舞中不會找錯了我意中的夥伴。"❷意料之中。《兒女英雄傳》第四十回："怎的叫走了這條意外的岔路？我以爲正是意中之事。"魯迅《呐喊·狂人日記》："這一件大發現，雖是意外，也在意中：合夥吃我的人，便是我的哥哥。"（羅竹風主編《漢語大詞典》第七卷，第638頁）

東漢·王逸《楚辭章句》中有十餘例"意中"。

《楚辭·九章·惜誦》："事君而不貳兮，迷不知寵之門。"東漢·王逸注："貳，二也。迷，惑也。言己事君，竭盡信誠，無有二心，而不見用，意中迷惑，不知得遇寵之門户，當何由之也。"[2]

《楚辭·九章·惜誦》："衆駭遽以離心兮，又何以爲此伴也。"東漢·王逸

---

〔1〕《南華真經注疏》，第595頁。
〔2〕洪興祖：《楚辭補注》，第123頁。

注：“伴，侶也。言己見衆人易移，意中驚駭，遂離己心，獨行忠直，身無伴侶，特立于世也。”〔1〕

東漢·王逸《楚辭·遠游章句序》：“乃深惟元一，修執恬漠。思欲濟世，則意中憒然，文采鋪發，遂叙妙思，托配仙人，與俱游戲，周歷天地，無所不到。”〔2〕

《楚辭·九辯》：“心搖悦而日爽兮，然怊悵而無冀。”東漢·王逸注：“意中私喜，想用施也。內無所恃，失本義也。”〔3〕

《楚辭·嚴忌〈哀時命〉》：“志憾恨而不逞兮，杼中情而屬詩。”東漢·王逸注：“屬，續也。言己上下無所遭遇，意中憾恨，憂而不解，則杼我中情，屬續詩文，以陳己志也。”〔4〕

《楚辭·嚴忌〈哀時命〉》：“欲愁悴而委惰兮，老冉冉而逮之。”東漢·王逸注：“言己欲行忠信而不得進，欲然愁悴，意中懈倦，年復已過，爲老所及，而志不立也。”〔5〕

《楚辭·王褒〈九懷·昭世〉》：“魂悽愴兮感哀，腸回回兮盤紆。”東漢·王逸注：“意中毒悶，心紆屈也。”〔6〕

與王逸注書時代相去不遠的班固《漢書》、劉熙《釋名》中也有“意中”用例。

《漢書·魏相傳》：“間者匈奴嘗有善意，所得漢民輒奉歸之，未有犯於邊境，雖爭屯田車師，不足致意中。”〔7〕

《漢書·史丹傳》：“天子素仁，不忍見丹涕泣，言又切至，上意大感，喟然太息曰：‘吾日困劣，而太子兩王幼少，意中戀戀，亦何不念乎！然無有此議。且皇后謹慎，先帝又愛太子，吾豈可違指！駙馬都尉安所受此語？”〔8〕

東漢·劉熙《釋名·釋言語》：“憶，意也，恒在意中也。”〔9〕

〔1〕 洪興祖：《楚辭補注》，第 125 頁。
〔2〕 洪興祖：《楚辭補注》，第 163 頁。
〔3〕 洪興祖：《楚辭補注》，第 192—193 頁。
〔4〕 洪興祖：《楚辭補注》，第 259 頁。
〔5〕 洪興祖：《楚辭補注》，第 259 頁。
〔6〕 洪興祖：《楚辭補注》，第 273 頁。
〔7〕 班固：《漢書》，第 3136 頁。
〔8〕 班固：《漢書》，第 3377 頁。
〔9〕 任繼昉纂：《釋名匯校》，第 202 頁。

隱遁（隱遯）

《漢語大詞典》"隱遁"（"隱遯"）條兩個義項所引書證都偏晚。

【隱遁】亦作"隱遯"。❶隱居遠避塵世。《後漢書·宣秉傳》："遂隱遁深山，州郡連召，常稱疾不仕。"又《列女傳·王霸妻》："霸屈起而笑曰：'有是哉！'遂共終身隱遯。"《警世通言·俞伯牙摔琴謝知音》："兩個集賢村中，有一二十家莊戶，大抵都是隱遁避世之輩。"何其芳《畫夢録·夢後》："又有一位古代的隱遁者，常獨自圍棋，兩手分運黑白子相攻伐。"❷隱匿身形。《後漢書·方術傳序》"其流又有風角、遁甲"。唐·李賢注："遁甲，推六甲之陰而隱遁也。"《西游記》第八回："衆神各歸本處，把土地趕在城隍廟裏暫住，他師徒們隱遁真形。"李文翔《新排長》："上等兵翻身跳下車去，奔小徑鑽進了樹林，在一簇灌木叢後，身影隱遁了。"（羅竹風主編《漢語大詞典》第十一卷，第1127頁）

【隱遯】见"隱遁"。（羅竹風主編《漢語大詞典》第十一卷，第1129頁）

（一）

《漢語大詞典》"隱遁"第一個義項"隱居遠避塵世"書證引《後漢書》。東漢·王逸《楚辭》注中有兩個"隱遁"的書證，比南朝·宋·范曄（398—445）《後漢書》早三百餘年。

《楚辭·漁父》："（漁父）歌曰：'滄浪之水清兮，可以濯我纓；滄浪之水濁兮，可以濯我足。'"東漢·王逸注："喻世昭明。沐浴升朝廷也。喻世昏闇。宜隱遁也。"[1]

《楚辭·王褒〈九懷·尊嘉〉》："伍胥兮浮江，屈子兮沈湘。運余兮念茲，心内兮懷傷。望淮兮沛沛，濱流兮則逝。"東漢·王逸注："意欲隨水而隱遁也。"[2]

---

〔1〕 洪興祖：《楚辭補注》，第180—181頁。
〔2〕 洪興祖：《楚辭補注》，第274頁。

越大夫范公蠡

比王逸《楚辭章句》稍晚出現的東漢注家趙歧（約108—201）的《孟子章句》中也有兩處用例。

《孟子·離婁上》："伯夷辟紂，居北海之濱，聞文王作，興曰：'盍歸乎來！吾聞西伯善養老者。'"東漢·趙歧注："伯夷讓國，遭紂之世，辟之，隱遁北海之濱，聞文王起興王道，'盍歸乎來'，歸周也。"[1]

《孟子·告子下》："舜發於畎畝之中，傅說舉於版築之間，膠鬲舉於魚鹽之中，管夷吾舉於士，孫叔敖舉於海，百里奚舉於市。"東漢·趙歧注："舜耕歷山，三十徵庸。傅說築傅巖，武丁舉以爲相。膠鬲，殷之賢臣，遭紂之亂，隱遁爲商，文王於鬻販魚鹽之中得其人，舉之以爲臣也。"[2]

東漢碑刻中也有"隱遁"用例。

《三公山碑》："或有隱遁，辟語言兮。或有恬淡，養皓然兮。"[3]

《三公山碑》碑文作於東漢靈帝光和四年四月，即公元181年5月間。

王逸、趙歧之後的三國時期注家韋昭（204—273）《國語解》中也有三處用例。

《國語·越語下》："今吳王淫於樂而忘其百姓，亂民功，逆天時；信讒喜優，憎輔遠弼，聖人不出，忠臣解骨。"三國·吳·韋昭注："聖，通也。通智之人皆隱遁也。"[4]

《國語·越語下》："天道皇皇，日月以爲常。明者以爲法，微者則是行。"三國·吳·韋昭注："明，謂日月盛滿時。微，謂虧損薄蝕時。法，其明者以進取。行，其微時以隱遁。"[5]

《國語·越語下》："反至五湖，范蠡辭於王曰：'君王勉之，臣不復入越國

---

〔1〕《孟子注疏》，第2721頁。

〔2〕《孟子注疏》，第2721頁。

〔3〕嚴可均校輯：《全上古三代秦漢三國六朝文》，第1030頁。

〔4〕《國語》，第649頁。

〔5〕《國語》，第653—654頁。

矣。'"三國·吴·韋昭注："勉王以德，欲隱遁也。"[1]

　　范蠡可以説是中國歷史上非常成功的政治家和商業家。他先輔佐越王勾踐滅吴稱霸。然後，功成身退，棄官退隱。經營商業，遂成巨富，而又散財濟貧，隱逸而終。在《國語》這一章的韋注中集中出現的"隱遁"，都與范蠡有關。

（二）

　　《漢語大詞典》"隱遁"第二個義項"隱匿身形"書證引唐代李賢《後漢書》注。其實，早在三世紀的漢末，"隱遁"就有此用法。

　　東漢·劉熙《釋名·釋兵》："盾，遁也，跪其後，避以隱遁也。"[2]

　　劉熙《釋名》專用聲訓解説詞義，認爲"盾"就是"遁"的意思，兵士隱遁其後以保護自己。

　　在南朝齊梁時期著名道士和煉丹家陶弘景的《真誥》及其自注中也有此用例。

　　南朝·梁·陶弘景《真誥·稽神樞第四》："王子者，帝佶也，曾詣鍾山，獲《九化十變經》，以隱遁日月，游行星辰。後一旦疾崩，營塚在渤海山。"[3]

　　"隱遁日月"是宗教家鼓吹的"偷天換日"一類的改變天象的法術。《西游記》第三十三回"外道迷真性，元神助本心"有類似情節。孫悟空爲了騙得金角大王與銀角大王的紅葫蘆、玉净瓶，請哪吒爲他"裝天"。哪吒就往北天門向真武大帝借皂雕旗來遮蔽日月。"只見那南天門上，哪吒太子把皂旗撥喇喇展開，把日月星辰俱遮閉了，真是乾坤墨染就，宇宙靛裝成。"

　　南朝·梁·陶弘景《真誥·稽神樞第四》："裴真人授其（戴孟）《玉佩金鐺經》並'石精金光符'，遂能輕身健行，周旋名山，日行七百里，多所經涉，猶未得成仙人也。"陶弘景自注："戴乃授行《玉佩金鐺》，而止不死而已，未得神仙，於理爲小難詳。後又云：'玄真亦其鈔要，行之者神仙不死。'又與本經不同。及'石精金光符'，既不爲劍用，則止是解化一符單服者。此符主隱遁，不云健行也。種五品芝，世亦有法。"[4]

　　陶弘景認爲"石精金光符"是"主隱遁"的符籙，即"隱身符"。服食此道符，有隱匿身軀不被人看見的功效。此亦是宗教家鼓吹的一種法術。

---

〔1〕《國語》，第 658—659 頁。

〔2〕任繼昉纂：《釋名匯校》，第 389 頁。

〔3〕〔日〕吉川忠夫等編，朱越利譯：《真誥校注》，第 463 頁。

〔4〕〔日〕吉川忠夫等編，朱越利譯：《真誥校注》，第 256 頁。

幽 陋

"幽陋"，低微渺小。《漢語大詞典》此目第一義項"卑微"書證引南朝·宋·范曄（398—445）撰《後漢書》。書證滯後。

> 【幽陋】❶卑微。亦指卑微而被埋没的人才。《後漢書·黨錮傳·范滂》："顯薦異節，抽擢幽陋。"宋·范仲淹《祭蔡侍郎文》："顧幽陋之何階，亦卑飛於牓中。"❷爲自謙之詞。前蜀·杜光庭《孫途司馬本命醮詞》："臣自惟幽陋，仰荷裁成，獲備冠裳，每憂叨竊。"（羅竹風主編《漢語大詞典》第四卷，第435頁）

"幽陋"早見於東漢·王逸《楚辭章句》。

《楚辭·離騷》："舉賢而授能兮，循繩墨而不頗。"東漢·王逸注："頗，傾也。言三王選士，不遺幽陋，舉賢用能，不顧左右；行用先聖法度，無有傾失。故能綏萬國，安天下也。《易》曰：無平不頗也。"[1]

游 觀

"游觀（guān）"，游覽。《漢語大詞典》此目書證首引《關尹子》。書證滯後。

> 【游觀】❶（—guān）猶游覽。《關尹子·六匕》："一蜂至微，亦能游觀乎天地。"宋·蘇轍《乞裁損待高麗事件札子》："京師百司疲於應奉，而高麗人所至游觀，伺察虛實，圖寫形勝，陰爲契丹耳目。"清·王夫之《讀四書大全説·論語·八佾四》："想古宗廟，既無像主，又藏於寢，蓋不禁人游觀。"鄭逸梅《黃岳淵蒔菊的回憶》："逢到重陽前後，岳淵往往邀些詞人墨客和社會名流，到他園中，啖野蔬，飲村酒，盡一日游觀之樂。"❷（—guàn）供游覽的樓臺。《史記·李斯列傳》："治馳道，興游觀，以見主之得意。"漢·揚雄《羽獵賦》序：

---

〔1〕 洪興祖：《楚辭補注》，第23頁。

"游觀侈靡，窮妙極麗。"宋·葉適《丁君墓志銘》："崇飾游觀非實務，雖然寄情物表，願思美人，不如是亦不能抗身埃壒之外也。"（羅竹風主編《漢語大詞典》第五卷，第 1512 頁）

《關尹子》，舊題周·關令尹喜撰。今本係僞書，學者對其成書年代說法不一，但大抵認定爲唐以後的作品。任繼愈主編《道藏提要》："《關尹子》亡佚已久，唐宋崇道之世，詔訪逸書不得，元癸巳之歲（1293 年）沂水羽客張仲才得此書於浙，獻之尹志平，遂傳於世。"（詳《古樓觀紫雲衍慶集》卷上，第十五頁）。張仲才所得《關尹子》亦"進士孫定得之永嘉山中"（《古樓觀紫雲衍慶集》卷中《尹真人道行碑》）。孫定，南宋孝宗時人，則今本《關尹子》出於南宋甚明。"[1] 鄧瑞全、王冠英編著《中國僞書綜考》："綜觀全書思想主旨及行文章法，聯繫古代書目著録該書的情況，我們認爲該書大概是唐五代間方士僞撰，蓋僞作者見《關尹子》在《漢書·藝文志》中載而不傳，遂雜采佛道之言，題爲《關尹子》以求重於世。至於直疑爲南宋孫定所僞作，則嫌證據不足。"[2]

"游觀（guān）"見於東漢·王逸《楚辭章句》。

《楚辭·離騷》："紛總總其離合兮，斑陸離其上下。"東漢·王逸注："紛，盛多貌。總總，猶傅傅，聚貌。斑，亂貌。陸離，分散也。言己游觀天下，但見俗人競爲讒佞，傅傅相聚，乍離乍合，上下之義，斑然散亂，而不可知也。"[3]

"游"同"游"，"游觀"即"游觀"。

《楚辭·大招》："曲屋步壛，宜擾畜只。"東漢·王逸注："言南堂之外，復有曲屋，周旋閣道，步壛長砌，其路險狹，宜乘擾謹之馬，周旋屈折，行游觀也。"[4]

《楚辭·賈誼〈惜誓〉》："馳騖於杳冥之中兮，休息虖崑崙之墟。"東漢·王逸注："言己雖馳騖杳冥之中，脩善不倦，休息崑崙之山，以游觀也。"[5]

另"游觀（guàn）"（供游覽的樓臺）也早在漢以前的文獻中就有用例。

《晏子春秋·外篇上十一》："今君營處爲游觀，既奪人有，又禁其葬，非仁也；肆心傲聽，不恤民憂，非義也。"[6]

---

[1] 任繼愈主編：《道藏提要》，第 476 頁。

[2] 鄧瑞全、王冠英編著：《中國僞書綜考》，第 409 頁。

[3] 洪興祖：《楚辭補注》，第 29 頁。

[4] 洪興祖：《楚辭補注》，第 223 頁。

[5] 洪興祖：《楚辭補注》，第 228 頁。

[6] 吳則虞：《晏子春秋集釋》，第 458 頁。

餘　法

“餘法”，即“遺則”，前代留傳下來的規範法則。《漢語大詞典》“餘法”目書證引宋·曾鞏文，書證滯後。

> 【餘法】傳留下來的規範。宋·曾鞏《福州上執政書》：“則仁治之行，豈獨昏愚得蒙賜於今日，其流風餘法，傳之永久。”又《故高郵主簿朱君墓志銘》：“已而捨學業其家，家之食口數百，仰於君，君能資之，皆出乎衣食，嫁娶皆有餘法。”（羅竹風主編《漢語大詞典》第十二卷，第 549 頁）

“餘法”的最早用例見於東漢·王逸《楚辭》注。

《楚辭·離騷》：“雖不周於今之人兮，願依彭咸之遺則。”東漢·王逸注：“彭咸，殷賢大夫，諫其君不聽，自投水而死。遺，餘也。則，法也。言己所行忠信，雖不合於今之世，願依古之賢者彭咸餘法，以自率厲也。”[1]

早　朝

> 【早朝】❶（－zhāo）早晨；早上。南朝·梁·任昉《奏彈曹景宗》：“早朝永嘆，載懷矜惻。”潘漠華《雨點》：“陽光射到院中棗樹的梢頭的第二天的早朝，C 公寓前有三輛人力車停下了。”亦指早飯。陳殘雲《山谷風煙》第一章：“子母倆吃完早朝，二柱准備出門，一個人緩緩地走了進來。”❷（－cháo）早上朝會或朝參。唐·白居易《長恨歌》：“春宵苦短日高起，從此君王不早朝。”清·俞樾《茶香室續鈔·明代皇太子日課》：“每日早朝退後，皇太子出閣陞座。”（羅竹風主編《漢語大詞典》第五卷，第 561 頁）

《漢語大詞典》“早朝”條第一個義項是“早晨；早上”，首例書證爲南北朝文獻。

---

[1] 洪興祖：《楚辭補注》，第 13 頁。

在中古初期的注釋語料中，就有了"早朝"的這種用法。

《詩·小雅·彤弓》："鐘鼓既設，一朝饗之。"東漢·鄭玄箋："大飲賓曰饗。一朝，猶早朝。"唐·孔穎達疏："我有嘉善之賓，中心至誠而貺賜之，以鍾鼓既爲之設，一旦早朝，大設禮而饗之。……言一朝者，言王殷勤於賓，早朝而即行禮，故云'一朝，猶早朝'。以燕如至夜，饗則如其獻數，禮成而罷，故以朝言之。昭元年《左傳》云：'鄭饗趙孟，禮終乃燕。'是享不終日也。"[1]

《書·召誥》："惟太保先周公相宅。越若來三月，惟丙午胐。越三日戊申，太保朝至于洛，卜宅。厥既得卜，則經營。"孔傳："胐，明也，月三日明生之名。於順來三月丙午胐。於胐三日，三月五日，召公早朝至於洛邑，相卜所居。"唐·孔穎達疏："三日戊申，即三月五日，太保乃以此朝旦至於洛，即卜宅。"[2]

東漢·鄭玄（127—200）注和僞孔安國《傳》中的"早朝"就是"早晨"的意思。孔《傳》雖是東晉獻書時的僞作，但確是魏晉學者的遺說。作爲中古時期的重要語料，它依然具有很高的歷史價值。

則 度

"則度"，即法度。《漢語大詞典》"則度"目引元人修撰的《宋史》爲例，書證滯後。

> 【則度】猶言法度。《宋史·虞允文傳》："允文姿雄偉，長六尺四寸，慷慨磊落有大志，而言動有則度。"（羅竹風主編《漢語大詞典》第二卷，第697頁）

"則度"的最早用例見於東漢·王逸《楚辭》注。

《楚辭·九歌·大司命》："高飛兮安翔，乘清氣兮御陰陽。"東漢·王逸注："言司命執天政，不以人言易其則度，復徐飛高翔而行。"[3]

---

[1]《毛詩正義》，第421—422頁。

[2]《尚書正義》，第211頁。

[3] 洪興祖：《楚辭補注》，第69頁。

芝 草

"芝草"，靈芝科（Ganodermataceae）靈芝屬木生真菌。又名赤芝、紅芝、木靈芝。子實體供藥用。常野生於櫟、柞及其他闊葉樹木枯根上。分布於世界各地，以熱帶及亞熱帶地區較多。《漢語大詞典》引晋人賦爲例，書證滯後。

> 【芝草】靈芝。菌屬。古以爲瑞草，服之能成仙。晋·左思《魏都賦》："德連木理，仁挺芝草。"唐·韓愈《與崔群書》："鳳皇芝草，賢愚皆以爲美瑞。"清·吳偉業《西田詩》之四："願以求長生，芝草堪采食。"（羅竹風主編《漢語大詞典》第九卷，第279頁）

《漢語大詞典訂補》增補了一條東漢注釋材料做爲書證：

> 【芝草】9-279 ◎靈芝。菌屬。古以爲瑞草，服之能成仙。《漢書·武帝紀》"六月，詔曰：'甘泉宫内中産芝，九莖連葉'"。漢·應劭注："芝，芝草也，其葉相連。"[1]

應劭的生卒年不詳。漢靈帝時（168—189）被舉爲孝廉。中平六年（189）遷泰山郡太守。從他的這些經歷看，應劭應該比王逸晚半個世紀。

"芝草"已見於東漢·王逸《楚辭章句》。

《楚辭·九歌·山鬼》："采三秀兮於山間，石磊磊兮葛蔓蔓。"東漢·王逸注："三秀，謂芝草也。言己欲服芝草以延年命，周旋山間，采而求之，終不能得。但見山石磊磊，葛草蔓蔓。或曰：三秀，秀材之士隱處者也。言石葛者，喻所在深也。"[2]

《楚辭·東方朔〈七諫·謬諫〉》："橘柚萎枯兮，苦李旖旎。"東漢·王逸注："橘柚，美木也。旖旎，盛貌也。言君乃拔去芝草，賤棄橘柚，種殖芋荷，養育苦李，愛重小人，斥逐君子也。"[3]

---

[1] 漢語大詞典編纂處編：《漢語大詞典訂補》，第1052頁。
[2] 洪興祖：《楚辭補注》，第80—81頁。
[3] 洪興祖：《楚辭補注》，第257頁。

種 蒔

"種蒔"義爲把植物種子或秧苗的根埋入土中，使之生長。《漢語大詞典》此目引北魏·賈思勰《齊民要術》爲首例書證。書證滯後。

【種蒔】猶種植。北魏·賈思勰《〈齊民要術〉序》："其有五穀果蓏，非中國所殖者，存其名目而已；種蒔之法，蓋無聞焉。"唐·劉禹錫《同樂天和微之〈深春好〉》之十九："何處深春好，春深種蒔家。"《元典章·户部一·職田》："召募佃客種蒔。"朱自清《阿河》："另外的隙地上，或羅列着盆栽，或種蒔着花草。"（羅竹風主編《漢語大詞典》第八卷，第 110 頁）

"種蒔"早見於東漢·王逸《楚辭章句》。
《楚辭·離騷》："余既滋蘭之九畹兮，又樹蕙之百畝。"東漢·王逸注："言己雖見放流，猶種蒔衆香，修行仁義，勤身自勉，朝暮不倦也。"[1]

種 植

"種植"，栽種培植；把植物的種子或幼苗埋種在土裏。《漢語大詞典》此目書證首引唐詩。書證滯後。

【種植】栽種培植。唐·翁洮《葦叢》詩："得地自成叢，那因種植功。"明·陳子龍《禮論》："夫古之制禮，如種植焉，其播之均也。"清·周亮工《書影》卷三："〔李公起〕晚年尤好種植，奇花異卉，常滿堦庭。"趙樹理《實幹家潘永福》："潘永福同志允許他們也在工地附近開墾小塊土地，利用工地水肥來種植，產品歸他自己。"引申爲積纍功德。宋·葉適《東塘處士墓志銘》："其行常損己益物，種植甚遠，積累可稱紀者衆矣。"（羅竹風主編《漢語大詞典》第八卷，第 110 頁）

---

〔1〕 洪興祖：《楚辭補注》，第 10 頁。

"種植"早見於東漢·王逸《楚辭章句》。

《楚辭·離騷》："冀枝葉之峻茂兮，願俟時乎吾將刈。"東漢·王逸注："刈，穫也。言己種植衆芳，幸其枝葉茂長，實核成熟，願待天時，吾將獲取收藏，而饗其功也。以言君亦宜畜養衆賢，以時進用，而待仰其治也。"〔1〕

《楚辭·大招》："五穀六仞，設菰粱只。"東漢·王逸注："設，施也。菰粱，蔣實，謂雕胡也。言楚國土地肥美，堪用種植五穀，其穗長六仞。又有菰粱之飯，芬香且柔滑也。"〔2〕

在中古注釋語料中，還有晋代及南北朝時期的書證。

《三國志·魏志·王淩傳》："朝議咸以爲《春秋》之義，齊崔杼、鄭歸生皆加追戮，陳屍斮棺，載在方策。（王）淩、（令狐）愚罪宜如舊典。乃發淩、愚冢，剖棺，暴屍於所近市三日，燒其印綬、朝服，親土埋之。"裴松之注引晋·干寶《晋紀》："兗州武吏東平馬隆，託爲（令狐）愚家客，以私財更殯葬，行服三年，種植松柏。一州之士愧之。"〔3〕

南朝·梁·陶弘景《真誥·稽神樞第一》："金陵之土似北邙及北谷關土，堅實而宜禾穀。掘其間作井，正似長安鳳門外井水味，是清源幽瀾，洞泉遠沽耳，水色白。都不學道，居其土，飲其水，亦令人壽考也，是金津潤液之所漑耶。子其祕之。"陶弘景自注："定錄君受作，密令示許侯。北邙山在洛陽北數里，北谷關即孟津關也。土色黄黑而肥腴。鳳門即長安北門也。今所擬金陵地，並無土種植及住止鑿井者，乃是無知察，亦爲真靈愛護，不使輕得居焉。"〔4〕

南朝·梁·陶弘景《真誥·稽神樞第三》："（郭）四朝，燕國人也，兄弟四人並得道，四朝是長兄也，真法：其司三官者，六百年無違坐，超遷之。四朝職滿，上補九宫左仙公，領玉臺執蓋郎，中間久闕無人，後以思和代四朝也。山下居民，今猶呼一平澤地爲郭千者，是四朝之姓尚存於民口也，四朝往曾使人種植於此地也。年年四朝每行，皆過詣此山，以造思和，游看原阜。"陶弘景自注："此是《茅傳》中言也。按如此説，郭千止是種植處，非居止也，住處則長史宅果應是矣。今塘牆既頹決，水不復甚停，人皆以爲田耳。"〔5〕

中古文獻中還是其他三國及南北朝時期的書證

三國·魏·曹植《藉田説》："昔者神農氏始嘗万草，教民種植。"〔6〕

---

〔1〕 洪興祖：《楚辭補注》，第11頁。
〔2〕 洪興祖：《楚辭補注》，第219頁。
〔3〕 陳壽：《三國志》，第758—761頁。
〔4〕 ［日］吉川忠夫等編，朱越利譯：《真誥校注》，第347—348頁。
〔5〕 ［日］吉川忠夫等編，朱越利譯：《真誥校注》，第420頁。
〔6〕 趙幼文：《曹植集校注》，第428—429頁。

北魏·賈思勰《齊民要術·齊民要術序》："樊重欲作器物，先種梓、漆，時人嗤之。然積以歲月，皆得其用，向之笑者，咸求假焉。此種植之不可已已也。諺曰：'壹年之計，莫如種穀；十年之計，莫如樹木。'此之謂也。"[1]

在中古佛教譯經和僧伽傳記中還有東晉和南北朝時期的書證。

十六國·姚秦·佛馱耶舍譯《長阿含經》："若汝宰殺衆生，撾打僮僕，而爲會者，此非净福。又如磽确薄地，多生荆棘，於中種植，必無所獲。"（卷7，1，p. 46，c14-17）

北魏·慧覺等譯《賢愚經·散檀寧品第二十九》："於時彼國，有火星現，是其惡災。此星已現，十二年中，國當乾旱無有天雨，不得種植，國必破矣。"（卷5，4，p. 386，c9-11）

南朝·梁·釋慧皎《高僧傳》："釋僧鏡，姓焦，本隴西人，遷居吳地。至孝過人，輕財好施。家貧母亡，太守賜錢五千，苦辭不受。迺身自負土，種植松栢，廬于墓所。泣血三年，服畢出家，住吳縣華山。"[2]

周　歷

"周歷"，周游。《漢語大詞典》此目書證首引南朝·宋·范曄（398—445）撰《後漢書》。書證滯後。

> **【周歷】**遍歷；遍游。《後漢書·蔡邕傳》："〔邕〕補侍御史，又轉持書御史，遷尚書。三日之間，周歷三臺。"唐·薛用弱《集異記·葉法善》："〔葉法善〕於四海六合，名山洞天，咸所周歷。"康有爲《〈日本雜事詩〉序》："黄子文而思，通以瑟，周歷大地。"（羅竹風主編《漢語大詞典》第三卷，第307頁）

"周歷"早見於東漢·王逸《楚辭章句》。

《楚辭·離騷》："跪敷衽以陳辭兮，耿吾既得此中正。"東漢·王逸注："耿，明也。言己上睹禹、湯、文王脩德以興，下見羿、澆、桀、紂行惡以亡，中知龍逢、比干執履忠直，身以葅醢。乃長跪布衽，俛首自念，仰訴於天，則中心曉明，得此中正之道，精合真人，神與化游。故設乘雲駕龍，周歷天下，

---

〔1〕　繆啓愉：《齊民要術校釋》，第10頁。
〔2〕　釋慧皎：《高僧傳》，第293頁。

以慰己情，緩幽思也。"〔1〕

　　《楚辭·遠游》："思舊故吕想像兮，長太息而掩涕。"東漢·王逸注："戀慕朋友，念兄弟也。喟然增歎，泣沾裳也。屈原謂修身念道，得遇仙人，托與俱游，周歷萬方，升天乘雲，役使百神，而非所樂，猶思楚國，念故舊，欲竭忠信，以寧國家。精誠之至，德義之厚也。"〔2〕

　　東漢·王逸《楚辭·遠游章句序》："遠游者，屈原之所作也。屈原履方直之行，不容於世。上爲讒佞所譖毀，下爲俗人所困極，章皇山澤，無所告訴。乃深惟元一，修執恬漠。思欲濟世，則意中憤然，文采鋪發，遂叙妙思，托配仙人，與俱游戲，周歷天地，無所不到。然猶懷念楚國，思慕舊故，忠信之篤，仁義之厚也。是以君子珍重其志，而瑋其辭焉。"〔3〕

　　中古注釋中還有其它用例。

　　《國語·晋語四》："若資窮困，亡在長幼，還軫諸侯，可謂窮困。"三國·吳·韋昭注："軫，車後橫木。還軫，猶迴車周歷諸國，遭離阨困。"〔4〕

茱　萸

　　"茱萸"，即食茱萸（樗葉花椒）。又名"椒"（《爾雅》、《楚辭·離騷》）、"薮"（《禮記·内則》）、"越椒"（《廣雅》）。落葉喬木。果實味辛，可作調料。古俗重陽節取茱萸縫袋盛之，製成"茱萸囊"，佩繫身上，謂能辟邪。《漢語大詞典》此目引三國曹植詩句，書證滯後。

　　【茱萸】植物名。香氣辛烈，可入藥。古俗農曆九月九日重陽節，佩茱萸能祛邪辟惡。三國·魏·曹植《浮萍篇》："茱萸自有芳，不若桂與蘭。"《西京雜記》卷三："九月九日，佩茱萸，食蓬餌，飲菊華酒，令人長壽。"唐·王維《九月九日憶山東兄弟》詩："遥知兄弟登高處，遍插茱萸少一人。"清·吳偉業《丁亥之秋王煙客招予西田賞菊》詩："粳稻將登農父喜，茱萸遍插故人憐。"參見"茱萸囊"。（羅竹風主編《漢語大詞典》第九卷，第379頁）

---

〔1〕　洪興祖：《楚辭補注》，第25頁。
〔2〕　洪興祖：《楚辭補注》，第172頁。
〔3〕　洪興祖：《楚辭補注》，第163頁。
〔4〕　《國語》，第351頁。

"茱萸"最早見於東漢·王逸《楚辭章句》等中古注釋中。

《楚辭·離騷》:"椒專佞以慢慆兮,樧又欲充夫佩幃。"東漢·王逸注:"樧,茱萸也,似椒而非,以喻子椒似賢而非賢也。幃,盛香之囊,以喻親近。言子椒爲楚大夫,處蘭芷之位,而行淫慢佞諛之志,又欲援引面從不賢之類,使居親近,無有憂國之心,責之也。"[1]

《禮記·內則》:"三牲用藙。"東漢·鄭玄注:"藙,煎茱萸也,《漢律》:'會稽獻焉。'《爾雅》謂之樧。"[2]

《爾雅·釋草》:"薛莐,芙茪。"晋·郭璞注:"芙明也。葉銳黃,赤華,實如山茱萸。或曰菱也,關西謂之薛莐。"[3]

《爾雅·釋木》:"椒、樧醜,莍。"晋·郭璞注:"樧,似茱萸而小,赤色。"[4]

食茱萸(樗葉花椒)

墜 地

"墜地"的本義爲物體墜落於地。《漢語大詞典》"墜地"第一個義項"物體落地"首例引唐詩,書證滯後。

【墜地】❶物體落地。唐·張籍《惜花》詩:"濛濛庭樹花,墜地無顏色。"沈鈞儒《洪深〈申屠氏〉電影劇本序言》:"如《賴婚》片彼狡與被欺女子結婚時,戒指墜地,同時遠地村人於夢中睹其在地旋轉之狀。此爲事理所弗可通也。"❷衰落;喪失。唐·杜甫《送重表侄王砅評事使南海》詩:"家聲肯墜地,利器當秋毫。"《舊唐書·玄宗紀上》:"昔因多難,內屬搆屯,寶位深墜地之憂,神器有綴旒之懼。"魯

〔1〕 洪興祖:《楚辭補注》,第41頁。
〔2〕 《禮記正義》,第1466頁。
〔3〕 《爾雅注疏》,第2626頁。
〔4〕 《爾雅注疏》,第2638頁。

迅《且介亭雜文二集·論"人言可畏"》："新聞的威力其實是並未全盤墜地的，它對甲無損，對乙却會有傷。"❸指嬰兒剛生下來。李大釗《〈晨鐘〉之使命》："《晨鐘》所以效命於胎孕青春中華之青年之前者，不在惜戀�就木之中華，而在歡迎呱呱墜地之中華。"（羅竹風主編《漢語大詞典》第二卷，第 1209 頁）

"墜地"本義用例早見於東漢·王逸《楚辭章句》。

《楚辭·離騷》："日康娛而自忘兮，厥首用夫顛隕。"王逸注："康，安也。首，頭也。自上下曰顛。隕，墜也。言澆既滅殺夏后相，安居無憂，日作淫樂，忘其過惡，卒爲相子少康所誅，其頭顛隕而墜地。自此以上，羿、澆、寒浞之事，皆見於《左氏傳》。"〔1〕

與王逸同時荀悦（148—209）所撰《漢紀》中亦有例證。

東漢·荀悦《漢紀·昭帝紀》："流星墜地。后妃已下皆恐，王驚病。"〔2〕

又《漢紀·平帝紀》："其七年春，日中星見。民訛言黃龍墜地，死黃山宮中，百姓奔走觀者萬數。"〔3〕

---

〔1〕 洪興祖：《楚辭補注》，第 22 頁。
〔2〕 荀悦：《漢紀》，第 282 頁。
〔3〕 荀悦：《漢紀》，第 535 頁。

徵引文獻

C

《蔡邕集編年校注》（上下），漢·蔡邕著，鄧安生編，石家莊：河北教育出版社，2002 年。

《曹植集校注》，魏·曹植著，趙幼文校注，北京：人民文學出版社，1984 年。

《昌黎先生集考異》，宋·朱熹撰，朱傑人、嚴佐之、劉永翔主編《朱子全書》第拾玖册，上海：上海古籍出版社，；合肥：安徽教育出版社，2002 年。

《昌言校注》，漢·仲長統撰，孫啓治校注，北京：中華書局，2012 年。

《春秋公羊傳注疏》，漢·公羊壽傳，漢·何休解詁，唐·徐彥疏，北京：中華書局，1980 年影印清·阮元校刻《十三經注疏》本。

《春秋穀梁傳注疏》，晉·范甯集解，唐·楊士勛疏，北京：中華書局，1980 年影印清·阮元校刻《十三經注疏》本。

《春秋左傳正義》，周·左丘明傳，晉·杜預注，唐·孔穎達正義，北京：中華書局，1980 年影印清·阮元校刻《十三經注疏》本。

《楚辭補注》，宋·洪興祖撰，白化文等點校，北京：中華書局，1983 年。

《詞彙訓詁論稿》，王雲路，北京：北京語言文化大學出版社，2002 年。

D

《大正新修大藏經》，臺北：佛陀教育基金會出版部，1990 年。

《道家和道教思想研究》，王明，北京：中國社會科學出版社，1984 年。

《道藏提要》，任繼愈主編，北京：中國社會科學出版社，1995 年 2 版修訂版。

《東漢魏晋南北朝史書詞語箋釋》，方一新，合肥：黄山書社1997年。

《讀史糾謬》，清·牛運震著，李念孔等點校，濟南：齊魯書社1989年。

《讀書雜志》，清·王念孫，南京：江蘇古籍出版社，2000年。

E

《二十四孝圖説》，李然策劃，楊焄撰述，上海：上海大學出版社，2006年。

《爾雅注疏》，晋·郭璞注，宋·邢昺疏，北京：中華書局，1980年影印清·阮元校刻《十三經注疏》本。

F

《法海遺珠》，張繼禹主編《中華道藏》第四一册，北京：華夏出版社，2004年。

《佛光大辭典》，慈怡主編，臺北：佛光文化事業有限公司，1988年。

《佛學大辭典》，丁福保編，上海：上海書店1991年。

G

《高僧傳》，樑·釋慧皎撰，湯用彤校注，湯一玄整理，北京：中華書局，1992年。

《庚巳編》，明·陸粲撰，譚棣華、陳稼禾點校，北京：中華書局，1987年。

《古辭辨》，王鳳陽，長春：吉林文史出版社，1993年。

《古代玉器》，張明華，北京：文物出版社，2006年。

《古書疑義舉例五種》，清·俞樾等著，北京：中華書局，2005年第2版。

《管錐編（一）》，錢鍾書，北京：生活·讀書·新知三聯書店2001年。

《管子校注》，黎翔鳳撰，樑運華整理，北京：中華書局，2004年。

《廣雅疏証》，清·王念孫著，鍾宇訊點校，北京：中華書局，2004年第2版。

《鬼谷子》，許富宏譯註，北京：中華書局，2012年。

《鬼谷子集校集注》，許富宏，北京：中華書局，2008年。

《國語》，上海師範大學古籍整理研究所校點，上海：上海古籍出版社，1998年。

H

《韓非子集解》，清·王先慎撰，鍾哲點校，北京：中華書局，1998 年。

《漢紀》（《兩漢紀》上册），漢·荀悦，張烈點校，北京：中華書局，2002 年。

《漢書》，漢·班固，北京：中華書局，1962 年。

《漢語成語源流大辭典》，劉潔修，北京：開明出版社，2009 年。

《漢語大詞典》（十二卷本），羅竹風主編，上海：漢語大詞典出版社，1988—1993 年。

《漢語大詞典訂補》，漢語大詞典編纂處編，上海：上海辭書出版社，2010 年。

《〈漢語大詞典〉商補》，王鍈，合肥：黄山書社 2006 年。

《漢語大字典》（第二版九卷本），漢語大字典編輯委員會編纂，武漢：崇文書局、成都：四川辭書出版社，2010 年。

《漢語方言大詞典》（全五卷），許寶華、宫田一郎主編，北京：中華書局，1999 年。

《漢字古音手册》（增訂本），郭錫良編著，北京：商務印書館，2010 年。

《鶡冠子彙校集注》，黄懷信，北京：中華書局，2004 年。

《後漢紀》（《兩漢紀》下册），晋·袁宏著，張烈點校，北京：中華書局，2002 年。

《後漢書》，宋·范曄撰，唐·李賢等注，北京：中華書局，1965 年。

《淮南子集釋》，何寧撰，北京：中華書局，1998 年。

J

《記時詞典》，王海棻，合肥：安徽教育出版社，1999 年。

《焦氏易林》，漢·焦延壽，長沙：商務印書館，民國二十六年版（1937）《叢書集成初編》本。

《晋書》，唐·房玄齡等撰，北京：中華書局，1974 年。

《經典釋文》，唐·陸德明撰，上海：上海古籍出版社，1985 年。

《舊唐書》，後晋·劉昫等撰，北京：中華書局，1975 年。

K

《孔子家語》，三國·魏·王肅注，上海：上海古籍出版社，1990 年。

L

《老子指歸譯註》，漢·嚴遵著，王德有譯註，北京：商務印書館，2004 年。

《列子集釋》，楊伯峻，北京：中華書局，1979 年。

《禮記正義》，漢·鄭玄注，唐·孔穎達疏，北京：中華書局，1980 年影印清·阮元校刻《十三經注疏》本。

《聯緜字典》，符定一著，北京：中華書局，1954 年第 2 版。

《靈寶玉鑒》，張繼禹主編《中華道藏》第三五册，北京：華夏出版社，2004 年。

《陸游集》，宋·陸游，北京：中華書局，1976 年。

《論衡校釋》，黃暉撰，劉盼遂集解，北京：中華書局，1990 年。

《論語集解義疏》，三國·魏·何晏集解，樑·皇侃義疏，上海：商務印書館，民國二十六年版（1937）《叢書集成初編》本。

《論語疏証》，楊樹達，上海：上海古籍出版社，1986 年。

《論語注疏》，魏·何晏注，宋·邢昺疏，北京：中華書局，1980 年影印清·阮元校刻《十三經注疏》本。

《呂氏春秋新校釋》，戰國·呂不韋著，陳奇猷校注，上海：上海古籍出版社，2002 年。

《呂叔湘全集》，呂叔湘，瀋陽：遼寧教育出版社，2002 年。

《洛陽伽藍記校注》，范祥雍校注，上海：上海古籍出版社，1978 年。

M

《毛詩草木鳥獸蟲魚疏及其他三種》，三國·吳·陸璣撰，清·丁晏校正，上海：商務印書館，民國二十五年（1936）版《叢書集成初編》本。

《毛詩正義》，漢·毛亨傳，漢·鄭玄箋，唐·孔穎達疏，北京：中華書局，1980 年影印清·阮元校刻《十三經注疏》本。

《孟子注疏》，漢·趙岐注，宋·孫奭疏，北京：中華書局，1980 年影印清·阮元校刻《十三經注疏》本。

《穆天子傳》，晋・郭璞注，洪熙煊校，上海：商務印書館，民國二十六年
（1937）版《叢書集成初編》本。

N

《南華真經注疏》，晋・郭象注，唐・成玄英疏，曹礎基、黄蘭發點校，北
京：中華書局，1998 年。

Q

《齊民要術校釋》（第二版），後魏・賈思勰原著，繆啓愉校釋，北京：中國
農業出版社，1998 年。
《全本新注聊齋志異》，清・蒲鬆齡著，朱其鎧主編，北京：人民文學出版
社，1989 年。
《全上古三代秦漢三國六朝文》，清・嚴可均校輯，北京：中華書局，
1958 年。
《全唐詩》，中華書局編輯部點校，北京：中華書局，1960 年。

R

《人物志校箋》，李崇智，成都：巴蜀書社 2001 年。

S

《三國志》，晋・陳壽撰，宋・裴鬆之注，北京：中華書局，1982 年第二版。
《山海經校注》，袁珂校注，上海：上海古籍出版社，1980 年。
《山海經校注》（最終修訂版），袁珂校注，北京：北京聯合出版公司
2014 年。
《傷寒論校注》，劉渡舟主編，北京：人民衛生出版社，1991 年。
《傷寒論校注語譯》，郭靄春、張海玲編著，天津：天津科學技術出版社，
1996 年。
《商君書錐指》，蔣禮鴻，北京：中華書局，1986 年。
《尚書正義》，漢・孔安國傳，唐・孔穎達疏，北京：中華書局，1980 年影
印清・阮元校刻《十三經注疏》本。

《詩詞曲語辭匯釋》，張相，上海：上海古籍出版社，2009 年。

《史記》，漢·司馬遷撰，宋·裴駰集解，唐·司馬貞索隱，唐·張守節正義，北京：中華書局，1959 年。

《釋名匯校》，東漢·劉熙著，任繼昉纂，濟南：齊魯書社，2006 年。

《十一家注孫子校理》，春秋·孫武撰，三國·曹操等注，楊丙安校理，北京：中華書局，1999 年。

《十洲記》，原題東方朔集，張繼禹主編《中華道藏》第四八冊，北京：華夏出版社，2004 年。

《數書九章》，宋·秦九韶，上海：商務印書館，民國二十五年（1936）版《叢書集成初編》本。

《〈水經注〉詞彙研究》，王東，四川大學 2003 年博士學位論文。

《水經注校证》，北魏·酈道元著，陳橋驛校证，北京：中華書局，2007 年。

《水經注全譯》，北魏·酈道元著，陳橋驛等譯註，貴陽：貴州人民出版社，1996 年。

《水經注疏》，後魏·酈道元注，清末·楊守敬、熊會貞疏，段熙仲點校，陳橋驛復校，南京：江蘇古籍出版社，1989 年。

《隋書》，唐·魏征等，北京：中華書局，1973 年。

《孫真人備急千金要方》，張繼禹主編《中華道藏》第二二冊，北京：華夏出版社，2004 年。

《世說新語辭典》，張永言主編，成都：四川人民出版社，1992 年。

《世說新語箋疏》，南朝·宋·劉義慶撰，南朝·梁·劉孝標注，余嘉錫箋疏，周祖謨等整理，北京：中華書局，2007 年 2 版。

《説文解字》，漢·許慎，北京：中華書局，1963 年。

《説文解字注》，漢·許慎撰，清·段玉裁注，許惟賢整理，南京：鳳凰古籍出版社，2007 年。

《四庫全書總目》，清·永瑢等撰，北京：中華書局，1965 年。

《宋本玉篇》，北京：中國書店，1983 年。

《宋書》，梁·沈約撰，北京：中華書局，1974 年。

T

《太平經合校》，王明編，北京：中華書局，1960 年。

W

《王弼集校釋》，魏・王弼著，樓宇烈校釋，北京：中華書局，1980 年。

《王力古漢語字典》，王力主編，北京：中華書局，2000 年。

《魏書》，北齊・魏收撰，北京：中華書局，1974 年。

《魏晉南北朝史書語詞札記》，劉百順，西安：陝西師範大學出版社，1993 年。

《文選》，梁・蕭統編，唐・李善注，上海：上海古籍出版社，1986 年。

X

《西岳華山》，田澤生編著，北京：科學出版社，1982 年。

《現代漢語詞典》，中國社會科學院語言研究所詞典編輯室編，北京：商務印書館，2005 年第 5 版。

《現代漢語詞典》，中國社會科學院語言研究所詞典編輯室編，北京：商務印書館，2012 年第 6 版。

《現代漢語大詞典》，《現代漢語大詞典》編委會，上海：漢語大詞典出版社，2000 年。

《現代漢語規範詞典》，李行健主編，北京：外語教學與研究出版社，2010 年第 2 版。

《先秦漢魏晉南北朝詩》（上中下），逯欽立輯校，北京：中華書局，1983 年。

《新編纂圖增類群書類要事林廣記》，宋・陳元靚等編，上海：上海古籍出版社，2002 年版《續修四庫全書》第 1218 冊。

《新編漢文大藏經目錄》，呂澂編，濟南：齊魯書社，1980 年。

《新輯本桓譚新論》，漢・桓譚撰，朱謙之校輯，北京：中華書局，2009 年。

《新輯搜神記》，晉・干寶撰，李劍國輯校，北京：中華書局，2007 年。

《許政揚文存》，許政揚，北京：中華書局，1984 年。

《訓詁學》（修訂本），郭在貽，北京：中華書局，2005 年。

《訓詁學概論》，方一新，南京：江蘇教育出版社，2008 年。

《荀子集解》，清・王先謙撰，沈嘯寰、王星賢點校，北京：中華書局，1988 年。

Y

《晏子春秋集釋》，吳則虞編著，北京：中華書局，1962 年。

《揚雄方言校釋匯證》，華學誠匯證，北京：中華書局，2006 年。

《一切經音義三種校本合刊》，徐時儀校注，上海：上海古籍出版社，2008 年。

《繹史》，清·馬驌撰，王利器整理，北京：中華書局，2002 年。

《〈酉陽雜俎〉校證：兼字詞考釋》，劉傳鴻，北京：北京大學出版社，2014 年。

《樂府詩集》，宋·郭茂倩編，北京：中華書局，1979 年。

《越絕書校釋》，李步嘉校釋，北京：中華書局，2013 年。

《雲笈七籤》，宋·張君房編，李永晟點校，北京：中華書局，2003 年。

Z

《增訂文心雕龍校注》，黃叔琳注，李詳補注，楊明照校注拾遺，北京：中華書局，2000 年。

《資治通鑒》，宋·司馬光編著，元·胡三省音注，北京：中華書局，1956 年。

《張衡詩文集校注》，東漢·張衡撰，張震澤校注，上海：上海古籍出版社，1986 年。

《張載集》，章錫琛點校，北京：中華書局，1978 年。

《真誥校注》，[日] 吉川忠夫等編，朱越利譯，北京：中國社會科學出版社，2006 年。

《鍼灸甲乙經》，晉·皇甫謐撰，張燦玾等主編，北京：人民衛生出版社，1996 年。

《中古漢語詞彙史》，王雲路，北京：商務印書館 2010 年。

《中古漢語詞彙研究綱要》，周俊勳，成都：巴蜀書社 2009 年。

《中古漢語語詞例釋》，王雲路、方一新，長春：吉林教育出版社，1992 年。

《中國大百科全書·農業卷 I》，中國大百科全書出版社編輯部編，北京：中國大百科全書出版社，1990 年。

《中國佛教》(第二輯)，中國佛教協會編，北京：知識出版社，1982 年。

《中國佛教》(第四輯)，中國佛教協會編，北京：知識出版社，1989 年。

《中國古代服飾研究》，沈從文編著，上海：上海書店，2005 年。

《中國古代游記選》，倪其心等選注，北京：中國旅游出版社，2000 年。

《中國僞書綜考》，鄧瑞全、王冠英編著，合肥：黃山書社，1998 年。

《中國文學史（修訂本）》，游國恩等主編，北京：人民文學出版社，2002 年
第 2 版。

《中國字典詞典史話》，張明華，北京：商務印書館，1998 年增訂版。

《中國字典史略》，劉葉秋，北京：中華書局，2004 年。

《鍾嶸詩品箋証稿》，王叔岷，北京：中華書局，2007 年。

《周禮注疏》，漢·鄭玄注，唐·賈公彥疏，北京：中華書局，1980 年影印
清·阮元校刻《十三經注疏》本。

《周易正義》，魏·王弼注，唐·孔穎達疏，北京：中華書局，1980 年影印
清·阮元校刻《十三經注疏》本。

《助字辨略》，清·劉淇著，章錫琛校注，北京：中華書局，1954 年。

《莊子集解》，清·王先謙撰，沈嘯寰點校，北京：中華書局，1987 年。

《莊子集釋》，清·郭慶藩撰，王孝魚點校，北京：中華書局，2004 年。

西文字母開頭的文獻

CBETA（Chinese Buddhist Electronic Text Association，《電子佛典集成》），
臺北：中華電子佛典協會，2011 年。

後　記

　　眼前的這部書是我以博士後出站報告爲基礎，斷斷續續用五年時間增修而成的。

　　二〇〇九年秋天，我從浙江大學人文學院古籍研究所畢業，取得了中國古典文獻學的博士學位，隨即進入浙江大學哲學站從事博士後研究工作。我的合作教授——王雲路先生，是一位爾雅溫文的飽學名家、中國訓詁學界的領軍學者，尤其在中古漢語詞彙研究領域頗有建樹。在博士後研究工作期間，我得到了王先生的悉心指導和幫助。這片恩情，我是永志不忘的。

　　二〇一七年五月，這篇博士後出站報告有幸入選了"杭州學人文庫"（杭州市"十三五"重大課題）。趁此機會，我對書稿進行了最後的潤色修訂，又補寫了幾萬字，最終有了這部古代漢語詞彙學方面的學術專著。《中古注釋詞語考釋》中所謂的"中古注釋詞語"是指中古注家們在注釋中所使用的詞語，包括釋詞用語和串講語中的詞語，它是對當時的口語進行加工提煉后形成的一種書面文學語言。本書考察了中古四十六位注家的作品流傳情況，分"古注釋詞""釋義商榷""義項商補"和"提前書證"四個部分對中古注釋詞語進行了考釋。考察研究的範圍涉及東漢·王逸《楚辭》注、東晉·郭璞《山海經》注、南朝·宋·裴松之《三國志》注等多種中古注釋資料。

　　從炎炎夏日到數九寒冬，我一邊在學校教書，一邊趕寫書稿。我日日坐在静謐的小小書房中，或是趴在鮮花盛開的陽臺上，握着筆，翻着書，輕敲着電腦鍵盤。札札和花花——我的兩隻小貓，有時會輕手輕腳地走到我身邊，坐下望着我，偶爾咕嚕咕嚕地叫一兩聲，催我慢慢地寫下去。

　　前幾日，就在二〇一八年元旦那天，我重登北高峰。自十三年前來到杭州，我就陶醉在這一片東南山水之中，已經數不清有多少次登上這座小山。屹立山頂，放眼望去，只見風光依舊。煙雨縹緲中峰巒起伏，水光瀲灩處氣象萬千。然而天地可曾言説？我這幾年經歷的變故又有什麼可值得訴説呢？古人常説：

詩言志。我模仿宋詞也作了一首小詩：

重上北高峰

杭州望不空

美人峰頭青鳥猶在

不見往昔少年行蹤

心浮舊夢

肉身沉重

要學列子乘風

飛過大江東

　　這本書對我而言，就是我在西子湖畔的那一段青燈古卷七年時光的第二個留念（第一個留念——我的博士論文《朱子易注考源》已於三年前出版）。往昔的美好與苦痛，都如雲煙般消散在虛空之中，好像並不是我所經歷過的一般。電腦裏的這個小小文檔，如今就要變成一摞有點兒厚度、白紙黑字的印刷品了。這似乎是一個像樣些的憑證，聊以見證那段時光中的我。

趙文源

二〇一二年二月於杭州西溪

二〇一八年元月增訂於杭州下沙錢塘江畔

图书在版编目（CIP）数据

中古注釋詞語考釋 / 趙文源著. — 杭州：浙江大學
出版社，2019.10

ISBN 978-7-308-18432-8

Ⅰ．①中… Ⅱ．①趙… Ⅲ．①漢語—詞彙—注釋—
古代 Ⅳ．①H131

中國版本圖書館 CIP 數據核字（2018）第 160998 號

中古注釋詞語考釋

趙文源 著

責任編輯	吳偉偉
責任校對	王荣鑫
封面設計	春天書裝
出版發行	浙江大學出版社
	（杭州市天目山路 148 號　郵政編碼 310007）
	（網址：http：//www．zjupress．com）
排　版	杭州朝曦圖文設計有限公司
印　刷	杭州杭新印務有限公司
開　本	787mm×1092mm　1/16
印　張	13.5
字　數	265 千
版印次	2019 年 10 月第 1 版　2019 年 10 月第 1 次印刷
書　號	ISBN 978-7-308-18432-8
定　價	58.00 圓

版權所有　翻印必究　印裝差錯　負責調換

浙江大學出版社市場運營中心聯繫方式：0571—88925591；http：//zjdxcbs．tmall．com